The Salt Path

鹽徑偕行

鹽漬入味的雙人苦旅，
在英格蘭西南海濱小徑

Raynor Winn

蕊娜·文恩 著　蕭寶森 譯

野人家 221

The Salt Path

鹽徑偕行

鹽漬入味的雙人苦旅，在英格蘭西南海濱小徑

作者　蕊娜・文恩（Raynor Winn）
譯者　蕭寶森

野人文化股份有限公司

社長　張瑩瑩
總編輯　蔡麗真
主編　陳瑾璇
責任編輯　陳韻竹
校對　林昌榮
封面設計　江孟達
內頁排版　洪素貞
行銷經理　林麗紅
行銷企劃　蔡逸萱、李映柔

讀書共和國出版集團

社長　郭重興
發行人兼出版總監　曾大福
業務平臺總經理　李雪麗
業務平臺副總經理　李復民
實體通路組　林詩富、陳志峰、郭文弘、王文賓、賴佩瑜
網路暨海外通路組　張鑫峰、林裴瑤、范光杰
特販通路組　陳綺瑩、郭文龍
電子商務組　黃詩芸、李冠穎、林雅卿、高崇哲、吳眉姍
專案企劃組　蔡孟庭、盤惟心
閱讀社群組　黃志堅、羅文浩、盧煒婷
版權部　黃知涵
印務部　江域平、黃禮賢、林文義、李孟儒

出　版　野人文化股份有限公司
發　行　遠足文化事業股份有限公司
地址：231 新北市新店區民權路 108-2 號 9 樓
電話：（02）2218-1417　傳真：（02）8667-1065
電子信箱：service@bookrep.com.tw
網址：www.bookrep.com.tw
郵撥帳號：19504465 遠足文化事業股份有限公司
客服專線：0800-221-029
法律顧問　華洋法律事務所　蘇文生律師
印　製　博客斯彩藝股份有限公司
初　版　2022 年 07 月

9789863847038（平裝）
9789863847106（PDF）
9789863847113（EPUB）

國家圖書館出版品預行編目（CIP）資料

鹽徑偕行：鹽漬入味的雙人苦旅，在英格蘭西南海濱小徑 / 蕊娜・文恩 (Raynor Winn) 作 ; 蕭寶森譯 . -- 初版 . -- 新北市 : 野人文化股份有限公司出版 : 遠足文化事業股份有限公司發行 , 2022.07
　面 ;　公分 . -- (野人家 ; 221)
譯自 : The salt path.
ISBN 978-986-384-703-8(平裝)

1.CST: 文恩 (Winn, Raynor.) 2.CST: 回憶錄
3.CST: 英國

784.18　　111004142

野人文化官方網頁　野人文化讀者回函

鹽徑偕行

線上讀者回函專用 QR CODE，你的寶貴意見，將是我們進步的最大動力。

獻給我的團隊夥伴。

目次

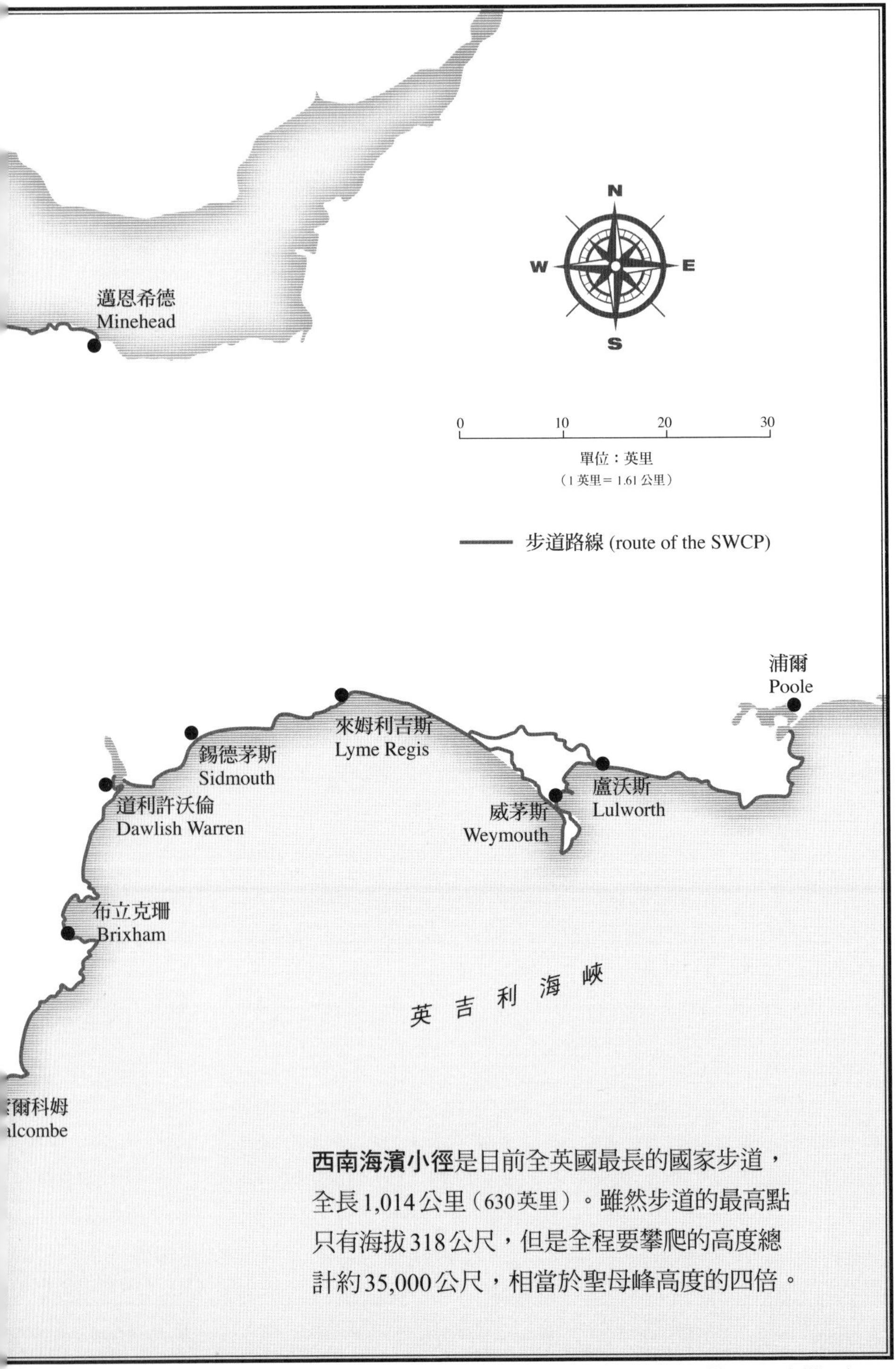

西南海濱小徑是目前全英國最長的國家步道，全長1,014公里（630英里）。雖然步道的最高點只有海拔318公尺，但是全程要攀爬的高度總計約35,000公尺，相當於聖母峰高度的四倍。

©Shutterstock / Weredragon

英格蘭西南海濱小徑・地圖
South West Coast Path (SWCP)

序幕

海浪靠近的時候有一種聲音，一種獨一無二的聲音。遠處海水的轟鳴聲清晰可聞，夾雜海浪沖上岸時濺起的水花聲，以及回流時捲起沙子的聲音。天色很黑，幾乎沒有一點光線，但就算看不到海浪，我也能感覺出它們的力道有多強勁，而且知道距離我們一定很近。我試著分析：我們露營的地方位於海灘最高處，距高潮線還有一大段距離，所以海浪是打不到的，我們應該很安全。於是，我把頭靠回那個用捲起的套頭衫做成的枕頭上，想再睡一會兒。可是，不！我們並不安全，一點兒也不。那些海浪沖擊和回流的聲音並非來自海灘下方，而是就在帳篷外面。

我就著帳篷裡的暗綠色光線匆匆爬到帳門口，掀開門片，只見月光被懸崖頂端遮住了，以致於海灘上漆黑一片，但那些噴濺著白沫的浪花卻閃閃發亮，而且已經漫過沙洲，距離帳篷只有一公尺了。我趕緊搖了搖躺在我旁邊睡袋裡的莫思。

「莫思！莫思！水淹過來了！」

我們趕緊穿上靴子，把所有重物都扔進背包，然後拔出營釘，合力把帳篷抬起。由於我們的睡袋和衣物都還在裡頭，以致帳篷底下的防潮布都因為這些重量垂到了沙地上。我們像一隻巨大的綠色螃蟹在海灘上碎步疾行，朝著高處跑去。前一晚那裡還可以看到一條流向大海的小小溪流，但現在該處海水已經深達一公尺，並且正朝著懸崖的方向奔湧而去。

「我沒力氣，抬得不夠高。睡袋快被弄溼了。」

「想想辦法吧！要不然溼的就不只是睡袋了……」

我們跑回剛才的地方。只見那原本有一公尺深的海水往回捲時向外漫溢，潮水變得寬又淺，深度僅及三十公分。我們沿著海灘往回跑，只見又一波海浪打到岸上，其高度遠超過沙洲，然後它便流過沙灘，朝著我們奔湧而來。

「等海浪回捲後，就跑到另一邊，然後往海灘的高處跑。」

聽到這話，我不禁對眼前這個男人心生敬服。明明才不過兩個月前，他連穿外套都要人幫忙，但現在他卻穿著內褲、揹著背包站在海灘上，把一頂立起的帳篷舉在頭上，口裡大喊著：「快跑！」

「快跑！快跑！快跑！」

我們高舉著帳篷劈里啪啦地涉水前進，拚命往海灘高處跑。身後的海浪一路拍打我們的腳後跟，回流的海水則不斷把我們推往大海的方向。我們在柔軟的沙地上踉蹌行進，腳上的靴子已經裝滿海水。到了懸崖底下時，我們終於把帳篷放了下來。

「我想這幾座懸崖可能不是很穩固。我們應該離壁邊遠一點。」什麼？在凌晨三點鐘，這男人的思維怎麼還能如此縝密？

「不！」

此時我們已經走了三百九十一公里，露宿了三十六個晚上，多數時候吃的都是乾糧。「西南海濱小徑」（the South West Coast Path）的旅遊指南聲稱，我們只需花十八天就可以抵達這裡，還告訴我們在哪裡可以找到美味的食物，以及有軟床和熱水的住處。但實際上，我們花了近兩倍的時間才到達，而且此處既沒有美食，也沒有舒適的住處，然而我並不在乎。看到莫思在月光下穿著一條已經穿了五天的破內褲，高舉一頂帳篷跑到海灘高處，這件事本身就是個奇蹟，一切已經好得不能再好了。

我們收拾完背包，為自己泡壺茶時，樸塞拉斯海灣（Portheras Cove）上空的天色已經亮了。又是一天的開始。還有一天的路要走。只剩六百二十三公里了。

第一部

走進光之中

「請跟我說那位命途多舛的男人的故事。
繆思女神，請告訴我他如何流浪並迷失了方向……」

《奧德賽》，荷馬
（*The Odyssey*，Homer）

1 生命的塵土

我是在樓梯底下決定要去走步道的。那時，我並沒有細想揹著背包走一千零一十四公里路會是什麼光景，也沒有想到我如何才能辦到，更沒有想到自己會在外面餐風露宿將近一百個夜晚，以及走完步道之後又該如何。我甚至還沒有告訴那個已經和我共度了三十二年光陰的老伴，他要和我一起上路。

幾分鐘之前，我還覺得躲在樓梯底下似乎是個好主意。早上九點時，那些穿黑衣服的男人就開始「咚！咚！咚！」地敲門，但我們還沒有做好準備。我們還沒準備要放棄。我需要更多的時間，想要多待一個小時、一個星期乃至一輩子。然而，我們絕不可能有足夠的時間，只好一起蜷伏在樓梯底下，緊緊相依，竊竊私語，像兩隻受驚的老鼠，像兩個頑皮的小孩等著別人來尋找。

那幾個身著黑衣的查封官走到屋後，大聲敲著窗戶，把所有窗鉤都試了一遍，想找個方法進來。我聽到他們當中有人爬到了花園裡的長椅上，一邊大喊，一邊推著廚房的天窗。就在這時，我看見擺在箱子裡的那本《蹓狗五百哩》（*Five Hundred Mile Walkies*），那是我在二十幾歲時就讀過的一本書，講的是一個男人帶著他的狗踏上西南海濱小徑的故事。這時，莫思正蜷縮在我身旁，他把頭靠在膝上，雙手環抱著自己的腳，一副防衛警戒的模樣，臉上的神情滿是痛苦、恐懼與憤怒，尤其是憤怒。這三年來，命運之神對他萬箭齊發，讓他經歷了一場又一場永無休止的戰役，他的怒氣已經使他精疲力竭。我伸手撫摸他的頭髮。他年輕時曾有一頭金色長髮，上面沾滿了海鹽或石楠的小花；後來變成一頭褐色的短髮，沾滿了用來蓋房子的灰泥和孩子們的玩具黏土；現在這些頭髮已經稀稀疏疏、銀光閃閃，上面滿是生命的塵土。

我在十八歲那年便遇見了這個男人，現在我已經五十歲了，我們一起重建了這座原本已經荒廢的農場，整修了每一座牆，把每一塊石頭都放回原位，還種了一些青菜，養了一群母雞，生了兩個小孩。除此之外，我們也建造了一座穀倉，讓遊客可以花錢體驗我們的生活。然而，現在，一旦我們從那扇門走出去，這一切都將被我們留在身後，從此結束。

「我們可以去走路。」

這話聽起來很荒謬，但我還是說出來了。

「走路？」

「是啊！」

莫思還能走嗎？但那畢竟只是一條海岸步道，應該不會太難走的，況且我們可以慢慢地走，照著地圖一步步前進。此刻，我最迫切需要的就是一張為我們指引方向的地圖了。所以為何不試試看呢？不可能太困難的。

要沿著整條海岸線，從薩莫塞特郡（Somerset）的邁恩希德鎮（Minehead）經過得文郡北區（north Devon）、康瓦耳郡（Cornwall）和得文郡南區，一路走到多塞特郡（Dorset）的浦爾鎮（Poole），這並不是做不到的。但在那個當下，一想到我們要穿越一座又一座的山丘、海灘、河流和高沼地，便又感覺那是一件遙不可及、不太可能會發生的事情，就像我們不可能從這個樓梯底下出去，把門打開一樣。那是別人可能會做的事，不是我們。

但話說回來，我們不僅把一座廢棄的農場重新整建，無師自通學會了水電裝修，並且把兩個孩子養大成人，更在法庭中當著法官的面和別人高價聘來的出庭律師對簿公堂，為自己辯護。所以，我們為什麼不敢試著去走走看呢？

因為，我們輸了。我們打輸了官司，失去了房子，也失去了自我。

我伸手拿起那本《蹓狗五百哩》，看著它的封面，那樣的田園風光真是令人神往。但當時我不知道，西南海濱小徑其實並不好走，而且我們要爬的坡道加起來幾乎是聖母峰高度的四倍，除此之外，這條步道全長達約六百三十哩（一千零一十四公里），其中大部分的路段寬度都不及三十公分。我們得餐風露宿，並歷經我們之前嚐過的種種艱辛。然而，在那個當下，我只知道我們應該去走這一趟，況且我們已經別無選擇。因為當我伸出手去箱子裡拿書時，查封官就已經看到我們，知道我們在屋裡了，所以我們已經無路可退，非走不可。當我們從黑暗的樓梯底下爬出來時，莫思回頭看著我。

「我們一起上路嗎？」

「那當然。」

我們佇立在大門口，外頭那幾位查封官已經等著要換門鎖，把我們趕出習以為常的往日生活。我們在這幢燈光昏暗的百年老屋住了二十年，如今就要離開。一旦走出了大門，就再也回不來了。

我們手牽著手，走進有光的地方。

2 敗訴

這趟步道之旅該從我們躲在樓梯底下那刻算起嗎？還是從我們在湯頓市（Taunton）走下朋友所開的那輛廂型車，把背包放在柏油路上，兩人冒雨站在路邊的那天？還是這趟旅程在好幾年前就已經在那兒等著了，一直等到我們一無所有，才迫使我們不得不上路？

最後一次出庭的那天，一場長達三年的官司終於宣告結束，但事情的結果總不如預期。回想我們搬到那座位於威爾斯的農場時，陽光燦爛，孩子們在我們腳邊奔跑嬉戲，未來正向我們招手。那是一座用石頭砌成的農場，坐落在山腳下一處偏遠之地，環境已經破敗不堪。我們一邊帶著孩子，一邊利用每一刻閒暇重建，費盡了所有心思。這座農場是我們的家園、我們的事業，也是我們的庇護所。因此，當我穿著孩子們在我五十歲生日送的皮夾克，站在那個位於娛樂商場旁的昏暗法庭裡，面對那位法官，跟他說他弄錯了的時候，我完全沒想到這一切都將結束。

我坐在法庭裡，看著莫思坐在那張黑色桌子前，摳著桌上的白點。我知道他在想什麼，他一定在想：事情**怎麼會**到這個地步？莫思和那個要求我們償債的男人是從小一起長大的好友，他和庫柏一起騎三輪車，一起踢足球，一起度過青少年歲月，還有一群共同朋友。所以事情怎麼會變成這樣呢？當其他朋友逐漸失去聯絡時，他們倆始終往來密切。儘管長大後各奔前程，庫柏也進入了大家都不太熟悉的金融圈，但莫思仍一直和他保持聯絡，把他當成朋友，對他信任有加。因此後來我們有機會投資他名下一家公司時，便立刻拿出一筆可觀的金額，成了股東。但最後那家公司倒了，留下幾筆尚未清償的債務，之後庫柏便有意無意地暗示我們欠了錢。最初我們不予理會，但過了一段時間，庫柏開始堅稱：基於當初的協議，我們必須負責償還那些債務。起初讓莫思深受打擊的倒不是那筆債務，而是友誼的破裂。之後他們兩人針對這件事爭論了好幾年。我們相信：由於當初的協議並未明文規定，因此我們無須負責償還那些債務，而且莫思堅信事情最終一定能解決。然而，有一天，我們卻收到了法院要求付款的通知。

由於聘請律師的費用可觀，我們的積蓄很快就耗盡，從此我們便成了成千上萬個沒有律師代為辯護的訴訟當事人之一。這是因為政府不久前啟動了法律扶助改革計畫，根據規定，我們的案子因為「太過複雜」，並不符合法律扶助的要件，因此無法享有免費的律師服務。這項改革計畫雖然為政府省下了一年三億五千萬英鎊的費用，卻使得許多弱勢民眾無法為自己伸張正義。

在這種情況下，我們只好不斷採取拖延戰術，希望爭取更多時間。在此同時，我們也不斷和一些律師及會計師聯絡，試圖找到某種書面證據，好讓法官相信我們對投資協議的解讀是正確的，因此無須清償債款。然而，由於身邊沒有律師協助，我們出庭時屢屢敗下陣來，最後法官便下令將我們的農場做為償債的擔保品。我們戰戰兢兢，屏息以待，然後就收到了法院通知，要求我們交出房屋和土地的所有權。可是那是我們的家園，那裡每一塊石頭的擺放位置都經過我們的精心設計，那裡有孩子們嬉戲其下的樹木，有藍山雀在牆洞裡築巢，有蝙蝠在煙囪旁那條鬆垂的電線上棲息。如今他們卻要奪走這一切，我們只能繼續拖延，寫了一封又一封的申請函，要求延期施行。在歷經三年訴訟、十次庭訊之後，事情終於出現了轉機，我們找到了一份文件足以證明我們不欠庫柏任何錢，所以他無權要求我們交出房地產，我們便能保住家園了。於是，我們趕緊將這份文件複印了幾份，寄給法官和索賠人的出庭律師。我心想：我們已經準備好了。所以出庭那天我便穿上那件皮夾克，滿懷信心。

但法官對我們視若無睹，逕自埋頭翻閱他面前的文件。我看了莫思一眼，想從他那兒得到一點支持，但莫思只是注視前方。三年來的官司已經對他造成傷害：他原本濃密的頭髮日益灰白稀疏，膚色也顯得蒼白，似乎他的心被剜了一個洞。莫思向來為人誠實、慷慨，也很相信別人，但沒想到竟然會被自己的好友背叛，讓他深受打擊。如今他的肩膀和手臂經常疼痛，體力也走下坡，而且總是心神不寧。為了回歸正常的生活，我們需要了結這場官司。雖然往日生活永遠不可能恢復原狀，但我相信只要事情過了，莫思的情況必然會逐漸好轉。

我站起身來，兩隻腳彷彿踩在水中，有點不聽使喚。我拿著那份文件，彷彿它是我的靠山。然後我聽見外頭傳來了海鷗嘰嘰喳喳、令人不安的叫囂。

「早安，法官大人！希望您已經收到我們星期一提交給您的新事證了。」

「是的，我收到了。」

「請您參考這項事證……」

庫柏的出庭律師聞言立刻站起身來，整理了一下他的領帶（這是他每次要對法官說話時慣有的動作），看起來自信滿滿，彷彿一切都在他的掌控。這是我們萬萬不及的，我多希望我們也能有一個律師。

「法官大人，這份資料我也收到了。它是新的事證。」

法官以責難的眼神看著我。

「這是新事證嗎？」

「呃，是的，我們四天前才收到的。」

「到了這個階段，要提出新事證已經太晚了。我無法受理。」

「可是它能證明過去三年來我們說的一切都是真的！它證明我們不欠索賠者任何錢。」

我知道接下來會發生什麼事。我想把時間凍結，讓它停留在那一刻，讓法官無法繼續往下說。我想牽起莫思的手，站起身來，離開法庭，從此再也不要想起這件事。我想回到家裡，升起爐火，看著那蜷縮在溫暖火光中的貓兒，用手輕撫那石砌的牆面。我多希望自己呼吸時胸口不會再有那種緊繃的感覺，多希望我們不必再時刻擔心我們會失去自己的家園。

「未經由正確司法程序，你就不能提出新事證。現在我要宣判了，你們必須在七天內遷出房子，而且在第七天的上午九點前就要完成。現在要討論訴訟費用，這方面你們有什麼意見嗎？」

「有。您完全搞錯了，這樣做是不對的。不，我不想談費用問題，反正我們已經沒有錢了，您把我們的房子、事業和收入都拿走了，您還要什麼呢？」我抓住前面的桌子，感覺自己正在陷落。我在心中大喊：別哭、別哭、別哭！

「既然這樣，我就駁回有關訴訟費的請求。」

我六神無主，想找個安全的地方躲起來。莫思從椅子上起身時，他的夾克散發出礫石乾燥的熱氣，以及剛砍下來的黃楊木的氣息。孩子們小時候曾經在院子裡的那條石子路上學騎腳踏車，還摔了一跤，擦傷了膝蓋。他們長大後也曾沿著那條石子路開車出去，前往大學讀書，車子還一度在上面打滑。眼下，院子裡的玫瑰花正在盛開，一朵朵掛在樹籬上，有如棉球一般。我原本打算不久後就要把那些已經凋謝的花朵剪掉。

「我要上訴。」

「不行，你無權上訴，這個案子拖太久了。先前你有很多機會提出事證，但都錯過了。」

我感覺房間變得愈來愈小，四面牆壁朝我緊逼而來。法官對我們剛找到的新事證毫無興趣，也不在意裡面所說的句句屬實，他只在意我是否用適當的方式提交、有沒有遵循正確的程序。我該怎麼辦呢？我們該怎麼辦？那些母雞該怎麼辦？早上時，誰會餵那頭老綿羊吃片麵包？農場這麼大，我們一個星期內要如何打包呢？我們哪來的錢租一輛廂型車？還有那些已經訂好房間，要來農場度假的家庭該怎麼辦？我們的貓和孩子又該怎麼辦？我該如何告訴那兩個孩子，我們把他們的家園輸掉了？那是我們共同的家園，而我卻因為不了解程序而把它輸掉了。我犯了一個很簡單、很基本的錯誤：我沒有向法官提出申請，告訴他我要提交新的事證。我不知道我必須這麼做——找到證據後，我太開心、太胸有成竹了，於是就直接把它提交出來，浪費了那個完美、足以證明事實的證據。現在我們一敗塗地，既沒了錢，也沒了家。

我們步出法庭，帶上門，邁著僵硬的步伐默默沿著走廊前行。只見對方的出庭律師正站在法院的邊廂裡。我看了他一眼，就繼續往前走，但莫思卻朝他走了過去。我可以察覺過去這三年來他心中累積的憤怒和壓力。不，莫思，不要，莫思，別打他！但他只是朝著那位律師伸出手，說：「沒關係的，我知道你只是在做你該做的事情罷了。但你也知道，這是一個錯誤的決定，不是嗎？」

那律師握住莫思的手，搖了幾下。

「那是法官的裁決，不是我的。」

我仍然沒有掉淚，但心中卻在嚎啕，胸口緊緊的，難以呼吸。

我站在後院那棵枝幹扭曲的梣樹下，這是一九九六年那場大雪中孩子們建造冰屋的地方。我把一片白麵包掰成六小塊，這是十九年來我每天早上都會做的事情。那隻年老的母羊嗅了嗅我的手，並用牠柔軟的嘴唇含住了麵包塊。牠已經十九歲了，雖然沒有牙齒，但胃口還是很好，孩子們管牠叫「史莫婷」（Smotyn），那是威爾斯語中「小花」的意思。現在牠已經成了一頭壞脾氣的老母羊，身上的黑白色羊毛變得很邋遢，兩支歪斜的羊角如今也只剩一支了，因為幾年前牠拚命想鑽進一個飼料桶，就把一支角給撞斷。那支角湯姆一直留著，和他蒐集的那些化石與寶可夢卡片一起放在他的寶盒裡，當他離家上大學時，一併帶走了那個寶盒。蘿恩三歲時，我開著我們的小廂型車，帶她去六十公里外一座山坡上面海的農場，在那裡買了三隻傻呼呼的小花羊。因為我不肯讓她和那幾隻小羊坐在一起，她就氣得嚎啕大哭，後來我只好讓步，讓他們四個都坐在車子後座墊著的稻草上，就這樣一路開回家。從此那三隻羊就成了我們生活中的一部分，也成了我們家中的一分子。這些年來，牠們生了許多小羊，但現在只剩下史莫婷了。牠的手足中有些早已去世，其餘則在前一年通通被我賣給一個育種人，因為當時我們以為官司已經打不下去，眼看就要敗訴了。但史莫婷我不能賣，因為牠到了這個年紀已經沒人願意養牠。綿羊的平均壽命只有六到七年，之後牠們就會被送走，用來做成狗食或肉丸。庭訊結束後第二天，我把農場裡的母雞都送到一位朋友那兒，但那裡卻沒有史莫婷的容身之處。此刻，牠已經越過田野上盛開的蒲公英，走到對面的山毛櫸樹下了，因為那裡的青草永遠是乾的。對於這片田野，我和莫思都瞭如指掌，彷彿那是從我們身上延伸出去的一部分。如果沒有了它，我們該怎麼活下去呢？

再過五天，我們兩人就無家可歸了。到時候，就知道答案了。

但我不知道也無從知道的是：不到五天，我的生命就永遠改變了，一切讓我得以保持穩定的事物都成了腳底的流沙。事實上，這樣的改變在第二天就發生了。

那天，我們到了利物浦的一家醫院，走進醫療顧問的辦公室，準備聽取最終的檢查結果，了解莫思的肩膀為何會一直作痛。之前，有個醫生幫他做了各式各樣的檢查與診斷，結果卻只告訴他：「會痛是正常的。以後你舉起手臂時一定會感覺不舒服，走路時也會有些踉蹌。」除了肩膀疼痛之外，莫思還有一隻手會微微顫抖，臉部也沒有知覺，為此他亦曾看過一些醫生，但幫助不大。不過這次我們所找的這位醫生可是頂尖人物，他是相關領域的權威，真正的高手，他會讓我們知道莫思的問題究竟是韌帶損傷，還是某種類似的毛病，又該如何解決。或許這些毛病是因為幾年前莫思曾經從穀倉屋頂上掉下來，骨頭有了細微裂縫所致。無論如何，這位醫生一定會告訴我們應該如何治療，他會坐在他的辦公桌後面，以權威的語氣向我們說明一切。

前往利物浦的車程非常漫長，但我們兩人都還沉浸在驚駭、疲憊的情緒中，幾乎一句話也沒說。開庭後的那幾天，我們一直忙著打包，並把不要的東西燒掉。在此同時，我們也心焦如焚地拚命打電話，因為我們發現自己無處可去。當時的情況已經夠糟了，偏偏還得花七個小時往返利物浦聽取醫生的報告。對我們而言，現在的每一個小時都極其珍貴，我們要抓緊時間完成打包，並享受能留在自己家中、安全無虞的時光。

打從六年前開始，我們就不斷進出醫院的候診室。起先，莫思有一邊的肩膀和手臂疼痛無力，接著又有一隻手開始不由自主地顫抖，因此醫生們初判他可能得了帕金森氏症，但檢查結果並非如此，於是他們又覺得可能是神經方面的損傷。此刻，我們所置身的這個診間俯瞰著停車場，而且就像其他診間一樣，四四方方的，漆成白色，不帶任何感情。但這回這個醫生卻沒有待在辦公桌後面，而是坐到莫思身旁，用手搭著他的手臂，問他最近如何。這看起來不太對勁。醫生們通常不會這麼做。至少我們之前看過的許多醫生都沒這麼做過。

「莫思，我所能做的，只有把診斷結果告訴你。」

不，不，不，不，不。醫生，不要再往下說了。接下來一定沒有什麼好話。請不要張開你的嘴巴。不要說！

「我相信你得的是皮質基底核退化症（corticobasal degeneration，簡稱CBD），但沒有百分之百的把握，因為目前還沒有方法可以檢驗出來，只能等到死後驗屍時才能確定。」

「死後？那你認為我還能活多久？」莫思把雙手放在大腿上，十指張得很開，彷彿正盡量把自己撐起來。

「呃，通常發病後可以撐六到八年。但你的病情似乎惡化得很慢，因為你從症狀出現至今已經有六年的時間了。」

「那一定就是醫生您搞錯了。莫思的毛病應該是其他的問題。」我感覺我的胃似乎頂到了喉嚨，整個房間也愈來愈模糊。

醫生看著我，彷彿我是個小孩。之後，他開始向我們說明這種罕見的退化性大腦疾病。根據他的說法，這種疾病會侵襲這個我打從十幾歲就一直深愛的好男人，會摧毀他的身體，然後破壞他的心智，使他變得迷茫、痴呆，終至無法吞嚥，甚至可能被自己的口水噎死，而且醫生們對此束手無策。我聽到這裡，簡直無法呼吸，感覺整個房間都開始搖晃。不！不要把莫思帶走，沒人可以這麼做！他是我的一切！我表面上保持鎮靜，但內心卻在尖叫吶喊、驚慌失措，像一隻衝撞玻璃窗的蜜蜂。彷彿世界與我之間突然出現隔閡，一切都變得不再真實。

「但也有可能是您搞錯了。」

醫生到底在說什麼？他說的可不只是莫思的生命，而是我們的生命。我們兩人已經合而為一，彼此纏繞、難解難分。我們早就說好要在九十五歲那年一起登上某座山頂，等到看完日出就安然睡去。我們不要分開，不要一個人孤零零躺在病床上被自己的口水噎死。

「你搞錯了！」

在醫院的停車場上，我和莫思坐在車裡緊緊相擁，彷彿只要我們把身體靠在一起，就能讓事情到此為止；彷彿只要我們的身體之間沒有任何縫隙，就沒有任何事物可以把我們分開，而這一切就不是真的，我們也不用去面對事實。此刻，莫思靜靜流著眼淚，但我沒有哭。我不能哭。我如果哭了，就會掉入痛苦的漩渦，被它捲入深淵。我和莫思自成年後就一直在一起生活，一起做夢，一起規畫未來，一起面對每個成功和失敗。我們從來不曾分開，也從來不曾落單。

然而，沒有任何一種藥物能阻止莫思的病情惡化，也沒有任何一種療法能讓他康復。唯一能幫上忙的只有一種名叫「普瑞巴林」（Pregabalin）的藥物，它可以減輕莫思的疼痛，但除此之外我們束手無策。我真的好希望我能在藥房拿到一盒魔法靈藥，好阻止這場正逐漸蔓延並毀掉我們生命的疾病。

「物理治療可以讓他的肢體不致那麼僵硬。」醫生說。但莫思已經每天都在做物理治療了。或許他可以多做一些。或許只要他多做一些，病情就不會惡化。我試著抓住每一根救命稻草、每一絲微渺希望，好讓自己脫離這令人窒息、震愕的夢魘。但我看不到任何希望，也沒有任何手從上面伸下來，把我拉到安全的處所，更沒有任何聲音來安慰我，告訴我：「沒事的，這只不過是一場惡夢而已。」我們倆只能在醫院停車場上緊緊相擁，試著面對現實。

「你不可能會生病的。我還愛著你。」

彷彿我們只要有這份愛就夠了。一直以來我都是這麼想的，那是我此生唯一需要的東西，但現在它卻無法解救我們。莫思是這世上第一個對我說他愛我的人，之前從未有人對我說過愛我，包括我的父母和朋友。莫斯的那些「我愛你」將我高高舉起，讓我在往後三十二個年頭發光、發熱，但如今任何語言都無力阻止莫思的大腦逐漸自我毀滅，也無法阻止一種名叫「tau」的蛋白質擾亂、破壞他的大腦細胞，使它們無法彼此連結。

「他搞錯了。我知道。他說錯了。」醫生一定是弄錯了。既然法官都可以做出錯誤判決，醫生當然也可能犯錯。

「我的腦子一片空白，心裡也沒什麼感覺。」

「那我們就當是醫生搞錯了。如果我們拒絕相信他，就可以照樣過日子。」我無法接受。這太沒有道理了，不可能是真的！

「醫生或許可能誤判，但萬一他說對了呢？萬一我們真的走到了他說的最後階段，那該怎麼辦？我無法想像，也不願意想像……」

「我們不會走到那一步的，我們一定能想出辦法來對抗它！」

我不相信上帝，也不相信任何更高的主宰。生而為人，我們不過是活著，然後死去，形成一個永無止境的碳循環而已。但上帝，拜託不要讓我們走到那一步。如果祂真的存在，那麼祂剛才已經把我的生命連根拔起，讓我的世界整個倒轉過來。開車回家的路上，我們把CD播放器開到最大聲，躲在那喧鬧的聲響裡。我感覺山峰已經陷落在我的腳下，而海水正嘩啦啦地流過我的頭頂。我的世界已經上下顛倒了，等到車子停下來時，我將用我的雙手來行走。

「噎死」這個念頭一直在我腦海裡揮之不去。自從聽到這個醫師的診斷後，有好幾週的時間，我每天晚上都在惡夢中驚醒，並且被夢中的情景嚇出渾身冷汗，頭部也陣陣抽痛。我夢見莫思被他的口水噎住，脖子腫脹，下巴扭曲。他努力要吸入空氣卻還是窒息而死，而我和孩子只能在一旁觀看，無能為力。

今年燕子來得晚。牠們在歷經一趟壯遊後，終於找到了回家的路，一隻、兩隻的在山毛櫸的枝椏間飛來飛去，大啖樹上的蟲子。要是我能變成一隻燕子，那該多好？這樣我就可以自由自在地飛翔，想回家就回家。此刻，我把準備給史莫婷吃的麵包掰開後，就走到外面去。在這個六月天的早晨，新鮮空氣輕撫著我的面頰，顯然今天天氣將會非常美好。我爬上木階，從野梨樹的枝椏間翻過樹籬。這樹籬的苗是我在一個苗圃的拍賣會上買的，原本以為它是山毛櫸，不料卻長成一排葉小刺多的野梨。它從未結過一顆梨子，但每次我從木階上翻過樹籬時，總是會被它刺傷。我摩挲著手臂上那些新舊不一的傷痕，心想現在已經沒有必要再修剪它了。田野上很溫暖，瀰漫著已經綻放的苜蓿花那蜂蜜般的氣息。才過了一個晚上，鼴鼠已經出來活動了，農場中央四處都是牠們所挖出的細小土粒所堆成的小丘。如同反射動作般，我把土丘踢平，因為我仍顧慮這些鼴鼠的傑作會對我們的土地造成不良影響。這片兩英畝廣的土地原本雜草叢生，莫思硬是將它開闢成了農場。他不肯用殺蟲劑，而當時我們也沒有任何機械設備，他便手持長柄大鐮刀把雜草一叢一叢刈除，接著又用耙子清理地上的碎石，挖掉那些蕁麻，並整修四周的圍牆。由於那些圍牆已荒廢了數十年，上頭有好幾百處缺損，因此他便小心翼翼地用石塊將它們一一補起來。我們接待的遊客的小孩會來這裡撿拾剛落地的雞蛋，春天時來這裡餵食小羊，我們也曾在這裡辦過無數場家庭板球賽。在青草還沒被割下來晒成乾草時，我們也會躺在這裡的草地上，觀看流星閃過夏日漆黑的夜空。這是我們的土地。

史莫婷一直沒有過來。這很奇怪，牠一向都會到木階這兒向我索要那片屬於牠的麵包。我環顧四周，尋找牠的蹤影，但內心已經知道發生了什麼事。果然，我看到史莫婷躺在山毛櫸樹下牠最喜歡的那片草地上，彷彿陷入熟睡。牠知道牠不能離開這裡，這個屬於牠的地方，於是牠就走了。牠把頭靠在草地上，兩眼一閉，就這樣走了。我撫摸著牠那毛茸茸的臉頰和彎彎的角，再也克制不住滿腹的悲傷，便倒在牠身旁的草地上，開始啜泣，一直哭到筋疲力盡、眼淚枯竭為止。我躺在那幾棵山毛櫸下面，把臉頰埋在青草間，很想就這樣一走了之。我想放下一切，自由自在，這樣我就可以跟史莫婷在一起，可以和燕子一起飛翔，這樣我就不需要面對自己即將離開家園的事實，也不需要眼睜睜看著莫思獨自走向生命的盡頭。此刻，就讓我死了吧！讓我成為那個走掉的人！我不要一個人被留下來，讓我死去吧！

我拿了鏟子，開始在地上挖洞，想把史莫婷葬在牠的姊妹旁邊，在這片屬於牠們的田野上。莫思也出來了，我們一起沉默地挖著，不想說話，也不想正視那個愈來愈大、愈來愈深的洞。前一天我們所窺見的黑暗仍然令我們震驚不已，我們還不願承認它的存在。我用一塊茶巾把史莫婷的頭蓋住。當泥土落在牠臉上時，我們簡直不忍直視。牠走了。一切都結束了。我們對這座農場的夢想也隨牠一起埋葬土中。

3 劇變

最後一次關上家門後，我們有兩週的時間把僅剩的財物放進一個朋友的穀倉裡，然後試著思考接下來該怎麼做。孩子們幫不上什麼忙，他們倆還是學生，和別人合住，而且連自己手上的錢都不太夠用。莫思的哥哥正在外地度假，所以我們可以暫住在他那兒，但兩週後他和家人就會回來，到時房子裡可住不下那麼多人，所以我們勢必得離開。其實他家距離我們自己的家只有三十公里，開著車往下走一會兒就到了，但我們卻回不去，這是一種痛苦的折磨。我們還未從被迫離開家園的驚恐中平復，又接連從醫生口中得知噩耗，因此最初那幾天實在是一團紛亂。

照道理說，我們應該努力工作並且租房落腳。因為我們不僅失去了住所，也失去了我們的民宿與農場事業，必須重找一份工作才能讓生活回到軌道。但問題是：我和莫思共處的時間或許已經所剩無幾，他的病況隨時可能急遽惡化，然後他就會逐漸癱瘓甚至死亡。因此我無法自己外出工作，把他一個人留在家裡——我必須趁他的健康狀況還行時，把握和他在一起的寶貴時光，和他共度每一分每一秒。我得把每一份回憶都留存下來，以供將來寂寞時回味。

我討厭那個醫生。他坐在辦公桌前宣布診斷結果時，好像是要送我們什麼禮物似的。「**莫思，我所能做的，只有把診斷結果告訴你。**」這真是糟透了。我真希望他不要那麼做，不要讓我知道這些。我不希望每次看著莫思的時候，就想到我那黑暗、空洞的未來。得知診斷結果後的那幾天，我們真不知道是怎麼過的，那種感覺就像剛經歷一場戰役一般，害怕、驚惶、迷惘。

我們曾經考慮過要先露營一段時間，直到找到更好的住處為止。但露營場最便宜的營位每週也要八十英鎊，遠超出我們所能負擔的範圍，也無法獲得房屋補助。熟人的家中都沒有多餘的房間，也沒人願意讓我們在他家的庭院露營幾個星期。我們需要一個地方沉澱自己，接受已經發生的事實，卻連一台露營拖車都訂不到，因為我們那裡是熱門的度假地，當時又正值仲夏的旅遊旺季，所以所有的露營拖車都被遊客預訂一空，他們付的價錢甚至遠超過政府的住房補助。

直接租一棟房子似乎是最理想的方案，但我們很快就發現，對一個房地產被判收回的人而言，租房幾乎是不可能的事，因為我們的信用評等已經降到最低點。如果我們願意，政府可以把我們排入候補名單，但我們的順位在很後面，而且當時只能安排我們住進那些主要提供給毒癮和酒癮人士的公共住宅裡。那天我們去申請公宅時，一位坐在辦公桌後面、綁著馬尾的黑髮女孩，操著濃重的威爾斯口音對我們說：「嗯，如果你不是很快就會死掉，例如明年之類的，那你就不算重病吧？所以我不能將你們列為優先。」當下我們就確定了一件事：我們寧可住在帳篷裡。

回到莫思的哥哥家之後，我看著窗外，心裡一片茫然，想不出什麼辦法。

「我其實挺高興的。因為如果住進離我們農場不遠的公共住宅裡，我無法想像那樣的日子會有多煎熬。」

「我明白。如果我們還住在我們的農場，就可以與世隔絕，好好過自己的日子就好，不須理會別人。那是一座屬於我們的島嶼。」

鄉村地方的鄰里關係實在是太緊密了，屆時我們勢必會成為眾人八卦的主題，受人議論好幾個月。對我們而言，那座農場就是我們所擁有的孤島，一旦我們將車子駛離馬路，進入農場前的那座森林，就能把整個世界拋在身後了。穿過森林後，景觀就豁然開朗，彷彿進入另一個世界。放眼望去是一塊塊古老的農地，中間以種有樹籬的田埂相隔。高聳的山脈自西迤邐向東，中間漂浮著一朵淡淡的白雲。偶爾可見一隻巨大的鵟鳥振翅飛上藍天，盤旋在樹梢與山嶺之間。那森林就像一扇門，屏絕了外面世界的車馬、村莊與喧譁的人聲。然而，現在我們卻流落在外，無處棲身，那種感覺就像是乘著木筏在一片迷霧中漂流，看不到一絲希望，不知道自己能在何處上岸，甚至不知道自己是否終能上岸。

莫思站在窗邊，望著那座長滿荊豆和石楠的山坡。那裡曾是我們的家，但如今已不再是了。

「我想這個地方我已經待不下去了。我們必須離開威爾斯。雖然不知道將來會怎樣，甚至不知道是不是還有將來，但現在我們需要到別的地方，尋找適合的家園。」

我深吸了一口氣。

「那我們就收拾背包上路吧！之後的事，我們邊走邊想。」

「好吧，就去走西南海濱小徑吧！」

當你已經五十歲，收拾背包的感覺和你在二十歲時是不一樣的。上一次我們收拾背包準備去健行時，孩子們尚未出生。當時，莫思還留著一頭長髮，我的身材也比現在苗條。那個時候，只要是我們認為用得著的東西，就會往背包裡扔，就算背包再重也照揹不誤。當時，我們還年輕，就算肌肉勞損、受傷，也會很快復原。我們曾揹著背包在英格蘭西北方的湖區（Lake District）和蘇格蘭健行，每天都走好幾哩路，但幾乎都是在營地過夜，很少在野外露營，而且那已經是三十年前的事了。在經過二十年的體力勞動之後，我的身體不比從前，經常這兒痛、那兒痛，一直沒好過。再加上這三年來因為打官司的緣故，我經常埋首於筆記型電腦前撰寫答辯狀，搞得自己渾身僵硬，稍一扭動或轉身，肌肉就有可能會受傷。至於莫思，他怎麼可能承擔得起像從前那樣的重負呢？我們依照過去的方式收拾好後，便小心翼翼地將背包放在他的背上。這背包的容量共有六十公升，裡面裝著我們從前用過的橘色帆布帳篷和兩個已經略微生鏽的鋁鍋。但莫思繞著房間走了兩圈後，就痛得跪倒在地。

「幫我把它拿下來吧！我實在揹不動。」

「那我們就得想辦法弄一套不一樣的裝備。首先，我們要找個輕一點的帳篷。」

「我們可買不起新帳篷。」過去一年我們所賺的錢都拿來打官司，還有支付那段期間我們倆以及兩個正在上大學的孩子的生活開銷了。原本今年夏天要來穀倉住宿度假的那些遊客所付的訂金，我也通通還給他們了。因此，目前我們手上只剩下三百二十英鎊。好在我們每週還可以拿到四十八英鎊的稅額抵減金。這是因為隨著莫思的工作能力愈來愈差，我們的收入只剩下出租穀倉的所得，因此符合政府補助的資格。但就連這筆小額的補助，我們也得有個地址才能領到，這就意味著我們得留在這個地區。既然我們無法留下來，我們便留下農場的地址，請郵局轉寄到莫思的哥哥那兒。每個星期四十八英鎊。想來應該足夠我們過活吧。

我重讀了一遍那本《蹓狗五百哩》，再次告訴自己：我們一定辦得到。既然馬克．瓦林頓（Mark Wallington）可以揹著向別人借來的背包，帶著一隻看起來有點邋遢的狗走完「西南海濱小徑」，想必我們也行。但我們行走的方向顯然必須和他相反，我們必須從浦爾走到邁恩希德才行。這是因為最前面的一段——也就是從邁恩希德到帕德斯托（Padstow）這段——是最難走的，而後面從普利茅斯（Plymouth）到浦爾這一段則是最好走的，因此我們當然要反過來走，好讓自己在抵達難走的路段前，有段時間可以慢慢適應。我們現在缺的就是一本旅遊指南，而且它的內容必須涵蓋整條步道。但不久我們就發現：所有相關的旅遊指南都是教人如何從步道的北端走到南端，沒有從南走到北的。我在「科茨沃爾德戶外有限公司」（Cotswold Outdoors）的貨架上找了一遍，但偌大的旅遊指南書區就是沒有這樣的一本書。在失望之餘，我忍不住對那個身材瘦削的可憐店員發了一頓牢騷。

「難道你不明白嗎？我們得從反方向走，莫思必須從比較好走的路段開始走起。馬克．瓦林頓當時只有二十幾歲，而且他除了不知道怎麼打營釘之外，沒有什麼問題。」我脹紅著臉，氣憤驚慌之餘，還一肚子委屈，情緒已經快要潰堤。

「很抱歉，這位女士，但我們這兒就是沒有這樣的一本書呀。」那店員說完話就溜走了，而我坐在商店後方兀自生著悶氣。如果我們必須從最難走的路段開始走起，莫思大概撐不了一個星期。到時，我們該怎麼辦呢？這是我還無法面對的問題，所以大腦便進入自我防衛模式。眼前我們只能去走步道——那是我能想到的唯一出路。之後的事，就再說吧。既然買不到合適的旅遊指南，我們便決定參考英國地形測量局所製作的地圖。但要走完全程，我們需要帶很多東西，只是那些東西我們一來買不起，二來也揹不動。

「蕊娜，我可不要朝著和旅遊指南相反的方向走五百哩（約八百公里）路。所以我們就從邁恩希德開始慢慢地走吧。」莫思撫摸著我的頭髮，但我只想鑽進睡袋裡痛哭一場。「你現在可不能崩潰呀。你要堅強，畢竟你不是那個有可能會噎死的人。」我這樣告訴自己。但我其實已經瀕臨崩潰，只不過是在硬撐。

我們必須從眾多旅遊指南中選出一本。但我們仔細看過之後，發現根本不必選。帕迪．狄倫

（Paddy Dillon）那一本棕色的小書《西南海濱小徑：從邁恩希德到南黑文角》（*The South West Coast Path: From Minehead to South Haven Point*）不僅封面上的水彩畫賞心悅目，還附有由地形測量局所製作的地圖，且其範圍涵蓋整條步道。此外，這本書體積小巧，無論拿在我的手上或放在莫思的口袋裡都剛剛好，因此我們決定就是這本了。然而，當我們一邊喝茶，一邊翻閱這本書時，卻發現當年瓦林頓帶著他的狗兒去走步道時，可能沒有算清楚里程數，也可能有些地方他沒有走到，或者地殼在其後的數十年間發生了某種變動，使得康瓦耳的面積朝著大西洋的方向擴張，因為根據帕迪．狄倫書上的資料：西南海濱小徑全長不只五百哩（八百零五公里），而是六百三十哩（一千零一十四公里）。

我們勢必得買一些新裝備，因為莫思的舊背包上那幾個大扣環不僅生鏽了，還會卡住，而我的背包的裡襯已經裂開，會滲水。但如果要買兩個品質相當的新背包，就得花上兩百五十英鎊，代價驚人。於是我們便開始尋找比較便宜的品項，最後在戶外用品零售店「山倉」（Mountain Warehouse）挑了兩個背包，價錢不到大牌子的一半。它們沒什麼花俏的附件，但已經夠用了。接下來那幾天，背包成了我們生活的重心。我們一會兒往裡頭塞東西，一會兒又拿出來，還揹著它們在屋裡走來走去，後來卻發現這樣根本行不通，因為背包太小，我們想帶的東西無法完全塞進去。

「不行呀，蕊娜，再大些我就揹不動了。我們就像當初離開農場那樣，只帶絕對必要的東西，其他的就捨去了。這樣我或許就揹得動。」

「這帳篷太重了！我塞不進背包裡，而且你也揹不動。可是我們買不起那種能在懸崖頂上撐好幾個月的好帳篷。再說我們的背包已經塞滿了。」

「不如到網站上找適合的二手拍賣品？」

在等待拍賣成交的過程我們的心情真是七上八下。我們下單的那頂帳篷可是我們這個夏天甚至在那之後還要棲身的窩呢！三秒、兩秒、一秒，我們得標了！那是一頂凡果牌（Vango）帳篷，只用過一次，重量也僅有三公斤，是我們原有舊帆布帳篷的四分之一，體積也小得多。我們高興地繞著餐桌跳舞，因為我們只花了三十八英鎊就買到一個新家。

我興奮地打電話給我們的女兒蘿恩，想和她分享這個小小的好消息，以紓解這兩週以來我們之間的沉鬱氣氛。我很想扮演一個稱職的母親，讓她不用再擔心任何事。然而，電話鈴聲一響，我就開始後悔了。孩子們或許已經長大離家，但我們失去的那個家園同樣也是他們的家園，而且他們也像我一樣很難接受莫思生病的事實。過去幾週以來，我們的親子關係已經改變了。現在我已經無法保護他們，使他們不受這些變故的影響。我不喜歡這種感覺，也還沒做好心理準備。但他們調適得出奇地好（顯然我和莫思的教養方式頗為成功），也做好準備了。是我一直想保護他們，讓他們生活在一個完美的泡泡裡。我問自己：如果對他們而言，我不再是個保護者，那我又是什麼呢？在內心深處，我一直覺得這個保護者的角色是我之所以是「我」的最後一個部分。如果連這個部分都失去了，那還剩下什麼呢？什麼都不剩了！

「媽，你在想什麼？你瘋了嗎？萬一爸從懸崖上掉下去，那該怎麼辦？」蘿恩的聲音讓我猛然回到了現實。「你們沒有錢，要怎麼吃飯呢？你真的打算整個夏天都住在帳篷裡嗎？這怎麼行呢？爸有時候甚至沒辦法從椅子上站起來。萬一他在懸崖上動不了，那該怎麼辦？你們要在哪裡露營？你知道露營場的一個營位要多少錢嗎？你有沒有告訴湯姆？」

「我知道，蘿恩，這個點子很瘋狂，但我們還能怎樣呢？總不能一直坐在這裡排隊等公宅吧？這可不是我們的作風。我們必須這麼做。只要我和你爸在一起，就不會有事的。別擔心。」

她沉默了。這時電話裡傳來了劈里啪啦的雜訊。

「你看你的手機電池連十分鐘都撐不到。我會寄一支新手機給你，你要每天打電話給我，而我打給你的時候，你不能不接。還有，要告訴湯姆。」

「好的，蘿恩。我也愛你。」

「喂，湯姆。我和你爸已經決定要去走西南海濱小徑，可能要花至少兩、三個月的時間。」

「是喔！」

「這條步道有一千公里長，而且我們一路上都得搭帳篷。」

「酷！」

從前那個活潑好動的小男孩如今已變得過度冷靜，而當年那個愛跳迪斯可、愛打扮的小女孩則成了我媽。

但現在的我成了怎樣的人？莫思呢？走完一千公里之後，我們就能找到答案嗎？

三天後，我們買的那頂帳篷寄到了，我們在客廳裡把它搭起來。那是一頂低矮寬敞的圓頂帳篷，是綠色的，趴在地板上像是花崗岩上的苔蘚。我們把自動充氣睡墊攤開，鑽進我們花了五英鎊從特易購（Tesco）買來的兩個超輕的睡袋裡。接著，我又用那個坎賓茲牌（Campingaz）的迷你爐泡了一杯茶。然後，我們兩人就坐在帳篷裡靠門口的地方，看著電視上播出的《園丁世界》

（*Gardener's World*）節目。但是當我們想要離開帳篷時，莫思卻突然無法動彈，無論他再怎麼使勁都站不起來。於是，我只好把他連人帶睡袋一起拖出帳篷，然後再把他拉起來。

「你認為蘿恩說得對不對呢？我們這樣做可能不是很明智。」

「但我們這輩子何曾選過一條好走的路呢？」

進行最後一次打包時，我們心知如果忘了什麼，或者有什麼東西實在裝不下，這整個夏天就只好將就應付過去了。要買新的裝備是不可能的，因為我們一路上不會有多餘的錢可以這麼做。只要能夠填飽肚子，我們就算很幸運了，因為現在正值旅遊旺季，要在西南海岸買食物可不容易。此刻，我們把要帶的東西堆在背包旁。這麼多東西顯然無法通通裝進去，但我們還是盡量地塞。我先把夠我穿兩三個月的衣服放進去，但這時背包就已經半滿了，為了節省空間，我只好少帶一些。於是我把所有衣服都扔在沙發上，開始動手挑揀，只帶那些不可或缺的衣物：一件舊的棉質泳衣、三件內褲、一雙短襪、一件棉質背心、一件緊身褲和一件在睡袋裡穿的長袖T恤，其他的我就直接穿在身上，其中包括：一件棉質緊身褲、從慈善商店買來的一件有花卉圖案的人造絲短洋裝、一件棉質背心、一雙紅色的健行襪以及一件便宜的拉鍊式刷毛外套。就只有這些。

然後，我把那些要帶去的衣服一件件捲成球狀，裝進一個乾燥的小束口袋裡，放在背包最底層，再依序放入其他東西，包括：一張自動充氣睡墊、一個小瓦斯爐和瓦斯罐、一個不鏽鋼的長柄平底鍋（鍋柄可以折過去把鍋蓋扣緊的那種）、火柴、一個搪瓷盤子和馬克杯、茶匙和一支塑膠的叉勺、一個小到不能再小的可壓扁枕頭、一個可以用固定帶壓縮並放進側掛包的睡袋，以及一件防水夾克和緊身褲。接著，我再放入其他所有我覺得不可或缺的小東西，包括一支八公分的迷你手電筒、一本A5筆記本、一枝筆、一根可以折疊的牙刷和一管五公分長的小牙膏、旅行用的洗髮精、一條藍色的快乾毛巾、護唇膏、面紙、一包潔面紙巾、手機、可折疊的手機充電器、一瓶兩公升的富維克（Volvic）礦泉水（我把它扣在背包頂端的小帶子下方）、一個裝了我們僅存的一百一十五英鎊的錢包以及一張金融卡。此外，還有一些食物。我們途中所需的食物大多會在路上購買，但一開始得自己帶一些，包括：滿滿一個八公分錫罐的「半匙款」（Half Spoon）濃縮砂糖（一半用量就能達到普通砂糖的甜度，所以體積也比一般砂糖少一半）、五十個茶包、兩包米和兩袋麵條、一包可常溫保存的橘色保久肉丸、一盒鯖魚罐頭、一些早餐穀物棒和兩條瑪氏巧克力棒（Mars bars）。以上這些是我們的儲糧，可供我們急難使用並作為途中的備用糧食。

我用力把背包的頂蓋闔上並且用固定帶拉緊，只見它看起來就像足球般飽滿鼓脹，即使我坐在上面，它居然一點兒也沒被壓扁。

莫思背包裡的東西和我的很像，只不過他帶的不是花洋裝，而是一條可以捲到膝蓋當成短褲的戰鬥褲，還有一個急救包、一把小摺刀和一個十公分的單筒望遠鏡（用來探查前方的步道）。背包的內袋裡塞著一本薄冊，是由諾貝爾文學獎得主謝默斯・希尼（Seamus Heaney）所翻譯的《貝武夫》（*Beowulf*），那是他多年來每次旅行都會帶的東西。帳篷也是由莫思攜帶，他把它綁在背包外側。除此之外，他把帕迪・狄倫的指南塞入戰鬥褲的口袋。至此，我們準備就緒了。

我們把兩個背包放在浴室的體重計上秤重，重量幾乎一模一樣，都只有八公斤。雖然我仍覺得這對莫思來說可能太重了，但他還是將它拿了起來，把一隻手臂穿進背帶裡。

然而，莫思費了好大的勁兒仍無法把那隻會痛的手臂穿過背帶，於是我便用雙手幫他托住背包底部，慢慢地把它放在他的肩膀上。我必須在揹上自己的背包前就這麼做，因為揹上背包後我的手臂就伸不高，無法移動他的背帶了。等莫思揹上背包後，我就能把自己的背包放在膝蓋上，把一隻手穿過背帶，然後把背包往後一甩，再請莫思幫我托住，讓我可以把另一隻手穿過背帶。簡單！

揹上背包後，我們兩人站在一起，像一對擱淺在海灘上的烏龜。

「這真是瘋狂。」

很瘋狂沒錯，但我們非如此不可。如果我們不這麼做，就必須面對這個夏天之後的現實，而我們兩人都還沒做好準備。

「我們真的已經不像從前那麼猛了。」

我們把背包放進廂型車後，就掉頭朝南開，將一切拋諸身後。過去的種種恍如南柯一夢，並不真實。我們放下了二十年來所過的家庭生活、經營的事業，放下我們所擁有的一切我們的希望與夢想、過去與未來。但在前方等待我們的並非一個全新的開始，也不是一個嶄新的生活。我們的世界已經裂成兩半，中間有一道永遠無法越過的深淵。我們把自己留在深淵的彼端，以另一個軀殼逃離，但在前方等著我們的只有一條步道。

4 無賴與流浪漢

遊民簡述

如果隨機找人描述何謂「遊民」，大多數人都會說他們就是那種把墊子一攤就隨意睡在街上或建築物出入口的人，其中有些會帶著狗，而且他們總是向別人乞討以購買毒品或酒。由於這種刻板印象，人們在遇到他們的時候總會感覺不舒服，甚至想要教訓他們。但這樣的形象確實影響大多數人對遊民的觀感。

根據遊民慈善機構「危機」（Crisis）和約瑟夫・朗特里基金會（Joseph Rowntree Foundation）合辦的一項調查，二〇一三年時，英國至少有二十八萬家戶聲稱他們無家可歸，或者即將失去居所，而且這個數字只包括那些已經申請列入無殼蝸牛名單的人。然而，政府根據法令卻只認定其中五萬兩千戶是真正的無殼蝸牛，因為他們沒有家人或朋友可以提供他們住所。剩下的二十二萬八千戶當中，有許多是由地方政府透過救濟機構提供協助。如此看來，因為沒有房子而請求協助的家庭一共有二十八萬戶，而且請注意這個數字是以家戶為單位，並非個人。

不幸的是，各單位的相關數據存在很大的差異。政府的數據顯示：二〇一三年間，全英國有兩千四百一十四人露宿街頭，但這只是他們在一個晚上所清點到的人數。一項由「無殼蝸牛聯合資訊網」（The Combined Homelessness and Information Network，簡稱CHAIN）在大倫敦市政府（Greater London Authority，簡稱GLA）的贊助下所做的研究則顯示：二〇一三年，光是在倫敦地區露宿街頭者就有六千五百零八人。然而，政府用快照計算法所得出的數字卻只有五百四十三人，對於那些不想把事情看得太清楚的人而言，這個數字毋寧令人欣慰得多。但其他那些登記有案的無殼蝸牛、空屋占據者、沙發衝浪者、露宿於隱密場所的人，以及那些根本不被納入統計的「隱藏版」遊民又該怎麼說呢？要知道，那些被納入統計的只是他們找得到的、或有紀錄可查的人士，那麼其他的人呢？

對於這些遊民，警方可以根據若干法令來加以驅逐，其中最主要的法令依據便是一八二四年所制定的《流浪法》（*Vagrancy Act*）。在此之前的幾百年中，當局早已持續對那些出現在公共場所的可疑人士採取法律措施，到了一八二四年時，政府終於正式制定了《流浪法》，並開始實施。一位名叫艾倫·穆迪（Alan Murdie）的律師曾為《人行道雜誌》（*The Pavement*）撰寫一篇文章概述這類歧視性法案多年來所造成的影響，內容指出：根據這類法令，所謂的「可疑人士」包括吉普賽人、演員、妓女、疑似巫婆的人、藝術家、乞丐和無家可歸者。

在一三八一年的農民起義事件（the Peasants' Revolt）後，英國政府制定了第一個禁止乞討的法案，但一直未加以執行，直到後來修道院被解散後，政府才在一五四七年制定了管制流浪者的措施。由於《圈地法案》（*Enclosure Acts*）實施以及工業革命發生後，愈來愈多人無家可歸，因此相關法令也愈來愈多。一七四四年的《流浪法》成為後續所有相關法案的範本。該項法案將流浪者分為「乞丐、遊手好閒者、流浪漢、無賴」這四類，並將這四類中的累犯稱為「無可救藥者」，同時還規定當局有權逮捕任何他們覺得形跡可疑或者無法謀生的人士。不幸的是，自從一七一三年以來，依照法令規定，如果有人逮捕一位「無所事事或名聲不好的人」，當地政府就必須支付他五先令的獎金，這導致了嚴重濫捕的現象，光是一年間就有五百多人遭到逮捕。

拿破崙戰爭結束後，無家可歸者再度增加，各界人士紛紛呼籲政府要制定更嚴格的法令來管制流浪漢，於是一八二四年《流浪法》應運而生。這項法案雖然多年來屢經修訂，但其中有一部分至今仍有法律效力，當局還會援引該法案的第一節和一九八二年的《刑事審判法》來對付乞丐，並且將所有「在外遊蕩或在公共場所、街道、公路、庭院或走廊乞討或收取救濟品的人」列為「無所事事和妨害治安者」。該法案的第四節則規定：凡是「在外遊蕩並住宿於穀倉或庫房、廢棄建築、空屋、戶外場所、帳篷、貨車或馬車之中，且顯然不具謀生能力，也無法清楚交代自己的行蹤者」都應被視為「無賴和流浪漢」。

到了二〇一四年，也就是我們踏上西南海濱小徑的隔年，《反社會行為、犯罪及警務法》（*Anti-social Behaviour, Crime and Policing Act*）開始實行。其內容涵蓋了《公共空間保護令》（*Public Space Protection Orders*）的條款，也就是說：當局可以逮捕任何一個被視為妨害他人的人，並命令他們「離開當地，不得再返」。從此以後，各地方政府就以各式各樣的理由執行這條《公共空間保護令》，例如迪恩森林（Forest of Dean）就以很莫名其妙的理由禁止惱人的羊群進入該區，有些地方政府則禁止人們在公共場所攜帶高爾夫球棍。簡而言之，若地方政府認為你看起來很可疑，你就可能遭到驅逐或逮捕。許多城市的議會也因此得以通過一些法令，直接禁止與遊民有關的活動，例如露宿街頭、乞討、遊蕩等等。凡是違反該法令者，就必須繳納一百英鎊的罰金，若不繳納就會被處以一千英鎊的罰金，而且還會留下犯罪紀錄。除此之外，向人索討金錢或在不適當的地方趕羊，也都在禁止之列。

時至今日，人們普遍仍對遊民心懷恐懼。許多人都認為一個人若無房子可住，必然就是酒鬼、毒蟲或精神病患。沒錯，很多遊民確實都有酗酒、吸毒或罹患精神疾病等問題，但這些問題也有可能是因為他們無家可歸所導致。由於人們懷有這樣的恐懼，再加上擔心遊民會影響觀光旅遊業，因此政府便試圖禁止人們在倫敦市中心區露宿街頭，也不得在此設置施粥廠。但這種做法真的能解決問題嗎？總而言之，無論你認為無家可歸的人是無賴、流浪漢還是無業游民，我們在二〇一三年的夏天就成了其中的兩員。

第二部

西南海濱小徑

「一想到要連續走上好幾個星期，每晚都睡在不同的地方，還要設法尋找食物和飲水，有些人就望而卻步了。但其實只要有仔細的規畫就沒問題。」

《西南海濱小徑：從邁恩希德到南黑文角》，帕迪．狄倫。
（*The South West Coast Path: From Minehead to South Haven Point*，Paddy Dillon）

5 無家可歸

我們原本兩天後就能抵達湯頓，這樣就可以避開最熱的天氣，但因為那些天使的緣故，我們耽擱了。

我們之前曾多次開車往返M5高速公路，每次不是要到某個特定地點，就是有行程要趕。但是這回都沒有，所以我們的注意力很容易就分散了。

「我們之前有好幾次開車經過這個『往格拉斯頓柏立（Glastonbury）』的路牌，但每次都說：『下次再去吧！』。這回我們就彎去那兒待上一個鐘頭如何？這樣我們今晚還來得及抵達約維爾（Yeovil），把車子留在簡恩家，過兩天再出發。」

莫思的朋友簡恩很樂意幫我們一些小忙，所以我們要把車子開到約維爾去，寄放在她家。但我們並不趕時間，所以我想我們可以去攀登那座圓錐形的「格拉斯頓柏立突岩」（Glastonbury Tor），看看那邊的風景再離開。

「好啊，有何不可？」

這塊突岩曾出現在許多凱爾特神話中，早在鐵器時代，這裡就有人聚居。據說它也和亞瑟王的故事有關（事實上，英國西邊有三分之一的村落都是如此）。不久前，我們曾經過威爾斯的一座湖，那裡據說是亞瑟王丟擲他的寶劍之處，因此去格拉斯頓柏立突岩瞧瞧似乎是個不錯的消遣。說實話，我至今仍無法理解，為何一個英國國王要把他的寶劍丟進A5高速公路旁一座髒兮兮、灰撲撲的湖裡，也不了解他為什麼要在格拉斯頓柏立待那麼久，久得足以讓他從龍脈（ley line）[1]獲得能量，並讓後人有了靈感，以致他們在這裡開設了長長一排水晶專賣店。或許我們到了格拉斯頓柏立突岩或康瓦耳郡的廷塔杰爾村（Tintagel）（如果我們能走那麼遠的話）之後，就能了解箇中奧妙。

到達格拉斯頓柏立之後，我們下車活動了一下筋骨——在經過一段漫長的、令人沮喪的車程後，這種感覺真好。之後我們欣賞了一下薩莫塞特平原（Somerset Levels）的風光，用手機拍了一些風景照，在場那些好奇打量著我們的美國人和中國人也一併入鏡了，之後我們便走回鎮上。這裡到處都是另類的新世紀水晶商店，遊民也多得出奇。他們一個個都裹著毯子和睡袋坐在建築物的門口或立面凹處，其中許多人手裡都捧著討錢的碗。一個二十出頭的男孩坐在一家白女巫水晶店外面的垃圾箱和排水管之間。他雖然外表邋遢、衣著骯髒、頭髮蓬亂，還戴著一頂破帽子，但皮膚光滑、牙齒整齊、眼神明亮，看起來就像個就讀貴族中學的學生。我們坐在馬路對面，吃著有水晶能量加持的派，看他生意興隆、大發利市。路過的有錢人看到他那乾淨、完美的笑容，聽到他那一口純正的發音，都紛紛對他慷慨解囊，以致其他乞丐的生意都受到了影響。

「莫思，你看看這個。」我指著一張在鎮上貼得到處都是的海報。「『讓天使來療癒你。地點：天堂盡頭，每人三英鎊』。我們要不要去試試？就當做是在格拉斯頓柏立的一次體驗？療程

1 譯注：或稱「奇徑」或「能量線」。

再過二十分鐘就開始了。在離開這裡之前，我們就找點樂子吧。」我心想：說不定那不只是一個噱頭，說不定真的會對莫思有幫助。

「我才不要！」

「拜託！去嘛！只是好玩而已。」

我們在停車場上四處尋找「天堂盡頭」的入口時，那個看起來像名校伊頓公學（Eton College）學生的乞丐走進了公廁。只見他出來時，已換下身上那件襤褸的外套，然後就揹著背包、腳踩滑板，有如衝浪客一般進入銀行。我們坐在長椅上，看到他從銀行裡出來後又回到公廁，換上那件破爛的外套走出來，回到垃圾箱旁邊繼續乞討。看來，在格拉斯頓柏立，當乞丐可是一種職業。

到了「天堂盡頭」，我們按下門鈴後，一個身穿白衣的女子前來應門。

「嗨，我是蜜雪兒，歡迎來到『天堂盡頭』。我不會告訴你們等一下會發生什麼事，你們只要聽從天使的引導就行了。」她領著我們進了房子，來到會客室。

「這條毯子和椅墊給你們。找個位子坐下來，讓自己放鬆。大家都到了。」只見房裡滿滿的人，一個個都像沙丁魚一般躺在地板上、沙發上或靠在椅子上，而且都乖乖蓋著毯子、閉上眼睛。我小心翼翼地跨過那群人，找了個位子，然後就回頭看著莫思，只見他一臉狐疑的神色。

「我要播放音樂召喚天使了。」在南美洲笛子的樂聲和鯨魚的叫聲中，蜜雪兒布置好場地，並點燃一座香爐，房裡頓時煙霧瀰漫，散發著「天堂的氣息」。接著她便開始召喚她的天使。

「來自南方的加百列到了。他帶來了藍光。讓那藍光經由你的腳趾進入你的體內。」接著其他天使也陸續帶來許多其他顏色的光。我們像沙丁魚一般躺在那瀰漫著強烈氣味的炎熱房間裡。我心想，如果天使聞起來就是這種氣味，那麼天堂很適合我。但我知道我們念大學時管這種氣味叫什麼。它絕對不是什麼「天堂的氣息」。

「開始深呼吸，把天使的力量帶到你身體疼痛的地方，帶到你的雙手和雙腳，帶到你的心臟和大腦，帶到你的肝臟，帶到你的…你的…呃，腎臟，然後放鬆。」

音樂停了。整個房間的人都安靜地呼吸著。但不久便傳來一個熟悉的鼾聲，而且就像平常那樣，起先很微弱，而後愈來愈響亮。我用手肘撐起身體，放眼望去，只見其他的魚都乖乖躺在那裡吸氣、呼氣，只有莫思進入熟睡狀態並且鼾聲不斷。

「和天使說再見，然後回到你們的身體裡面，再回到現實世界裡。」

眾人聞言都站起身，小聲交流著剛才的經驗：有人和鯨魚一起游泳，有人和鳥兒一起飛翔，有人行走在水面上，而我只是很高興能花三英鎊吸到「天堂的氣息」。但莫思仍在打呼。

我戳了他一下，將他叫醒。

「莫思，起來。」

「沒辦法。」

「我知道你現在感覺很舒服，但你必須起來了。」

「不行，我沒辦法，我動不了了。幹，你說我是不是癱了？我動不了了。」

蜜雪兒並未過來。她倒水給我們後就退到後面去了。她是不是以為她帶來的天使有問題，還是擔心我們可能告她一狀？

「我的腳麻了。我是不是以後就這樣子了？萬一哪天我突然不能走路，那該怎麼辦？」

最後，他還是爬起來，跪在地上，然後坐到了椅子上。

「這是因為你在地上平躺了一個小時。你知道你每次躺太久之後就會動不了。」

「我告訴過你我不想來的。」

「你不會有事的。你只不過是在打呼時吸進太多『天堂的氣息』罷了。」但我心想：糟糕，萬一之後路上發生這種情況，我們該怎麼辦？

我們開車駛離格拉斯頓柏立鎮時，看到那個像名校生的乞丐正坐在長椅上用手機講電話，看起來乾乾淨淨，而且吃得很飽。

我們原本只打算在簡恩的住處待上兩天，卻因為莫思被格拉斯頓柏立的天使搞得背部疼痛、渾身僵硬，而在她家地板上睡了將近兩週。等莫思好轉後，我們就該上路了。我們要在被主人嫌棄之前趕緊離開，因為沒人會想要無限期的和別人分享自家房間。我們把那輛小廂型車留在簡恩的車道上，心裡真希望它能稍微大一些，好讓我們能夠睡在裡面。之後，簡恩開車送我們到湯頓。看到我們離開，想必她鬆了一口氣吧。我們向她道別時，暗自發誓今後絕對不要再平躺太久，也不要再去招惹什麼天使了。

八月初的這一天，我們把背包擺在腳邊，兩人站在湯頓市的路邊。從這一刻起，我們真的成了不折不扣的遊民了。這是我不曾有過的體驗。過去，我曾在外地旅行，也曾連續數週都睡在廂型車裡，但現在情況並不同。在外地旅行時，你知道自己有某處可以回去，縱使愈走愈遠，縱使曾經想要逃離，但那裡永遠有一扇門為你開啟，讓你可以放下行李。那一天，我的感覺完全不一樣。世上沒有任何一扇門等著為我開啟。對我來說，最安全可靠的地方就是我當下所在之處。我不想移動。

「接下來，我們是不是要去找開往邁恩希德的巴士呢？」

已經沒別的事好做了。我們之所以來到湯頓市，就是為了讓自己有理由繼續往下走，並設法創造我們的未來。但我沒想到一張通往邁恩希德的車票竟然要十英鎊。之前簡恩開車送我們到薩莫塞特郡時，我們已經付了油錢，又在高速公路服務站吃了飯，還買了兩瓶紅酒送她，以感謝她幫我們保管車子。如今又加上車票錢，我那個紅色小錢包已經扁了許多，裡面只剩下五十英鎊了。不過，這些錢應該還是夠用。畢竟我們的銀行帳戶每週都有四十八英鎊的進帳。這就夠了。

坐在巴士後座時，我的心情稍微平靜了。或許是置身巴士裡讓我有種安全感。不過，除了平靜之外，我甚至有些興奮，因為當時我們正穿越薩莫塞特郡往北走。或許我們可以把隨身攜帶的巧克力和香蕉拿出來，假裝自己正要前往海邊一日遊。

「你們要去哪裡？我猜是西南海濱小徑吧？我們也是。你們晚上要住哪呢？這是你們的第一天嗎？我們也是呢。」一個身材嬌小、看起來很正經的女人問我們。她有一頭棕色捲髮，穿著一件質地很好的夾克，上面有許多看起來很好用的口袋。她的嗓門很大，從她的口音聽起來，應該是個美國人。

「沒錯。我們今天剛出發。」

她快步走到巴士後面。她那位同樣矮小的伴侶也跟在後頭。他此行的目的顯然是要去觀賞野生動物，因為他穿著和那女人一樣的夾克和長褲，而且上面的口袋更多，裡面裝滿了看起來很重要的東西。

「不，你不能在這個時間出發，必須一大早就動身才行。從邁恩希德出發後，要走一整天才能到可以住宿的地方。今晚你們要住哪呢？來和我們喝杯酒吧！」

「我們是背包客。」我瞥了一眼我們身旁那兩個巨大如龜殼的鼓脹背包，心想：這不是很明題嗎？「我們要在野外露營，所以會直接上路，再找個地方搭帳篷。」

「什麼？你們的背包裡有一頂帳篷？還有炊具？你瞧，我們的背包和你們的一樣大，但我們會住民宿，然後請人幫忙送行李。」

「送行李是什麼意思？」

「呃，我們只要負責走路就行了。會有很棒的年輕人幫忙把背包送到下一間民宿。我們要一直走到『韋斯特沃德霍！』（Westward Ho!）。你們要去哪裡？」

「如果我們走得到蘭茲角（Land's End），接下來可能就會到浦爾鎮，但我們不趕時間，所以到時候再說吧。」莫思揚起一邊的眉毛看著我，心裡可能正在編故事。有許多事情不必讓他們知道。

「蘭茲角！你們總不能一路上都露營吧！因為你們已經⋯⋯呃⋯⋯太老了。」

「呃，我們到時候再看看吧。無論如何，接下來這一兩天你們可能就會超過我們了。我們走得挺慢的。」我才五十歲哪。他們以為我們多老？

我們甚至沒在抵達邁恩希德之前先看過地圖，所以並不知道海濱小徑的起點位置，只知道此刻正面向北邊海岸，必須往西走，而步道起點就在我們左手邊的某處。於是，我們漫步下坡，經過了許多拿著水桶、鏟子、穿著人字拖的遊客，以及一群又一群正在享用鮮奶油茶點的退休老人。好不容易走到邁恩希德的濱海區後，我們鬆了一口氣，便放下背包，坐在海濱人行道上喝茶，吃巧克力棒。這時，我們看到左手邊有座巨大山丘以近乎垂直的角度聳立在人行道盡頭。那應該不是西南海濱小徑的起點吧？帕迪．狄倫在《西南海濱小徑》一書中說這條步道「有點坡度」，但他沒說要爬山呀！情況似乎不妙。

「不，他確實說要沿著海濱人行道走到那座紀念碑。」莫思用手指比劃了下書中那幅地形測量局繪製地圖上，那條標示海濱小徑位置的橘線。「沒關係的。它可能是繞過山腳下，然後從某處往上走。」他把地圖和他的老花眼鏡放回口袋。「你行嗎？」他看起來很疲憊，但似乎沒感到太疼痛。

「反正也沒有更好的事可做啦！」

我們朝著那座紀念碑前進，沿途人潮愈來愈稀少。紀念碑的造型是一雙拿著地圖的巨大鐵手，地圖上標示著步道的起點。我們在那裡待了許久，又是拍照，又是整理背包，並試著下定決心踏出這趟旅程的第一步，心情既興奮又害怕。雖然我們無家可歸，體態臃腫，而且來日無多，但至少我們踏出這第一步之後，就會有某處可去、有個目標可以追尋。況且，在星期四下午三點半，除了開始走一條一千公里長的步道外，我們實在也沒其他事好做。

我們沿著邁恩希德上方那條位於樹林間、極其陡峭曲折的步道前行。走到一半，我們就發現帕迪．狄倫的說法實在是太含蓄了。我們氣喘吁吁地在一張可以看到海景的長椅上坐下，重讀他那本旅遊指南上的文字。

「沒錯，他確實是說這條步道『往內陸的方向有點坡度，然後就往山上走。』」

「如果這樣叫『有點坡度』，那他說『相當陡』的時候，我們可就慘了。」

才走了快一公里，我們就喝掉半公升的水。我的腦袋好像快爆炸了。不久，我們遇見一大家子正要下山的人。

「哇，你們的背包好大。要去那裡？」
「蘭茲角，如果可能的話。」
「是喔，那就祝你們好運嘍！」
他們說完就笑著快步下山了。我的屁股很痛，腳底也疼。沒錯，他們是該笑，如果我不是當事人，我也會笑。
「你認為他們應該笑我們嗎？」
「當然呀，而且他們還不知道我們真正的目的地呢！你想，他們如果知道了會怎樣？我可不敢告訴別人我們要去浦爾。」
「浦爾？我們能走到波洛克（Porlock）就算運氣不錯了。」
感覺過了好幾個小時後，我們終於走出樹林，來到上方的高沼地。那裡地勢平坦，有幾隻小馬在草地上覓食。放眼望去，視野開闊，可以看到南威爾斯。
「感覺我們好像逃不掉了。」
很快就到了黃昏。低頭發現布里斯托海峽（Bristol Channel）就在下方時，我們意識到已經抵達艾克斯木（Exmoor）丘陵地帶邊緣，而且夜色就要降臨，得找個地方搭帳篷。之前我們有經過幾處空曠的短草放牧區，如今此處遍布石楠與荊豆，僅有的幾塊比較平坦的草地都位於步道上，看來我們只好把帳篷搭在那裡了。
「不行，我們不能這麼做。如果把帳篷搭在步道上，隔天早上一定會有人來趕我們。」
於是，我們只好繼續往前走，但我的屁股已經痛得像火燒一般。

「我可能得了關節炎。」

「也可能是因為你在電腦前待太久了。你看，那裡有一塊平地。」

我心想：太好了，終於不用再走了，於是立刻放下了背包，但才不到幾秒鐘，我的腳上就爬滿了螞蟻。事實上，這整片長著石楠的草地上到處有螞蟻爬行、飛來飛去，總數恐怕成千上萬。

「我們再找別的地方吧。」

但仔細一看，這裡的每一塊短草地上都有一大群螞蟻，甚至連空中都有；有的在爬，有的在飛。我們穿過一朵朵飛蟻組成的黑雲，衣服和頭髮上也都是螞蟻。為了避免將牠們吸入，我只好趕緊往前跑，一直跑到石楠叢中才停下腳步，想撢掉身上的螞蟻，但牠們已經不見了。原來那些螞蟻只在短草地上出沒。

在石楠地上搭帳篷並不容易，我們只能選擇一塊石楠枝葉較短、較嫩的地方。雖然我們的帳篷底部只有一層薄薄的防潮布，有可能會被石楠的枝葉刺破，但我們已經別無選擇。此外，由於帳篷是新買的，我們並不熟悉那些桿子和繩索的配置，因此摸索了半小時才完成。只見搭好的帳篷底部整個往上隆起，看起來像是一張羽絨床墊，但我們卻感覺如同躺在一個擺滿叉子的抽屜裡。

「我們有沒有帶大力膠帶？」

「沒有。」

入夜後，南威爾斯的那幾座燈塔都亮了起來，劃破這漆黑暗夜。那些燈塔雖然距我們如此遙遠，但當它們所在的陸地逐漸沒入黑暗時，它們的燈光仍然觸手可及。我閉上眼睛，想像自己走在通往農場的小路上，用手撫摸那些石牆，感受爐火的溫度。我不能失去這種感覺。我必須一直將它放在心裡，那種安全的感覺，屬於家的感覺。

「我想我已經嚐到無家可歸的滋味了。那感覺就像在風中斷了線的氣球。我好害怕。」

「我可以抱你一下，蕊娜，可是我坐不起來。」

「我們要不要把那些肉丸吃掉？它們一定是我們背包裡最重的東西。」

上面冷，旁邊冷，下面也冷。輕量級睡袋是如何製作的呢？凌晨四點，當刺骨寒意沁入帳篷時，答案變得很明顯：就是把保暖材料放少一點。不，應該說：少很多。如果我仰躺著，由於睡墊可以隔絕寒意，因此感覺不會那麼冷。但我不能仰躺，因為背太疼了。可是當我側臥時，背就暴露在那如冰水般的酷寒中。於是我把背朝向莫思，緊貼著他，想從他身上取暖，但是他動了一下，就翻身朝上，並且開始打呼。我把所有拿得到的東西都鋪在身上，又拿了一件臭臭的背心蓋在頭上，再把雙腳擱在背包上，這才勉強可以忍受那寒意。唉，我為什麼不帶一頂帽子來呢？

我斷斷續續地打著盹，夢見幾間空蕩蕩的房子，還夢見莫思被什麼東西給噎住。醒來時，我已經一身冷汗，心跳劇烈，腦中嗡嗚作響。太陽出來後，天氣變得暖和，難熬的夜晚總算過去了。但我已經無法再打盹，因為我尿急，得爬出睡袋去外面小便。於是，我連忙鑽出帳篷，邊走邊穿靴子，沒想到因此摔跤倒在我們的瓦斯爐和平底鍋上。天色微黃，我蹲在石楠樹叢間，看著眼前那一大片延伸到海邊的荊豆，更遠處便是威爾斯了。空氣潔淨清新，彷彿並不存在。

「早安！天氣真好呀，不是嗎？」

我蹲在草叢中，緊身褲褪到了腳踝，屁股露在微風中。

「是啊，真是個美好的早晨。」

原來是蹓狗的人。他們怎麼這麼早就出門呢？

八點半時，莫思終於醒了。因為身體僵硬的緣故，他看起來有些悶悶不樂。他不喜歡早晨，因為他每天睡醒後，身體就會開始疼痛，所以總是拖到最後才心不甘情不願地起床。這已經成了他的習慣。起床後，他吃了幾顆止痛藥，喝了一杯茶，接著又喝了一杯，直到十點半才終於走出帳篷。他的膀胱真是鐵打的。按理說，罹患皮質基底核退化症的人會出現大小便失禁的現象，但到目前為止，他似乎沒受到任何影響。

「怎樣？你還走得動嗎？」

「我痛死了，但除了繼續走，我們還能怎樣？」

不到十一點半，我們就收拾好東西，把背包放在我們那又痠又疼的肩膀上，離開那片長滿石楠的荒野。所有關於野外露營的文章都強調：嚴格說來，野營在英格蘭和威爾斯是非法行為。如果一定要這麼做，切記要遠離公共場所，而且得在夜裡搭帳篷，隔天一大早就要走人，同時絕對不能留下任何痕跡。想到這裡，我回頭一看，發現那幾叢石楠已經被我們壓扁了。顯然以上幾點我們都沒做到，但或許以後會愈來愈好。

走下山坡，前往博辛頓（Bossington）途中，我走得分外吃力，這才發現揹著沉重的背包下坡，似乎比上坡更累。原本我的腳底、屁股、肩膀等部位就隱隱作痛，到了山腳下時，才發現它們疼痛的程度已經不分軒輊了。我心想，我可能神智不太清楚，才會以為我們能走完全程。

抵達風景優美的博辛頓村後，我們看到一家茶館的招牌，頓時難以抗拒。我們明知不該在茶館、餐館或其他類似場所用餐，但還是忍不住走進去在庭院裡坐下來，叫一些鮮奶油茶點（這是我們這整個夏天所吃的第一頓茶點，也是最後一頓），然後我便把腳上的靴子脫下。這雙靴子我穿了十年以上，但今天我穿著它才走了十三公里路，前腳掌就起了一個五公分的大水泡。是因為背包太重了嗎？無論如何，我狼吞虎嚥，三兩下就把塗著凝脂奶油的司康吃下肚。如果我知道那是我那年夏天吃的最後一個司康，我可能不會吃這麼快。吃完茶點後，我在腳底貼滿了防磨腳貼，然後才穿上襪子。

「你們是在走步道吧？」一個高壯的男子問道。他和他那嬌小的妻子及孩子坐在我們隔壁桌，但被庭院裡幾株枝葉繁茂的灌木遮住了。

「是的，沒錯。」

「你們來到這裡就對了。這是整條步道中最棒的一段。不過，當你要攀越艾克斯木的時候，可不能怕高。」

「那裡很陡嗎？」

「那裡很陡嗎？」男子聞言便大聲笑了起來。這話有那麼好笑嗎？莫思似乎有些遲疑，因為自他從穀倉屋頂摔下來，就有點怕高。

「你們怎麼有那麼多時間呀！我真希望我也能這樣。」

「因為我們無家可歸。失去了房子，也沒有地方可去，只能來這裡走路。」我想也沒想就脫口而出。

我講的是事實，但是當那個男人伸手把孩子拉過去，他的妻子也皺著眉轉過頭去時，我就知道我之後不該這麼說。很快地，他們就結帳離開了。

我們走過一片沼澤地。這座礫石山脊由於長期受到大海侵蝕，上面的農田已經變成鹽水沼澤。那一棵棵遭受鹽害、已經枯死的樹木看起來有如白色的骸骨，和那灰暗的天空形成鮮明對比，但樹上仍有生物棲息。

之後，我們來到了波洛克堰（Porlock Weir）。經過村中房舍林立的街道時，我們聽到有人從一個牆洞裡頭大喊：「你們要去走步道嗎？在進入樹林前，最好先吃些炸薯條。」只見兩個男人從一個邊長約九十公分的方形牆洞裡探頭出來。原來那是一家迷你薯條店的上菜窗口。

「相信我們，這絕對是你們吃過最棒的薯條。」

我們立刻就被說服了。

「好吧，那就去吃吧。」

那位圓臉男子向我們說明他們的炸薯條是如何經過三道程序製作出來的。事實證明，它們的確是我們吃過最美味的薯條，但也是最貴的。我們今天才走了三公里就花掉了十六英鎊，實在不應該。但因為我們渾身疼痛，心情低落，所以任何能帶來一絲慰藉的東西，我們都無法拒絕。但我們不能再這樣下去了，否則很快就會把錢用光。

我們離開了波洛克堰村，沿著山坡往上走，進入樹林。莫思已經疲倦不堪，舉步維艱了。我的雙腳也很沉重，並且疼痛不已。這可能是因為我們體力太差，心情不佳，加上莫思生病的緣故，但也可能和那些薯條有關。總而言之，依照帕迪的說法，我們應該第一天晚上就可以走到這裡，但卻在第二天傍晚才快要抵達。

我們在樹林間走了一段時間後，經過了一片林間空地，看到一名男子站在步道上，似乎正在練瑜伽。我們不想打擾他，便停下腳步，心想他看到我們後應該會讓我們通過，但他卻逕自面向一座樹木繁茂的山谷，無視我們的存在。他的身形高大、枯瘦，看起來似乎不太舒服，或心中有某種痛苦。接著，他跪在地上，朝山谷方向伸出雙手，抓取某個我們看不見的東西，並且將它放入體內，再往下按壓，讓它進入他的內心並傳到雙腳。接著他又一再反覆同樣的過程，整個人沉浸其中，渾然忘我。

最後，我們終於放棄了，便從他身旁繞過去。但他仍專注做著那些動作，似乎並未意識到我們已經從他身旁走過。後來，我們抵達一座村莊，看到坐落在那裡的克爾邦教堂（Culbone Church）。這是全英國最小的教區教堂，歷史悠久，古時曾是痲瘋病人聚居之處。我心想，剛才那個男人是否相信這座教堂具有某種力量？我坐在教堂前面的墓地上時，感受到一股安詳寧靜的氛圍，但那無關乎上帝或宗教，而是一種充滿靈性的感覺。我內心的某個結開始鬆了，或許這個地方真有某種力量。我合攏雙掌，把這樣的氣息傳送一些給莫思，心想這說不定對他有幫助。

我們正坐在那翠綠的草地上，讓我們那疼痛的關節晒晒太陽時，那瑜伽男正緩緩步下山坡。當他走到我們前面時，停下了腳步，但並未看著我們。我心想，我們是否不應該來這裡？他是要趕我們走嗎？

「嗨！我們才剛參觀完教堂。這裡很寧靜。」

「我知道。剛才在步道上你們有從我旁邊經過。」

「喔，我們還以為你沒看到呢。我們不想打擾你。」

「我沒看到你們。我什麼都看不見。但我有聽到你們的聲音。」原來他是個盲人，我們怎麼沒注意到呢？

「我們正在走步道。」

「沒錯，而且你們會走很遠。」

「嗯，到蘭茲角還有四百多公里路……」

「你們會看到許多東西，很奇妙的東西，也會經歷許多挫敗，碰到很多你們以為自己無法克服的問題。」他把身子往前傾，伸出一隻手按著莫思的頭。「但你會克服它們的。你會活下去，而且會變得更強壯。」

我們睜大眼睛面面相覷，心想：「這是什麼意思？」

「而且你們會和一隻烏龜同行。」

之後，我們繼續往山上走，看到道路上方有塊地，便決定在那裡搭帳篷。那附近有座農舍，但由於我們被一排高大的樹籬擋住了，所以裡面的人看不到我們。

「西南海岸應該沒有很多烏龜吧？」

「嗯，通常都沒有。」

我們在那塊凹凸不平的地上度過寒夜。隔天早上十一點，我們就揹上背包，躡手躡腳從樹籬後走出來，還一邊左顧右盼，確定四下無人，才通過柵欄門走到路上，像是兩個越獄的囚犯。我們沿著步道一會兒上坡，一會兒下坡，經過了一處處田野。有時，步道兩邊都是高大的樹籬，所以不太通風。平日裡，我們幾乎每天都會洗澡，但這三天來我們白天走路，晚上睡帳篷，根本沒辦法洗澡。因此，我們走在那悶不通風的綠色隧道裡時，聞到一種很濃的異味，而且那味道並非來自附近的牛群。我一度以為，就算我們沒錢住在露營場、無法盥洗也不要緊，我們可以天天去游泳。但我沒想這條步道幾乎都在山上，只有在邁恩希德和波洛克的岩岸時才在海邊。好不容易走到懸崖上，只見崖壁上橡木林立，海風一陣一陣從橡樹的枝枒間吹來，我們才鬆了一口氣，甚至開始哼起歌來。

過了橡樹林，便看到了遍野的杜鵑。由於我們已經走得精疲力竭，便停下來休息一會兒，這才發現我們已經走到得文郡北部，達成我們的第一個里程碑。距離出發之日，已經過了兩天，而我們仍在行進中。此刻，我們頭上和腳下的崖壁全都長滿了杜鵑。這種植物生命力極其旺盛，但一直以來也備受迫害。人們以為它們是外來種，但事實上，早在幾萬年前，它們就已經來到英國。根據那些已經出土的化石資料，杜鵑在最後一個冰河紀開始之前就曾在英國出現，但依據目前的法規，唯有冰河時期結束後在英國繁衍的植物才能列入原生種。到了十八世紀中期，杜鵑重新被引進英國，之後便迅速繁衍，盤踞整個鄉村地區。冬天時，它們那繁茂、光滑、終年常綠的葉子，為單調灰暗、鮮少綠意的大地增添紋理和色彩。春天時，它們那花團錦簇、令人讚嘆的紫色花朵，在山丘上和森林間到處都可見。威爾斯有一座山谷每到五月時節便開滿杜鵑花，將原本陰暗的深谷妝點得美麗燦爛，備受人們喜愛，但後來國民信託組織（National Trust）[2]決定要剷除這些入侵的「外來種」，便耗費數月大肆砍伐，使得該處山坡宛如屍橫遍野的戰場。數年後，那裡已經長出一些原生種的白樺和石楠，但杜鵑的殘株也再度萌芽，並且很快就長出了枝葉。最後，必然會有一方贏得這場戰役，但沒有一方會因此而獲益。

這段步道，一邊是高聳的懸崖，一邊是直下海面的峭壁，步道所在的平地大概只有將近一公尺寬，但我們還是坐了下來，取出爐子泡茶。不久，我們聽到一群人朝我們走過來的聲音，即使隔著一段距離，我仍然聽得出他們是美國人。其中一名女性顯然仍舊掛心工作，正在談論相關問題。我攪拌著手裡那杯茶，突然意識到一點：我既沒有工作需要掛懷，也沒有家庭問題需要解決，事實上，除了無家可歸以及莫思的病情之外，我沒有任何事情需要煩心。那群人走到我們面前便停下腳步，站在那兒，臉上的神情有些異樣。我起初以為他們可能是聞到了我們身上的臭味，但旋即意識到那是因為我們擋住了他們的去路。

「我們的行程已經落後了。應該在四點前就抵達林茅斯（Lynmouth）的。」其中一名男子說道。

他們帶著歉意從我們身邊鑽過去。那名男子已經渾身大汗，下巴和手肘都淌著汗水。

「你們不停下來歇會兒，喝杯茶嗎？」

那女人聞言便看了我一眼，彷彿我犯了什麼滔天大罪。

「不行，沒時間了。我們得按照既定的計畫前進。你們應該沒有什麼計畫吧？」說完，他們一行人就走了，但接下來的幾分鐘，還是能聽到她說話的聲音，只聽見她對那名男子說他應該很高興她在百忙之中還能抽空前來，所以「你們大家應該要慶幸才對」。

「我們有什麼計畫嗎？」莫思問我。

「當然有啦！我們要一直走、一直走，走到不想走為止。或許我們能在路上想出將來要幹麼。」

「嗯，這個計畫挺不錯的。」

2 編注：國民信託組織透過捐贈、遺贈、契約信託及購買等方式，獲得並管理各種環境財、文化財，這些財產包含海岸線、科學景點、古蹟建築、書籍等。

喝完茶後，我們便邁著沉重的步伐繼續在樹林間行進。不久，天上下起小雨，但我們頭上有濃密的杜鵑枝葉遮擋，因此並未被淋溼。不過，一走出樹林，到了布里斯托海峽上方後，天氣就變了。呼嘯的強風挾帶大雨迎面而來，我們在風中奮力前行，身上的雨衣被吹得噗啪作響，雨水從我的臉頰流下來，讓我幾乎看不清前方的路。我們沿著步道走上懸崖時，莫思因為懼高、風吹與疲倦的緣故，走起路來搖搖晃晃。由於這裡地勢很高，四下又一無遮蔽，大風吹著我們沉重的背包，吹得我們腳步踉蹌、心驚膽跳。到了福爾蘭角（Foreland Point）附近時，我們前方出現一道完美的彩虹，除了原有的紅橙黃綠藍靛紫之外，它還多了土綠、棕褐和深紫等屬於後方山丘的顏色。海上籠罩著黑灰色的霧氣，而且愈來愈濃。莫思緊緊抓住草叢，試圖穩住身子。這一段步道只有約六十公分寬，四周雲霧瀰漫，我們實在不知道自己究竟是在山坡上，還是在懸崖的邊緣？就在這時，我們突然看見一座掩映在霧氣中的教堂尖塔。

「還記得我們說的那個計畫嗎？該停下腳步休息了。」莫思跌坐在教堂的長椅上。他因為之前一直奮力抵擋強風，一邊的肩膀已經痛得厲害，一條腿也偶爾無法打直，走起路來跌跌撞撞。我們原本考慮要在這座聖約翰浸信會教堂的走道上過夜，但教堂附近那座燈火通明的「藍球酒吧」吸引了我們的視線。於是我們便步履蹣跚地走過去，進入店裡，身上的水啪噠啪噠濺得到處都是，把地板和那隻坐在門口的狗都弄溼了。

一個光頭男子站在吧檯後面無表情地看著我們，然後又看了看我們那放在地板上的兩個溼漉漉的背包以及旁邊的幾灘水。莫思連忙把背包拿起來。他總是不願意讓別人困擾。

「老兄，很抱歉把你這裡搞得一團糟。我們在走海濱小徑的時候突然碰到大雨。不然我把背包拿到外面去放？」

「海濱小徑？不用了。放在那兒就行了。」

在這位操著澳洲口音的酒保連聲表示歡迎後，我們便走到爐火前，癱坐在一張柔軟的沙發上。當我把溼襪子放在椅子上晾乾時，突然想到我們置身酒吧，卻買不起這裡的任何東西。就在這時，一隻體型相當於小型驢子的大狗從餐廳裡走出來，並湊過來聞著我的襪子，接著便用牠那潮溼的嘴巴叼走其中一隻，往吧檯的方向跑。我追了過去，扯著那隻襪子，想讓牠鬆口，順便跟酒保要了一壺茶。那似乎是店裡最便宜的東西。

「鮑伯，把襪子放開。好的，來一壺茶，真是標準的英國人。我看你們那樣子，還以為你們今晚會想來點單一麥芽威士忌呢。」

「我還真想呢！」我拿著那隻已經被咬出一個大洞的襪子走回爐火旁，滿腦子想的都是單一麥芽威士忌、爐火、熱水澡和舒適的床。我不喜歡威士忌，但如果我們有點錢，這趟旅行就會變得很不一樣。然而，現在我們只能慢條斯理喝著茶，在爐火前打盹，等著襪子晾乾，等著雨停。

等到十一點鐘，天色已經全黑時，我們才離開那間溫暖的酒吧，在懸崖上找了一個風沒那麼大的角落搭起帳篷，然後就在呼號的風聲中睡著了。

我知道這一刻遲早會來的。那是我提出在西南海濱小徑上露宿這個荒謬的點子時，一直避免去想的問題，但此刻終於不得不面對：熊會在樹林裡大便嗎？現在我有了答案。我雖然不是一隻熊，這裡也沒有樹林，但答案無疑是肯定的。早上六點半時，我聽到一群海鷗在懸崖上空飛來飛去的聲音，一如往常急急忙忙穿上靴子，掀開帳篷的門簾，想找個地方上廁所（此刻，我多麼渴望能坐在光亮潔白的沖水馬桶上！）。但是，我站起身來後，卻驀地一陣天旋地轉。原來，昨晚我們在漆黑夜色與迷濛霧氣中，不知怎地竟把帳篷搭在距懸崖邊緣只有兩公尺的地方。帳篷旁邊就是步道，步道旁有一小片草地，再往前一點我們可能就掉到懸崖底下一百公尺了。我站穩腳跟後便四處張望，想找一處比較隱蔽的地方，不過整座山坡除了一小叢荊豆之外，其他地方都很空曠。但我已經快忍不住了，於是走到那叢荊豆後面，拼命用靴子的後跟在地上挖洞（我們沒把家裡那把泥鏟帶出來，因為它太重了，而且我們以為沿途一定能找到公廁），然後便匆忙褪下緊身褲，蹲在那叢滿是尖刺的荊豆後面，心裡總算鬆了一口氣。

又是蹓狗的人。這些人究竟是怎麼回事？

「早安。你們找到地方搭帳篷啦？」

只見酒吧那個澳洲酒保正牽著他的狗沿著步道朝我們的帳篷走來。由於那叢荊豆不夠高，我沒法站起來，只好繼續蹲著，面紅耳赤、聲音微弱地對他說：「早安！」

「呃，你請自便。祝你們一路順風。」

「謝謝！」

趁他被那隻狗拉著往回走時，我趕緊用荊豆的枯枝把地上的洞蓋起來。這時，從林茅斯灣升起、瀰漫在岬角上方的霧氣已經逐漸消散，眼前出現了一大片平坦的草地。顯然昨晚我們在強風中前進時曾經過那裡，但這也無妨。既然我們沒有掉下懸崖，那就表示我們所選擇的露營地點還算不錯的。我回到帳篷時，莫思已經醒了。

「你起得可真早！」

「那些蹓狗的人起得更早。我之前還以為無法忍便的人會是你，而不是我呢！」

「西南海濱小徑」據說是由海岸防衛隊開闢出來的，因為此處海岸有無數個大大小小的海灣，海防隊員必須每一座都能巡視到，以防堵走私客；不過所有旅遊指南和遊客手冊都宣稱：這條步道的歷史就像人類一樣悠久。其實這整條步道之所以能夠修建完成，主要得力於英格蘭自然署（Natural England）所提供的資金。在他們的贊助下，西南海岸的各個景點才得以被串聯起來，成了英國最長的一條國家步道。最後一段步道位於得文郡的北部，完成於一九七八年，也就是我中學畢業之前的那年。當時的我留著一頭蓬鬆的頭髮，打著鮮豔的寬領帶，正自由自在地奔赴一個不可見的未來。這條步道完成之時也差不多是我們要進入社會的時候，我們和它是否早已注定要相遇？

據說西南海濱小徑一年所產生的經濟效益高達三百萬英鎊之多，但我們一個星期的收入只有四十八英鎊，因此對地方經濟的貢獻當然不大。事實上，我愈來愈捨不得打開我的錢包，但在走了一段陡峭、迂迴的山路來到林頓（Lynton）後，我不得不這麼做，因為我們需要補充一些食物。

我們站在街角的一家雜貨店外面，數著手裡的硬幣，試著決定該買些什麼。就在這時，一個穿著黃藍相間的航海外套的婦人，牽著一條長相凶惡的白色大狗從轉角處走來。我不應該站在那兒的，因為我所在的位置剛好介於店門口和一道欄杆之間，而那欄杆上正好綁著一隻在靜靜打盹、等著主人從店裡買食物給牠吃的黑色拉不拉多犬。那隻大白狗顯然很討厭牠的同類，一看到那隻黑色的拉不拉多犬，立刻撲了過去。但當白狗跳起來往前衝時，正好擦撞到我背上的背包，以致我身子一偏就碰到了牆，手裡拿著的錢幣也叮叮噹噹掉在地上，並沿著山坡滾了下去。眼見一枚一英鎊硬幣滾到人行道外面，我連忙趴到地上去撿，但就在快要抓住的時候，它卻從我掌中滑脫，掉進下水道蓋子的隙縫裡；另一枚兩英鎊硬幣則滾過那些正在上坡的遊客的腳邊，莫思跑過去追，但就在他彎下腰想把它接住時，被一個小男孩捷足先登了。

「我抓到錢了！我抓到錢了！」小男孩興高采烈，大聲歡呼。我心想：「不行！不行！我們需要這些錢！」

「幹得好！冰淇淋車就在山頂上。」喔，莫思，我也好想吃冰淇淋⋯⋯

牽著大白狗的婦人用腳戳了我一下。當時我仍趴在人行道上，一隻手還垂在排水溝裡。

「你是怎麼回事？喝醉了嗎？」

我大吃一驚。她怎麼會認定我喝醉酒呢？

「我沒事。是你的狗有問題。」

「我的狗一點問題也沒有。你們這些流浪漢應該學習如何自制，像你這樣在街上打滾，有夠惹人厭。」

我把手從排水溝裡抽出來後，便站起身來，那隻黑色的拉不拉多犬也伸直了身子。原來我成了流浪漢，一個無家可歸的流浪漢。幾個星期之前，我明明還擁有自己的房子、自己的事業，有一群羊、一座庭園、一塊地、一座雅家（Aga）爐、幾台洗衣機和一架割草機，還有責任與自尊，並且受到敬重。但這些都不過是假象而已。它們就像眼前這幾個錢幣一樣飛快地溜走了。

莫思沿著山坡走回來，一路上還撿回幾枚銅板。

「我們還剩下多少錢？」

「九英鎊二十三便士。」

「下一筆款子什麼時候進帳？」

「大概是後天吧。我們就買兩包米和一些可以下飯的東西吧。你覺得呢？還是買一些速食麵？」

「不，就是不要麵條，其他都行。」

我們走出那家店時，背包稍微變重了一些，錢包裡則只剩兩英鎊七十便士，但我們一人有一條瑪氏巧克力棒可吃。

第一次在預科學院（Six-form College）[3]的食堂看到莫思時，我才十八歲。當時，他穿著一件白色的無領衫，正把一根瑪氏巧克力棒泡在茶裡。我立刻被他迷住了。後來有一次，我和幾個朋友站在三樓的窗戶旁邊聊天時，正好看到他走過校園。他身上穿著一件舊舊的軍用風衣，腳上是一雙及膝的馬靴，風一吹，他的衣襬便翩翩飄動，從此我心裡都是他。其後那幾個禮拜，我一直躲在書架後、商店門口和樹叢間偷偷看他，滿腦子都是他的身影以及性這檔事。後來他開始和我說話了，這時我才發現原來他也一直想著我。

青少年的迷戀漸漸變成友誼，而且那份激情一直持續到我們成年之後。在他的影響下，我逐漸成了環保鬥士，體驗了我不曾想像過的生活，踏上我從未走過的路。我們一起在風蝕的高沼地上參加活動，一起參與反核遊行並高喊口號，一起參加音樂節，一起在公園裡吃披薩，彼此總是

3 編注：「第六學級」（Sixth-form）為英國中等教育的最高級，修業年數為一至兩年，教學內容以一般中學學科教育為主，目的為銜接大學教育。

有聊不完的話題。我們形影不離，在無盡的歡聲笑語中度過了一年又一年。當身邊朋友就像汰換衣服那般更換伴侶時，我們的眼裡卻始終只有彼此。到了三、四十歲時，我們認識的那幾對夫妻都逐漸失去對彼此的激情，頂多只在週末一起去採買或者看看比賽，最後仍不可避免以離婚收場，但我們對彼此的愛意卻始終不曾消逝。

當我們在林頓鎮步履蹣跚地前進時，他吃著巧克力棒的模樣仍能讓我的心情瞬間飛揚。但幾個月前，為了舒緩他肩膀部位的神經痛，有個醫生開了普瑞巴林這種藥給他，從此一切都變了。這是我們之間的另一項損失。雖然我們依舊親密，但身體上卻出現了難以跨越的隔閡。

「世上再沒有比瑪氏巧克力棒更好的東西了。」

「可不是嘛！」我沉浸在被瑪式巧克力棒勾起的回憶中，頓時忘了有關白天那隻狗的事情。

出了林頓鎮後，步道變窄了。我們沿著山坡的邊緣前行，走到一座懸崖邊上便遇到了九十度的大轉彎，那是我們迄今走過的最危險的地方。我們忐忑不安地繞過那個彎之後，便看到一個澳洲人邁著大步，毫無懼色地朝我們走來。

「嗨，兩位，你們揹的東西可真不少。要去哪？」

「蘭茲角，如果走得到的話。」我們仍然沒有足夠的信心，不敢告訴別人我們想走完全程。

「哇，很棒。年齡取決於自我感受，只要你們不覺得老，就真的不老。祝好運啦。」

我一向認為自己並不顯老。雖然已經五十歲了，但沒有白頭髮，也沒有太多皺紋。

「他以為我們有多老？」

「無所謂。顯然我們自己覺得老，就真的老了。」

「是喔！」

「有時候，我覺得自己像個八十歲的老頭。唉，我真的好累。全身都痛。」莫思把背包丟在地上，蹲在岩石上。「我分不清自己是在半昏睡狀態，還是很清醒。感覺我的腦袋一片渾沌，走起路來也很費勁。我們這樣做真是太蠢了。我好想躺下來。」

我目瞪口呆地在莫思身邊坐下。這場無名的疾病來得悄無聲息，而且進展緩慢，因此他已經逐漸習慣了，並沒有感受到很大的痛苦。自從聽到醫師的診斷後，他偶爾會有很負面的時刻，但並不多，所以我在聽到這些話時毫無心理準備。這些年來，我們一直忙著處理他的各種小病小痛，卻一直沒有正視皮質基底核退化症這種疾病的嚴重性，也忽略了長期疼痛對他的精神所造成的影響。然而，此時此刻，在這個名叫「岩石谷」（the Valley of Rocks）的地方，我們已經無從躲避。我們靜靜看著海浪拍打城堡岩（Castle Rock）下方的峭壁底部，白色浪花衝擊黑色岩石，一陣又一陣，反反覆覆，節奏分明。在岩石和灌木叢之間隱約可以看到一群野山羊躍過附近的小路，消失在下方。牠們奔跑時，身上的長毛在風中翻飛，看起來矯健敏捷，也讓整個風景有了動感。

我看得入迷。

「哇，你看到那些山羊了嗎？好大的角呀！」

「你該不會還想著那根瑪氏巧克力棒吧？幹麼坐在這兒？我們走吧！不過等等要早點休息。我累到快沒力了。」

我把他從地上拉起來，然後我們就繼續趕路了。

離開人群熙攘的岩石谷之後，我們沿著一條柏油路穿過開闊的公園綠地，來到一座寬敞的鄉間宅邸。這裡放眼望去盡是碧綠平坦的草地。

「我知道現在還早，但我們得趕快把帳篷搭起來。我累壞了。」

那宅邸附近立著一塊告示牌，宣稱此地是基督教會的資產。任何人都能住在這裡，在上帝的帶領下，「成為一個新造的人」，房價是一百二十英鎊起跳。此外，這裡嚴禁露營、生火、遊蕩或蹓狗，也不歡迎流浪漢。

離開那公園綠地，進入一座山谷後，我們聽到一陣喧譁的笑語聲，原來有個基督教青年營正在下面的窪地為晚上的餘興節目作準備。只見那裡架著一頂露天大帳篷，裡面有一個DJ正在努力讓一群青少年對問答比賽產生興趣，但後者畢竟是年輕人，似乎更想溜進蕨叢裡玩耍。這時，我們聞到烤香腸的氣味從烤肉架飄來，頓時感到飢腸轆轆。

「我們今晚要吃什麼？」

「米飯和一罐鯖魚。」

「你想如果我們混進去吃個漢堡，他們會不會發現？」

我們在蕨叢間走著，最後終於放棄尋找空地的念頭，把背包丟過柵欄，就在一處農家放牧的草地上搭帳篷，然後我們便坐在克洛克角（Crock Point）上，看著被夕陽餘暉染成粉紅色與藍色的杜堤角（Duty Point），聽著海浪拍打岩岸的聲音，一邊吃著鯖魚和米飯。

「如果能配上一些麵包就好了。噓，你聽，那是什麼聲音？」

「糟了，一定是那農夫來趕我們了。」

我們正準備要收拾帳篷走人時，卻聽到那沙沙聲離我們愈來愈近，然後就看到兩個青少年從蕨叢中冒出來，鑽過樹籬，頭髮沾滿細小的枝葉。

「呃，嗨，我們剛才只是到……海灘去一下，現在就要回營地了。」

「很好，動作最好快一點，不然漢堡要被吃光了。」

6 步行

我們知道在海濱小徑上會遇到刮風、下雨、起霧這類典型的英國天氣，偶爾可能還會有冰雹，但沒想到會這麼熱。那種溫度簡直像火燒一般，令人窒息。到了午餐時分，我們已經走出了蔭涼的伍迪灣（Woody Bay），迎接我們的是一個酷熱的下午。我們找了個地方坐下來，分食一根穀物棒和一根香蕉，看著西邊那幾座懸崖。那是英國最高的其中幾座懸崖，而崖壁近乎垂直，高達兩百五十公尺，一路延伸到海拔三百一十八公尺的「大劊子手懸崖」（the Great Hangman），也是整條西南海濱小徑的最高點。但在抵達大劊子手懸崖之前，我們必須經過許多起起伏伏、連帕迪都承認頗為陡峭的山路。也就是說，這一路上我們得從懸崖頂端走到接近海平面的地方，然後再走到崖頂，並且如此這般連續爬坡下坡。這就是為什麼我先前希望能從浦爾出發的原因。

天氣又變得更熱了。

「我們有沒有帶防晒乳？」我的鼻子被晒得一陣陣抽痛。

「沒有。」

「要不要等涼快一點再走？」

「如果這樣，等到天黑的時候，我們就會被困在懸崖上，而且這附近恐怕沒什麼平坦的地方可以搭帳篷。」

「那可不妙！不過我想我們三十歲的時候應該會很喜歡這樣。」
「你不是說心態決定年齡嗎？」
「好吧！」
我們忍著大腿、臀部和肩膀的疼痛，走到了對面的山頂，接著便朝著海邊懸崖前進。路面上的石塊不斷反射出太陽的熱氣，一波又一波撲面而來。不久，一陣海風吹來，將我的背包往上托。我感覺自己只要伸出雙臂，就可以飛起來。那種身在高處、自由自在的感覺真美好。我的眼裡湧出了淚水，皮膚彷彿在燃燒。此刻，遠處的威爾斯海岸似乎變得更加遙遠。置身於高聳的崖頂，我在暈眩之餘又有一種欣喜激動的感覺。莫思一直小心翼翼地挨著崖壁前進，避開靠海的那一邊，我則大口大口地呼吸著石楠與海風的氣息，感覺自己正和海鷗一起飛翔。
在下到另一座跌宕起伏的峰谷前，我們在一處平坦的岩棚上遇見了此行所看到的第一批背包客。他們看起來很年輕，穿著同款的藍色登山短褲，揹著整潔俐落的背包，顯得精神飽滿、身手敏捷。儘管他們和我們是兩個世界的人，但同為背包客，我感覺彼此之間有著連結，不由自主地想了解關於他們的種種。
「你們要在哪裡搭帳篷？露營場，還是野外？」
「在野外，但還真不容易哪。昨晚我們大約是六點到的，但一直都找不到平坦的地方可以搭帳篷，最後只好睡在林茅斯某間酒吧前的草地上。」
「你們要去哪？」
「庫姆馬丁（Combe Martin）。所以今天就走完了。我們只有週末有空，而且我從來沒有野外露營的經驗。現在，我最想做的事就是洗個澡。」女孩有著一頭褐色秀髮，看起來十分乾淨而且很有彈性。我突然有點侷促不安，趕緊走到下風處。「那你們呢？你們要去哪裡？」

我看著莫思，心想：我們要去哪裡？自從昨天起，我就不太確定了，但他倒是回答得很乾脆。

「蘭茲角，但也很難說，還得看天氣。不過，我們也有可能走更遠。」

「好厲害呀。你們真幸運，有這麼多時間。」

看著他們大步離開，還向他們揮了揮手，我腦海中縈繞著那句：「**你們真幸運，有這麼多時間**。」我搭住莫思那隻放在腰帶上的手，感覺他的皮膚有點發燙，而且袖子以下的部位略微泛紅，手肘上方的肌膚還有了皺紋，我之前竟然都沒注意到。我們真的還有時間嗎？

莫思戴著帽子，是頂綠色帆布帽，戴在他頭上有如一個蛋糕烤盤。但無論如何，那總是一頂帽子。我怎麼沒把我的帽子帶出來呢？此刻，我感覺頭皮發燙，鼻子也在抽痛。原以為可以在黃昏前走到大劊子手懸崖，但現在它離我們仍有一段距離。海岸線就是這樣，總讓人產生錯覺。當你瞭望遠處，會覺得某處似乎近在咫尺，但要走到那兒，不知還得經過多少座峽谷、海灣以及高沼地。

我們繼續朝霍德史東丘（Holdstone Down）前進。已經接近傍晚了，但陽光仍然熾熱。

「我的頭好像著火了。你有沒有頭巾之類的？」

「不早說。我還以為你頭髮那麼多，應該不需要帽子呢。我還帶了那頂舊麻帽，放在我的背包裡。」

我把那頂帽子戴上。它已經有點破舊了，而且帽簷只有兩三公分寬，是我們很久以前在西班牙伊比薩島（Ibiza）的嬉皮市集買的。但戴上它後，由於頭部的熱氣無法散去，沒過多久我的體感熱度似乎增加了十倍。

我坐在彎曲的山楂樹枝幹上，看著夕陽在大劊子手懸崖後面慢慢沉落，終於沒入西方的地平線。我們把帳篷搭在荊豆和石楠樹叢間。此刻，莫思正在那兒寫筆記。我們已經吃了飯和一罐豌豆，但應該很快就會餓了。我坐在樹枝上晃著雙腳，突然想到一個主意。於是，我便撿起一塊石片，在那光禿乾燥的地上挖呀挖的。完美。

「莫思！莫思！來看我做了什麼。」

他聞言便跪坐在地上，然後緩緩站起來。

「啥？我什麼也沒看到！」

「笨蛋，你看，這是一個茅坑。」

「對响！哈！我先用。」

我又熱了最後一包橘醬肉丸。明天錢就進帳了，我們可以在庫姆馬丁買些口糧。

「來吃宵夜吧。我們快要變成哈比人[4]了。」

天色跡近全黑時，東邊傳來了腳步聲。有四個二十餘歲的男孩揹著龐大、鼓脹的背包，一路打打鬧鬧地經過我們面前。

「看來還有別的背包客呢。有沒有看到他們的裝備？我敢說他們也是要走全程的。」莫思看

4 譯注：哈比人一天吃七頓飯。

著他們走過。我知道他在想什麼：他從前也是那個樣子呢。

「我敢打賭，他們一定是要去庫姆馬丁，趕在酒吧打烊前喝上幾杯。」

「別讓我想到啤酒。我們剩下的水只夠明早泡茶了。」

往下、往下、再往下。走了很長一段下坡路後，我們來到庫姆馬丁。在這座位於得文郡的美麗濱海村莊中，有條街道據說是全英國鄉村中最長的。這條街沿著狹窄的山谷往內陸延伸，足足有三公里長。我們在濱海區走了一圈，想找一台提款機，卻只看到幾家飾品店和一家小餐館，只好去遊客中心詢問。裡面有三個老太太坐在櫃檯後面，她們一看到我們，便開始交頭接耳，並對著我們微笑、點頭。

「莫思，由你來說吧。你向來對老太太很有一套。」

「講得好像我很奸詐一樣。」

我們把背包卸下，擺在門邊。

「女士們，請問能不能幫我們一點忙？我們想找提款機，但運氣似乎不太好。可以告訴我們提款機在哪嗎？」

老太太們在座位上不停地挪動，互相推來推去，還一邊咯咯咯地笑。

「當然，我們很樂意幫忙。你們只要到左手邊那家雜貨店就可以了。他們會幫你提領小額現金，但是阿米塔吉先生，他們還不知道你要過去呢。」

「抱歉，我不是阿米塔吉先生。」

老太太們心照不宣地看著彼此。

「喔，那當然啦。沒關係的。這是我們之間的祕密，我們一個字也不會洩露。」出門時，莫思滿臉困惑地回頭看著那三個朝他揮手的老太太，然後我們就揹上背包離開了。

我們把買來的補給品裝進背包後，錢包裡還剩二十五英鎊。然後我便走到海灘上坐下，背靠著岩石，吃起薯條來。天氣很熱，我們的鼻子都快燒焦了。我坐在那兒，不禁想起從前我們在海灘上度過的時光。當時我們住在威爾斯，只要開一小段路就可以到海邊，因此常去那裡度假，而且一待就是整天。孩子們會用海灘上的沙子把自己埋起來、玩充氣小艇、吃鮪魚三明治、在地上挖洞，或是觀察潮池裡的生物。從小到大，他們一直自由地在樹林、山間和海灘上漫遊。到了現在，即使他們離家好幾年了，我每次走在沙灘上時仍有些許失落感。但我不能再這樣了，否則這將是一個令人沮喪的夏天。

一個小男孩拎著一桶水沿著海灘跑過來，要把水倒在他造的沙堡護城河裡。但他的妹妹一把抓住水桶提把，想當那個倒水的人。突然間，他們的父親不知從哪裡冒了出來，並且一把抓住那個小男孩，還打了他一下。

「我告訴過你幾次了，不要跟你妹妹搶東西。」

男孩掙脫了父親，躲在一塊岩石後面。他的母親見狀便站起身來。

「你一定要這樣嗎？」

「不給他一點教訓不行。」這是一個憤怒的父親。他會把孩子也教成憤怒的小孩。說也奇怪，海灘似乎總能帶出人們最好及最壞的那一面。

「我本來打算提議去游泳的，但現在我想我們該走了。」莫思拍了拍背包上的沙子，站起身來。

「是的，阿米塔吉先生，我們該走了。」

離開庫姆馬丁後，我們繼續沿著那起起伏伏的陡峭山路走著。我的背包裡裝著新買的補給品，因此變重許多。我跟在莫思身後吃力地走著，而他的雙腳似乎也鮮少離開地面。天氣熱得令人難以忍受。突然間，前面的霧氣中出現一座露營場，就像是沙漠裡的綠洲。這條步道正好穿過其中。

「你覺得呢？我們要不要去問一下價錢？這樣今晚就不用再找地方搭帳篷了。如此一來，我們就可以休息，也能好好洗個澡。」莫思臉上的神情彷彿在說：「拜託！」

「嗯，問問無妨。」

露營場裡聚了許多家庭，還有小孩、腳踏車、一對對老夫婦和許許多多的狗。

「一個營位十五英鎊。」

「十五英鎊？可是我們的帳篷很小耶，只要角落的位置就行了。」

「無論帳棚大小，一律十五英鎊。」

「可是我們沒開車來耶。我們正在走西南海濱小徑。」

「不早說。」管理員指著門口的硬紙板告示牌，上面寫著：背包客每人五英鎊。

一共付了十英鎊。反正我們還有足夠的乾糧可以撐過這週。然後，我看到莫思正坐在塑膠椅上，用一條有圓點的藍色頭巾擦拭臉上的汗水。

「好吧，就住一個晚上。」

露營場的洗澡水很熱，而且沒有時間限制。在那氤氳的熱氣中，我逐漸放鬆下來。或許是因為疲累，或許是需要發洩，我突然哭了起來，哭得上氣不接下氣，任由身上的皮脂與汗水、心中的苦澀、悲傷、失落和恐懼都隨著淚水與那傾瀉而下的熱水流逝。但過一會兒之後，我就打住了。我知道我沒有本錢這樣哭哭啼啼、自憐自艾。

洗完澡後，我用我那條超薄的快乾毛巾盡量把身體擦乾，然後便在那個小巧的盥洗包裡翻找牙刷。一不小心，裡面的牙膏、髮圈和衛生棉條掉到地上。衛生棉條？我震驚地將它撿起。之前收拾行囊時，我特別帶了幾個棉條，想說可能很快就會用到。但此刻，我將它拿在手中，突然意識到我已經超過三個月不曾用過衛生棉條了。這是真的嗎？女人停經後該做些什麼？成為無家可歸的遊民，揹著背包走一千公里？這真是太好了。這樣我就可以做許多負重訓練，至少以後不用擔心骨質疏鬆了。

離開露營場時，我們全身乾淨清爽，精神飽滿。但前往伊爾弗勒科姆（Ilfracombe）的那段路迂迴曲折，起起伏伏，進進出出，加上天氣炎熱，因此我們很快就像前一天那樣又累又髒了。到了伊爾弗勒科姆後，由於眼下正是旅遊旺季，所以鎮上擠滿了推著嬰兒推車、穿著聚酯纖維衣物或靠著助行器走路的遊客。無論走到哪個角落都能看到美食，但那些香味對我們來說可謂一大折磨，因為我們在露營場過了奢侈的一夜後，已經沒有餘錢可以買食物，只能用眼睛看了。

一對戴著大草帽、牽著一隻查爾士王小獵犬的老夫婦走過我們身邊。我聽到其中一人說：「我們來這裡這麼多年，從沒看過這麼不堪入目的東西。實在太不應該了。」

在海港盡頭，有一群人圍了一圈在拍照。我們上路之前不曾細細閱讀沿途每個景點的資料，但沒做功課的好處就是：路上總有驚奇。

「哇，好大呀！」一尊由青銅與不鏽鋼製成的巨大雕像矗立在海港上方，高達二十公尺。遊客看到後紛紛咂嘴搖頭，匆匆離去。莫思撿起一張被丟棄的傳單。

「上面說它的名字叫『真理』（*Verity*），鑄造者是達米恩・赫斯特（Damien Hirst）。這玩意兒怎麼能過關？不過，我想他在這裡應該已經有工作室和房子了吧？」

「這雕像到底代表什麼？」

「看來是真相與正義。」

「正義？這我可有話要說。」這尊雕像是一個孕婦的剖面圖。左半身是完整的身軀，右半身則露出它子宮裡的胎兒。它手裡高舉一把劍，背後則是象徵公平與正義的天平。「難怪它把天平藏在身後，用前方這副引人注目的身軀來遮掩真相。這真是英國司法制度的寫照。任何人只要有辦法讓天平往他那邊傾斜，就可以得到他想要的公平正義。」

「可不是嘛！」一個坐在隔壁長椅上的老人開口了。他衣著考究，腳上皮鞋閃閃發亮。我們跟他聊了一會兒。原來他是一個已經退休的廓爾喀[5]軍人，這輩子一直為英國和女王效命，退休後也選擇留在英國。「現在我已經不太確定是否要留在這兒了。我們家就住在這附近，我女兒想在花園裡蓋座平房讓我們兩個老人住，這樣她就能和我們住在一起，就近照顧我們。但政府認為這並不符合本鎮的風格。有個朋友告訴我：達米恩・赫斯特在本鎮邊緣有座農場，他打算在那裡興建住宅區，總共有幾百棟房子。如果這尊雕像足以代表他的設計風格，那他將來蓋的應該也不會是維多利亞式的別墅。但就算如此，我想政府的人也不會為難他。」

「我想也是。」

我們倆合吃了一包薯片後，就盡快離開伊爾弗勒科姆鎮了。夜晚時，我們在一座可以俯瞰鎮上燈火的山坡上搭帳篷。隔天又是一場令人筋疲力盡的跋涉。沿途的景致極美，如果我們沒這麼累，一定會駐足欣賞並且不停拍照，但現在我們除了努力向前邁進之外，已經沒有餘力顧及其他。

「那團東西是什麼？」我看到似乎有東西在那依舊霧氣繚繞的海上。

「哪團東西？」

「左手邊，沿著海岸再過去，在陸地的盡頭。」

「看起來像是一座島。」

「那會不會就是倫第島（Lundy）？我敢說一定是。我們已經離威爾斯愈來愈遠了，只要過了這段海岸的盡頭，接著一定是往南方。」

「還好遠呢！」

我們沿著位於峭壁頂端的步道前進，沿途野花繁盛，走起來應該令人心曠神怡，但經過公牛角（Bull Point）時，莫斯的速度愈來愈慢，而且走路的樣子變得有點怪異。我們慢慢地走著。太陽下山時，我撿了一些野百里香和蒲公英的葉子，放進飯裡一起煮。隔天早上，我們走到伍拉科姆（Woolacombe），算算這已經是我們出發後的第九天了。根據帕迪．狄倫的算法，我們四天前就該抵達此地，所以他的時程似乎和我們完全不同。經過伍拉科姆的海灘時，為了避開浪潮沖擊，我們便走在後灘上，但那裡的沙子很軟，走起來頗吃力，因此當我們終於抵達通往貝吉角（Baggy

5 尼泊爾的一支重要部族，以驍勇善戰聞名。十九世紀初受僱為英國東印度公司的傭兵，之後受英國徵召編選為常備軍，派駐至英國、新加坡、汶萊等地。

Point）的那座懸崖，踩在堅實的地面上，不禁鬆了口氣。雖然我們已經頭昏腦脹、疲累不堪，但此處景觀仍然美得令人驚嘆。放眼望去，倫第島仍頗為遙遠，但整座島已經清晰可見。更遠處便是那向北蜿蜒終至消失在視野外的威爾斯海岸了。看著它在地平線上隱沒，我問自己究竟是如釋重負，還是希望自己仍然能感受到它的存在？但這問題我無法回答。在倫第島以西至少六十公里處便是哈特蘭角（Hartland Point）了。到那裡之後，海岸又再次陡然向南延伸。此刻，太陽已經開始西沉，我們便在野花叢中搭起帳篷，還煮了蒲公英來吃。

「小時候，媽媽都不讓我吃這個。她說這東西會讓我尿床。」

「以你每晚進出帳篷的次數，我想應該沒差啦！」

「我們要不要搭巴士繞過河口，別去班斯塔普（Barnstaple）和比德福（Bideford）？」

「可以呀，但戶頭要再等幾天才有進帳，而且布朗頓洞穴（Braunton Burrows）有貝殼被風吹蝕後所形成的巨大沙丘，好像挺有看頭的。」

「好吧，可是如果你的身體太不舒服或者腳痛了或太累了，我們就去坐巴士，好嗎？」

「好。」他的臉上除了晒傷的痕跡，眼睛下面也出現了黑眼圈。

一座座潔白沙丘羅列眼前，它們的成分是如珊瑚碎屑般的細小礫石，一點也不像沙子。這些沙丘一直往塔河（the River Taw）河口的方向延伸，迤邐綿延，一望無際，上面草木叢生，還有許多昆蟲棲息其間，是英國最大的沙丘生態系統之一。在行進時，我並沒有看到太多風景，因為有大約兩公里的路程，我一直以鬥雞眼的方式將眼神聚焦在我的鼻子上，試著剝掉上頭脫落的一片片皮屑。莫思則是低著頭、拖著腳，走在遍地的貝殼沙上。突然間，一個全副武裝的突擊隊員像是從沙漠的霧靄中現身一般，出現在我們眼前。他身穿迷彩戰服、臉上塗著油彩，手握槍枝。我不曾和突擊隊員這麼近距離地面對面，不知該如何是好。我該雙手抱頭趴在地上？還是該立正站好，或者趕緊跑開？

「恐怕今天你們不能繼續往前走了。掉頭吧！」

「我們不能掉頭，必須繼續往前。」這樣講真是太蠢了，但莫思一臉淡定。

「嗨，老兄，你們在這裡做什麼？是演習之類的嗎？」

「沒錯，先生，所以你們不能過去。」

就在這時，一大群士兵衝上沙丘，趴倒在沙子上，一輛有帆布車頂的卡車也開過來。

「我們不能掉頭。莫思身體不太舒服。我們要去布朗頓搭巴士，如果掉頭，就趕不上巴士了。」我這樣看起來夠著急嗎？

「你們在這兒等著，我去看看該怎麼辦。」幾秒鐘後，那士兵拿著一壺水回來。

「站在那裡別動。我們離開時會帶你們出去。你們沒看到告示牌嗎？上面說這座沙丘已經不對外開放了。」

「沒有。」

「別動！」那些士兵把他們的裝備扔進卡車。他們的背包和腰帶都很笨重，但他們拿起來卻一派輕鬆。接著，一名士兵拿起我的背包，放在那堆裝備上。仔細一看，發現他稚氣未脫，就像個大男孩。

「這是什麼？你管這個叫背包嗎？感覺像手提袋一樣輕。」他說。其他士兵聞言都笑了起來。然後他又拿起莫思的背包。

「小意思。我們在洗澡時揹的都比這個重。」又是一陣大笑。我們也被塞進卡車的後車廂，等車頂帆布放下後，就顛顛簸簸地出發了。不久我們就發現，這些士兵雖然比時下許多年輕人更有紀律、體格也更好，但畢竟還是一群愛玩、愛鬧的小伙子。坐在悶熱的卡車後座，我突然意識到他們可能隨時會被送到戰區，而且其中有些人可能不到幾週就會受傷或死掉。如此年輕的生命才剛要開始就結束了，這到底是為了什麼？

「我們要去哪？」

「不能說。事實上，你們最好別向任何人提起這件事。」卡車沿著柏油路面一路搖搖晃晃地前進，不久就突然停下。「好，你們下車吧。」

我們下車後，那輛卡車開到前面，轉個彎就消失了，但我心中仍為這些慷慨的年輕人祈禱，希望他們一直像此刻這般生氣蓬勃。

我們搭乘巴士到了班斯塔普，接著又換車到「韋斯特沃德霍！」，但不知怎地，我總覺得我們像在作弊。

抵達「韋斯特沃德霍！」後，我們感到頗意外，對它那灰暗的景觀也很驚訝。由於這座小鎮的名字裡有個驚嘆號，因此我一直以為它會很有看頭，如今才發現這裡的一切實在配不上那個浮誇的名字。帕迪說它之所以得名（包括那個驚嘆號在內），是源自十九世紀查爾斯・金斯萊（Charles Kingsley）的一部小說書名。我想，書本身可能還更有意思吧。

離開步道，我們感覺好像斷了線的風箏，有些許失落感。莫思心煩氣躁，因此儘管我們的錢所剩無多，他還是想喝杯啤酒。於是，我們就進了一間陰暗的酒吧，那裡可以俯瞰下方的海濱步道，此時正有一群孩童在步道上嬉戲，閃躲濺過防波堤的海浪。莫思默默喝著他的啤酒，我則拿了杯冰水抵住頭。

「各位，機智問答賽要開始了，快來參加吧！很好玩，還有獎品呢。」一個穿著背心的矮胖男人遞來一枝筆和幾張紙。「只要五十便士就能參加，第一名可以得到十英鎊的獎金喔。你不會吃虧的。」

「好啊。」

「莫思，要五十便士耶！」

「五十便士能買到什麼？而且要是我們贏了呢？」

等那個矮小的男子湊齊三隊人馬後，比賽就開始了。

「我們先從『電視題』開始吧。」

「我說了，這根本是在浪費錢。」

「接著是『體育題』。在一級方程式賽車中……」

我們為什麼會在這兒？

「『黑豬號』（*Black Pig*）的船長是誰？」

莫思從椅子上跳了起來，立刻在紙上寫：「帕格瓦許船長」（Captain Pugwash）。

「最後一題，什麼東西在一九六一年豎立，在一九九〇年倒下？」

這題我會！這題我會！是柏林圍牆！或許我不該為了五十便士而嘮叨。

「贏得十英鎊獎金的是……坐在吧檯的那一家人！」

那些人拿到十英鎊獎金後，立刻又買了酒。

「第二名是那兩位背包客，可以得到五英鎊獎金。」

我們立刻揹上背包跑去領獎金。

「兩位贏家還要不要再來一杯呢？」

我在吧檯下踢了莫思一腳，他瞇起眼睛看了我一眼。

「不，抱歉，我們得上路了。」

滴里滴、滴里滴——我們哼著歌蹦蹦跳跳地回到步道。海浪衝過我們身後和身前的防波堤，但不知怎地並未濺到我們。我們因得獎而雀躍，心想我們可能開始走運了，於是兩人就一路唱著《帕格瓦許船長》的主題曲，逃出「韋斯特沃德霍！」。但好景不常，入夜後，我們竟找不到任何地方可以露營，只好摸黑把一塊山坡地上的蕨叢和薊草踩扁，在那兒搭帳篷。然而我們的人造纖維睡袋對抗不了地心吸引力，因此半夜醒來時發現自己竟已滑到帳篷口，而且大海好像離我們很近，不停轟隆隆地撞擊陸地，但卻沒有聽到海浪的聲音。無奈之餘，我們只好把背包堆在帳篷口，把腳擱在上面，膝蓋打直，幾乎就像站著一樣地睡覺。

隔天早上起床後，我們的膝蓋仍然無法彎曲。當我們就著灰濛濛的晨光，步履蹣跚地在薊草地上四處察看時，才發現我們昨晚竟把帳篷搭在岸邊一塊由岩石及黏土組成的懸石上，底下還有個洞穴，不斷被海水沖刷著。這裡已近陸地盡頭，即將因海水的侵蝕而湮沒。

我們走到綠崖（Greencliff）上方時，氣溫陡升，悶熱到快令人窒息。此處崖壁上盡是一層層被太陽晒得快融化的黑色岩石，一直往下延伸入海。這條黑漆漆的煤礦礦脈分布在比德福到綠崖之間，並在這座懸崖的邊緣逐漸岔開成手指狀伸入海裡。這裡開採的煤炭過去都被用作燃料，供附近的石灰窯使用，以便將威爾斯的石灰岩變成肥料和建材。但現在它們用以製作一種名為「比德福黑」的繪畫顏料，為那些時髦藝廊帶來更多利潤。

天氣愈來愈熱。我的鼻子已經發紅，上面的舊皮尚未掉落，剛長出來的新皮就已經晒傷了。莫思走起路來也愈來愈不穩，有一回還真的摔了一跤，擦傷了手臂，也讓他受到驚嚇。

「我得休息一下。能幫我把水壺拿來嗎？」他大口大口地灌著，似乎怎麼也無法解渴，一直喝到水壺裡只剩五公分高的水為止。我們離開「韋斯特沃德霍！」的酒吧時，已把水壺裝滿了，但才過一晚就用掉大半。此地距離有自來水的地方還頗遠，除非改往內陸方向走，看看路上能否遇到願意給水的人家。

「我們要不要繼續前進？走到巴巴科姆懸崖（Babacombe Cliff）附近時，好像會經過一條溪。」

「我盡量。」

於是，我們繼續往下走。莫思的速度愈來愈慢，我也愈來愈心焦。到了下午，我們走過那座乾枯的溪床時，天氣已經炙熱難當。這裡沒有樹木，也沒有可供遮蔭的地方，只有懸崖、藍天與碧海。三點鐘時，莫思卸下背包躺在地上。

「我不行了。真的不行了。我走不動了，一直想打哆嗦。」

「是不是中暑了呢？還是太累了？」

「我想回家，躺在自己的床上，從此不再醒來。」

我躺在他身邊的草地上，看著天空，告訴自己：「連想都別想。不能有這個念頭。」於是我坐起身來，找到我的眼鏡，開始看帕迪的地圖。

「我們快到一座小山谷了。好像叫胡椒谷（Peppercombe）的樣子。那裡有一條溪，還有樹木，所以會有地方可以遮蔭。你到了涼快的地方就會比較舒服了。」天氣熱到讓我感覺體內水分都蒸發了。不能繼續待在這裡了。

「我走不動了。」

「那我就把背包留在這裡，自己去附近看看。」於是我離開了莫思。少了背包的重量，我走起路來彷彿腳上裝了彈簧、肩上綁著氣球，但因為心裡焦急，我無法享受這種感覺。老天！千萬不要讓他的病情惡化，拜託，千萬不要。希望他的不適只是因為太熱了而已。

這座長條形的狹窄山谷通往海邊，裡面長滿喬木和矮樹叢。我走著走著，不久便聽見了水聲。我蹲伏在那條清澈的溪流邊，彷彿得到救贖。當我把冰涼的溪水潑到我那灼熱的肌膚時，彷彿聽到它發出「嘶嘶」的聲音。我用雙手掬水，喝了一口又一口，再把那個兩公升的水瓶裝滿，然後便回到山坡上。

「你得下去才行。那裡的樹蔭底下好涼快，你就不會那麼難受了。再過半小時，等淨水丸發揮作用，你就可以喝水了。」我沒告訴他，我在考慮細菌問題前就已經灌了半公升。

那整個下午，我們都待在樹蔭下打盹，直到看到一團黑色毛球跳進溪水裡。接著又來了五團毛球。

「沒錯，孩子們，就是這樣，跳進去涼快一下！」那群西班牙獵犬的主人站在橋上，他們穿著有許多口袋的衣服，戴著帽子，拿著手杖，看起來非常俐落。我很慶幸自己已經把水壺裝滿了。

「嗨，兩位！真是個令人心曠神怡的下午呀。你們從很遠的地方來的？」

「我們今天沒走很遠。天氣太熱了。」

「是啊，非常溫暖。你們要去哪呢？」

「蘭茲角。」我還是沒說出「浦爾」這兩個字。光是用想的就覺得很荒謬。

「蘭茲角？喔，蘭茲角。」那活潑的高個子男人朝他旁邊的女人點了點頭。「我聽說你們可能會經過這兒。我們是從得文郡南部來的，明天就要回家了，因此不能再看到你們了。真是可惜呀！呃，我們得走了，希望你們這一路很有收穫。走吧，孩子們。」他說完便帶著那幾隻黑色西班牙獵犬離開小溪，朝內陸的方向去了。

「很有收穫？這些人可真怪。」

「可不是嘛！我們到下面的海灘走走吧。樹下愈來愈冷了。」但我很快就後悔了，因為通往海灘的小路非常陡峭，這意味著我們之後還得爬上來。

海灘上有層黑色的岩床，一直延伸到低潮線，上面鋪滿一顆顆光滑圓潤、被海水侵蝕的鵝卵石。此刻已近黃昏，但陽光依舊炙人。我們坐在幾棵矮小的灌木下遮蔭。那被太陽晒得暖暖的鵝卵石舒緩了我們痠痛的肌肉。海水微微晃動著，一副猶豫不決的模樣。莫思不停顫抖，但身上卻發燙，而且關節疼痛，噁心想吐。

「我是不是快死了？如果是這樣，該怎麼辦？」

「不會的，你可能只是中暑。不會一下子就沒命的。」

他心知死神在暗處伺機而動，所以總是杯弓蛇影，只要一點點風吹草動就非常警覺。事實上，我們也知道他不會突然死去，只是身體會慢慢走下坡，可能還有很長一段時間才會抵達生命的終點，但我們依然忐忑不安。在收拾背包，準備動身時，我一度以為我們在路上會有時間理清頭緒，並且好好談談我們所遭遇的重大失落，平靜面對莫思的病情以及未來可能的情況，但其實這陣子我並不常想這些事。我們談的大多是食物、氣溫或雨水。我感覺自己頭上好像套著紙袋，只是一味地悶著頭往前走，什麼也不想，偶爾才探出頭來，搖一搖，看看裡頭還有什麼。奇怪的是，這樣單調規律、一步一步往前行的生活，卻讓我有一種滿足感。我什麼都不願意想。然而，當我看到莫思走得如此吃力時，就忍不住會想：我把他拖到這裡來是多麼地愚蠢，又不負責任。他的病情顯然正在惡化，如果不走步道，就不必每天承受這種肢體上的折磨。此刻，我簡直不敢看那本旅遊指南。光從我先前看過的那一小部分，我就知道這條步道會愈來愈難走。萬一他的病因此加速惡化，那該怎麼辦？果真如此，那將是我的錯。畢竟那個醫療顧問曾經提醒他：「不要讓自己太累，也不要走太多路，上下樓梯要小心。」在規畫這趟健行的那些日子裡，我一心只想離開威爾斯，想逃離一切，忘掉我們已經失去自己的家、一家人分散各處，還有莫思生病的事實。我曾聽過物理學家史蒂芬．霍金（Stephen Hawking）的演講，他說：「我們的過去塑造了我們今日的面貌。沒有過去，我們就沒了身分。」或許我是刻意丟掉自己的身分，以便創造新的自己。

「你今天服用普瑞巴林了嗎？」之前醫生一直開這種藥給莫思服用，但不是做為抗憂鬱劑，而是為了緩解他的神經痛。這藥的效果似乎還不錯，但我不知道它如何能緩解疼痛卻沒有發揮抗憂鬱的效果。自從莫思服用這種藥物後，整個人明顯變得比較遲鈍。也就是說，他的疼痛雖然減輕了，但他也因此變得不太像他自己。

「沒有。在貝吉角的時候，我把最後一顆藥吃了。我忘了問另一盒是不是在你那兒？」

「不是，是在你那兒。」

「不在我這兒。」

「糟了。你怎麼不早說呢？我們得再弄一些來。我們可以走回『韋斯特沃德霍！』，然後搭巴士去班斯塔普，看看你的家庭醫師能不能把處方箋傳過來。」

我們怎麼會忘了那些藥呢？回想起來，我好像在廂型車後座看過。當時它們就放在一個我們準備要塞進背包的袋子上，但在我們遇到那些「天使」後，我就把袋子忘得一乾二淨了。現在，如果往內陸前進，或許走一小段路就能抵達某座小鎮，那裡可能有藥局，但我們並不確定。在帕迪・狄倫偉大的步道指南裡，有好幾幅地形測量局繪製的地圖，其範圍涵蓋了整條西南海濱小徑，非常詳盡仔細，但唯一的缺點就是上面只顯示步道靠內陸那側大約八百公尺寬的地區，因此我們活動的範圍就局限在這個狹長區域內。左邊是八百公尺寬的陸地，右邊是一望無際的海洋。按理說，西南海濱小徑所在的綿長海岸線上，只有一些地方稱得上是偏僻，但此刻在這座海灘上，我突然發現：只有那些住得起城市的人才能享受文明的好處。如果你頭上沒有屋頂，口袋裡沒錢，你在任何地方都可能感覺與世隔絕。

「那些藥就在廂型車裡。我們可以請簡恩寄到某處，例如克洛威利（Clovelly）。」

「不行，簡恩正在度假，八月底才會回來。就像你說的，我只不過是中暑罷了。我們來泡點茶，吃些東西吧！我不會有事的。」

「你不能一下就停用那些藥。你可能已經出現戒斷症狀，而且病情或許會因此而惡化。」醫生是怎麼說的呢？「**無論你做什麼，都不要停止服用普瑞巴林。**」如果停止了，可能會出現許多戒斷症狀，最先是頭痛、噁心、腹瀉、出汗，然後會導致失眠、焦慮、憂鬱乃至於自殺。而且這些還算是較輕微的症狀。

莫思已經吃不下東西，但在吐出幾匙米飯後，他開始不停地喝水。當我們在樹籬後的平地上搭帳篷時，他顫抖得更明顯了。我把他那件沾了嘔吐物的衣服拿去潮池洗，他則換上一件放在背包最下層的乾淨T恤。

夜色一片漆黑，帳篷裡伸手不見五指。由於天上沒有月光，外頭的東西也都看不到。莫思只要發出一聲呻吟或哀叫，我就把手電筒打開，但不確定究竟要察看什麼。事實上，我知道自己什麼也做不了。

「水，我需要一些水。」

我們的手機收不到訊號，凌晨四點鐘時，手機的電池也沒電了。如果要去找人幫忙，就得把他一個人留在這兒，但我不想離開他。我冒著浪費電池電力的風險把手電筒打開。

「那是什麼味道？好難聞呀！是什麼東西？」

「我沒聞到呀。」

「好臭！」

我只聞到我們僅剩那件乾淨T恤上的洗衣粉味。

「是蓮花和甜瓜的味道。你再睡一下吧。」

「好臭！」

我用手電筒照著帳篷內部，看看東西是否都在原位上。熟悉感可以撫慰驚慌的心情。在步道上行走的這些日子裡，這座綠頂帳篷已成了我們的家。每晚我們會用身上僅剩的財物來填滿這個家，這已成為例行儀式了。首先是那幾張自動充氣墊，然後是一小張羊毛毯子，然後是睡袋，然後就是我們自己。接著，我們會把背包放在腳邊，也就是靠近帳篷口的地方，再把背包裡的東西拿出來，把烹飪用具放在帳篷的前庭，再把衣服一件件攤在帳篷裡沒被蓋住的部分，以阻絕寒氣，接著把手電筒掛在入口拉鍊上方的繩圈所繫著的扣環上。一切就緒後，我就開始泡茶，莫思則會朗讀那本又小又薄的《貝武夫》（那是我們唯一帶著的書）。這種對儀式的渴望是不是人類的天性？在入睡前為自己打造安全的環境是不是一種本能？如果少了這種安全感，我們能夠真正休息嗎？我不確定答案為何，但此刻，在這條海岸線上的某處，在這頂帳篷裡，身邊有個因為一種中樞神經抑制劑[6]而出現戒斷症狀的垂危男人，這樣的安全感是我唯一的憑藉。

我躺在莫思身邊，緊緊靠著他，好讓他不再顫抖。那一整晚，我不斷把手電筒開開關關，想像自己回到兩百年前，用這種方式把走私客引上岸。等到天色微明時，我乾脆放棄睡覺的念頭。眼看莫思終於平靜下來，發出深沉的鼻息，我便悄悄鑽出睡袋，打開帳篷門片走出去，卻不小心跌跤撞倒爐子支架，把它的一隻腳撞斷了。我心想：我剛才用手電筒猛打閃光顯然沒什麼用處。在我最需要的時候，沒人為我帶來一箱蘭姆酒。

早上九點，當我正試著用透氣膠帶把爐架的腳黏回去時，莫思終於醒了。他已經不發抖了，但頭痛欲裂，關節也疼，肩膀更是痛得厲害。我泡了兩壺茶後，便往小溪那兒取水。如今熱茶成了我們的救命仙丹，最初我們用它來安撫我們那煩躁的神經，現在則用它代替食物。雖然已經早上了，但我並未把帳篷卸下，而莫思也沒力氣這麼做。我心想：就等到有人來趕我們時，再來打包吧。我走到海灘上，那裡的潮池正好可用來當洗衣盆，於是我用水和洗髮精搓洗衣物。洗完

6 編注：普瑞巴林（Pregabalin）於二〇一九年已被英國政府列為第三級管制（Schedule 3）管制藥物。目前（二〇二二年五月）在台灣為處方用藥，但並未受分級管制。

後，衣服的味道就沒那麼難聞了，但晾乾後上面卻結了一層鹽粒，而且摸起來黏黏的。我用一把迷你指甲剪，把那條破掉緊身褲的褲腿剪到膝蓋的長度，當作短褲穿，接著又把所有東西都攤在岩石上晾乾。

海灘上盡是光亮平滑的黑色岩石。它們裂成幾道之後便延伸入海，像是陸地正極力伸展自己的肌肉。海水積聚在那些狹窄的石縫中，形成一個個難以看出深淺的黝暗水池。在陽光照射下，池面金光閃閃，但當我將手伸入池中，想要探觸底下那光滑而寒冷的岩石時，卻碰不到底，而且愈往下伸，洞愈大。裡面既沒有菊石，也沒有螃蟹，只有一個深邃而神祕的窟窿，可能藏著一些未知的洞穴或神祕生物。因此，我在海灘上搜尋漂流木時，心裡一直有點忐忑，生怕自己踩到什麼。入夜後，當氣溫開始下降，我便用找到的漂流木升起小火堆，並慢慢往裡頭添加柴火，莫思則蜷縮在我身旁的睡袋裡不停打顫。之後又是一個耗費電池的夜晚。

清晨，我沿著海灘漫步，想撿拾更多漂流木來生火，不久就看到岩床高處的草地上、那一叢叢粉紅色的海石竹之間，有人用木料和廢棄塑膠瓶搭了一座簡陋的棚子，裡面放了幾張長椅，而且四面牆壁都掛著海藻。當我正在棚子裡扮家家酒，把幾個貝殼和海藻擺在一起時，就看到莫思手持兩個馬克杯步履蹣跚地走來。我接下他遞來的茶，和他一起坐在棚子裡喝。

「歡迎回家，蕊娜。你覺得我們的新家如何？」

「很棒。我一直想要一棟採光很好的海景房。」

「我們該不該回到威爾斯找個地方搭帳篷，然後請求政府讓我們住進公宅？還是索性就留在這兒，把這個棚屋稍微整理一下，從此住在海灘上？我的意思是：我們走完步道後，究竟要做什麼？」這是我們倆一直沒說出口的問題：我們以後到底該怎麼做？

「我不知道。」

我們閒坐在那棟有樹籬可以遮蔭的棚屋裡，看著一群翻石鷸在海灘上覓食。這些小巧美麗的涉禽有著白色的胸羽，背部有栗色斑點，還有一雙橘色細長的腳。只見牠們靈巧地在黑色的岩床與海藻之間跳來跳去，用那尖銳有力的嘴喙迅速把地上的石子翻過來，看看底下有沒有可以吃的東西。想必牠們正在往南或往北遷徙的路上，但也有可能牠們並非處於繁殖期，只是利用夏天在這裡短暫停留。那天下午，我們一直待在那兒看著牠們。莫思因為身體發冷、疼痛，便一直裹在他的睡袋裡晒太陽，斷斷續續打著盹；我則努力撿拾更多漂流木和乾燥的海藻，以便用來生火。太陽下山時，我們突然發現已經看不到威爾斯了。它在我們不知不覺間就消失了。現在唯一看得到的陸地，只有那個已經離我們近很多的倫第島。此刻，柴火燒盡了，威爾斯也看不見了，只剩我們倆在得文郡的海灘上相依為命。我們無家可歸，未來也不太可能擁有一棟房子，只能邁開腳步在步道上不斷前進。

那天晚上，莫思不斷呻吟，關節的疼痛也加劇了，折騰許久才好不容易熟睡。普瑞巴林的戒斷症候群已經消失了嗎？我躺在他身邊看著他，但他都沒醒來，最後我也闔上了眼。隔天中午，他醒了，看起來比較有精神，力氣也稍微恢復。吃了一根穀物棒後，他就可以上路了。

「我們不能留在這兒。只剩下一天份的食物了，還是到克洛威利去吧。我相信在那裡一定能買到補給品，而且走過去頂多只有八公里路。」

我們從海灘那兒往上爬，再次回到那條起起伏伏、坡度陡峭的步道，很快地莫思又累壞了。到了雄鹿磨坊（Bucks Mills）時，村裡的小商店已在十分鐘之前打烊了，因此我們便往村莊上方的樹林走去。雖然此地距克洛威利還有大半段路程，但我們不得不休息了。一看到樹林裡有草地，我們連忙穿過那些灌木叢，把背包從一座電圍籬上方丟去，然後再從圍籬底下鑽過，來到了一塊綠意盎然的草地。那裡的地面微微下凹，而且三面都有樹木，絕不會被人看見。我們搭好帳篷後已經餓得受不了了，便把最後一份口糧吃完，只留四片消化餅乾當作隔天早餐。沒關係，我們明天就可以抵達克洛威利了。

7 飢餓

隔天早晨，天氣仍然晴朗，陽光和煦，草地上露水晶瑩。我穿著剛剪好的那條短褲坐在帳篷外泡茶，以便用來蘸最後的幾塊餅乾吃。突然間，我覺得腿癢癢的，心想那大概是因為前一天用海水洗衣服的緣故。

「莫思，出來！茶泡好了。」事實上，我的腿還真癢。

「哇！看看你的腿，真是太驚人啦！」他的病是不是還沒好？我知道我的腿並不難看，但絕對沒有美到那種程度。「你看，瓢蟲耶！」

原來在我腿上的不是鹽粒，而是一隻隻正在蠕動的瓢蟲。我站起身，發現自己全身上下都爬滿了瓢蟲。事實上，牠們無所不在，不僅帳篷和爐子上面都是，當莫思站起身來時，我發現他身上也有。我們一伸手，這些瓢蟲便從我們手臂上起飛，身上那一根根細小的腳全朝向天空，準備去吃今天的第一頓早餐。根據我這輩子與大自然為伍的經驗：如果某處有很多蚜蟲，瓢蟲媽媽就會在那裡產下成千上百個卵，以便幼蟲孵化後馬上就有食物可吃。但眼前這些豔紅、閃亮的小生物實在太特別了，數量也太多了，因此我認為牠們必然對我們有某種意義。這是我們生平首次在晨光下看著成千上百隻小瓢蟲張開翅膀，從我們的指尖起飛。不，我不想從科學的角度解釋這個現象，寧可相信那個傳說：瓢蟲會為人帶來好運。我看著那群紅紅的瓢蟲從莫思身上飛起來，試著相信世上真有奇蹟。

「我今天感覺挺不錯的。」

「因為瓢蟲的緣故嗎？」

「不，我想是因為我不再服用那些藥了。我覺得頭腦比較清醒了。戒斷症狀真的讓人很難受，但我想看看停藥以後會怎樣。以後我吃幾顆布洛芬（Ibuprofen）止痛就好了。現在我們去克洛威利找點吃的吧。我餓壞了。」

「我還是覺得是這些小瓢蟲的功勞。」

天氣很快就變了，雨水不停從樹木的枝葉間落下。我們沿著鋪滿碎石、蜿蜒曲折的賀比路（Hobby Drive）一直走，但感覺怎麼也到不了克洛威利。我們已經很餓了，連看到路旁一群群雉雞幼鳥在樹林邊緣吃著罐子裡的穀物，都會想到食物。在連續一週都沒吃飽後，我的胃開始痙攣，而且有些頭暈了。我們能把雉雞的飼料煮來吃嗎？

克洛威利鎮的所有房屋都屬於一家房地產公司，並由他們對外出租。該公司是由一個家族持有，已有將近三百年的歷史，目前是由他們的後人經營。鎮上最出名的景觀便是那條順著陡坡而下、直達港口的鵝卵石街道，其兩旁盡是一棟棟造型優雅美麗的房舍。但我們走過一座座樹林，看到一群群雉雞，卻始終到不了這座小鎮。

「你知道嗎？那部電影的演員就住在這兒。他的太太死於漸凍症。」

「真可憐。哪個演員？」

「你應該記得的呀。就是那部描述他如何從蘭茲角走到約翰岬角（John o'Groats）的紀錄片。

但他們有一棟房子，還請了私人看護，不像我們一樣在路上漂泊。說真的，我可不想死在帳篷裡。」

「你不會的。你想他真的有走那麼遠嗎？還是那只是為了拍電影？」

我發現我竟然有點羨慕那個演員。他雖然失去了心愛的女人，卻仍然擁有他們一起住過、充滿他們回憶的房子。所以，他只要閉上眼睛，就能想像她坐在椅子上閱讀或眺望窗外的模樣。但我呢？我有什麼？

「你想我們這樣自討苦吃，是不是純粹為了假裝自己並非無家可歸？假裝我們還有一個目標？」雉雞們看到我們走過來便趕緊跑開了，但在我們走後又在原地聚集。我已經餓得發慌，頭也開始痛了起來。

「當然是呀。」莫思停下腳步，驚訝地看著前面：「那是什麼？應該不是我的幻覺吧？」

「不是，那確實是一隻很巨大的火雞。」

「樹林裡為什麼會有巨大的火雞和那麼多雉雞？」

「我不知道。」

「我聞到車子排煙的氣味了。應該已經到了吧。」

我們避開那個寫著「入場費每人六英鎊五十便士」的告示，沿著克洛威利那條鵝卵石街走下坡。由於沉重的背包壓著我們向前，我們幾乎是用衝的。但到了我們要去的那家店後，才發現它其實是一家精緻的糖果店，專門賣糖果和冰淇淋給遊客。

「你們如果想買食物，得到鎮上的酒吧或遊客中心去。」

我們繼續往下走到港口，在毛毛細雨中找地方坐下。

「如果我們去那家酒吧合點一碗薯條，他們或許會讓我們提領現金。」

這時，一個臉上長著許多粉刺的年輕人穿過港口的石拱門。他一身黑衣，彷彿要去酒吧上班，而且正吃著一個很大的康瓦耳餡餅（Cornish pasty）[7]。我餓得簡直想要伸手去承接他掉下來的餡餅屑。我心想，他這麼年輕，不會介意的。

「老弟，那個餡餅是在哪買的？我們剛才去的那家店什麼都沒有。」

看到一個渾身發臭的中年流浪漢跟他說話，他似乎有些驚訝，於是便一邊咀嚼口中的食物，一邊打量我們。

「遊客中心有賣。」

「我們剛才還在想要不要去那家酒吧呢。那裡的餐點貴不貴？」

「很貴。我就在那裡上班。他們的東西貴得要死，連我在那裡吃飯都要付錢，所以我上班前都會去遊客中心買個餡餅吃。當然啦，一部分也是為了那個粉紅色頭髮的女生。」他的嘴角露出了微笑。

「真是遺憾。呃，謝謝你告訴我們。這附近好像很難找到便宜的酒吧呢。」

那男孩似乎覺得我們和他氣味相投，便在附近的長椅上坐下。

「可不是嘛！我連一毛錢也不想讓這裡的有錢人賺。他們已經夠有錢了。但這個地方就是這樣。整個鎮都是住在山上的**那個人**的財產裡。」

「聽起來你不是很想住在這裡嘍？我還以為這裡很適合居住呢。」

「這裡太高檔了，不適合我。我很快就要入伍，該是離開的時候了。」

「不過，想必住在這裡還是有不少好處吧？我的意思是，這裡風景很美，況且還有那個粉紅色頭髮的女孩。」

「哪有，她都不甩我。不過，那些人打獵時我倒是會去幫忙趕獵物。他們還挺好玩的。」

「你也會打獵呀？告訴我，那些火雞究竟是怎麼一回事？」

「你是說樹林裡的火雞嗎？沒多少人看過牠們耶！他們養那些火雞是為了吸引雉雞來覓食。到了耶誕節打獵時，如果抓到火雞就額外有賞，可以自己射殺動物來當晚餐，還能得到一瓶威士忌。可是我們在樹林裡辛苦一整天，只能拿到五英鎊。現在我得走了。好好享受步行的樂趣吧。」

「希望你在軍中一切順利。」我心想：他去從軍，恐怕只是從一個階級體系跳到另一個，但他似乎有足夠的生活歷練可以應付。

我們走到山頂的遊客中心時，幾乎快要累趴了。這一整天下來，我一共只吃了一塊餅乾，現在已經餓得頭昏眼花。

遊客中心的餐廳很大，似乎有不少食物，況且我們的帳戶裡也還有錢。於是，我們就把雨衣攤在椅子上晾乾，拿出手機充電，並選了菜單上最便宜的東西。但正要點菜時，那個粉紅色頭髮的女孩就滿臉歉意地看著我們，說他們在五分鐘之前已經打烊了，所以她不能再賣任何東西給我們。

「那你能不能給我們一壺熱水呢？」

7 編注：一種包著菜肉的酥皮餡餅，半圓的形狀與餅皮折法與台灣市面上的咖哩餃相似，但尺寸比咖哩餃巨大許多。

「喔，我不知道耶！」她轉頭看了一眼。「好吧，但你們得在小費箱裡投點錢。」

「我可不可以買兩個餡餅就好？我們正在走西南海濱小徑，但食物都吃完了。我們原以為能在那家店買到一些……」

「喔，那裡沒賣食物。但我們已經打烊了，所以不能賣餡餅給你。你們找個地方坐下吧，我去拿熱水過來。」

我們坐在那兒等候，身上的衣服一直冒著水氣。

「怎麼辦？我們得找到一些食物才行。」這時，坐在我們隔壁桌的那一家人已經走了，桌上剩下幾盤沒被動過的沙拉。我正試著鼓起勇氣把其中兩盤端來時，那個粉紅色頭髮的女孩走來了。

「我得等老闆離開後，才能包幾個餡餅給你們帶走。老闆叫我把沒賣掉的餡餅都丟掉，但這樣太浪費了，還不如給你們吃。我總不能讓你空手離開吧！那就好像眼睜睜看著我的奶奶餓死一樣。這是不對的。」她的奶奶？哇，我的氣色一定很差。

「多謝！你人真好。」我心想：或許我可以做點什麼來回報她。「我們在這裡遇到一些很不錯的人，比如那個在酒吧上班、常跑到這裡買餡餅的男孩。他人真好，也很健談。」

「我知道，但他要入伍了。我真不希望他離開。」

「或許你應該告訴他。說不定他也有這種感覺呢！」

「是嗎？」

「一定是的。」

我們帶著一袋餡餅離開了，路上經過飾品店時又買了四包奶油軟糖和一瓶本地釀的梨子酒。

我們用金融卡付帳，為的是提領現金。

港口那個男孩一直讓我難以釋懷。我了解他對克洛威利貧富差距的感受。我父親是個大型鄉村莊園的佃農，因此我知道男孩口中所說的「**那個人**」是誰。從小我就看著村民對那個地主和他那一幫人必恭必敬，所以我懂他心中的不屑。正因為這樣的成長背景，我才會加入社會主義者的集會，抗議政府徵收人頭稅，並跑到格林漢姆公有地（Greenham Common）去抗議美國的核子彈頭，抗議一切。當我的父母親試圖讓我嫁給農場主人的兒子時，我便帶著反體制、反威權的叛逆心態投入莫思的懷抱，因為他相信一個人最重要的權利便是自由。為此，媽媽不曾真正原諒我。她不明白她的女兒為何不願嫁給一個家有田產的人，並過上安定的生活。事實上，直到她去世的那天，她都不認為莫思配得上我。此刻，我們在暮色中穿越樹林，空氣中瀰漫著灌木叢那股微帶酸味的潮溼氣息。我走著走著，彷彿聽見她在嘲笑我。

「怎麼樣，女兒，你現在一定後悔了吧？」不，媽，我不後悔。

我們沿著樹林的邊緣前進，來到了一塊空曠的草地上。那裡的小樹四周圍著一圈鐵絲網，還立著幾個錐形筒，標示此處是一座鹿園。這時，遠處那棟宅邸的燈光亮了起來。

「你想他是不是正在盛裝準備去吃晚餐？」我心想著溫暖的火堆和乾爽的衣服。

「你在忌妒呢。」

「沒有。我們就在這兒搭帳篷吧。這裡很適合露營。」

「別費事了。明早莊園的人一定會開著荒原路華（Land Rover）來趕我們。」

「那我們就早點起床。」

那一整夜，樹林裡的貓頭鷹一直叫得很誇張。儘管草地平坦而柔軟，但我還是睡不著，只好開始數貓頭鷹。感覺好像有四、五隻，但也可能是同一隻貓頭鷹到處飛來飛去。我心想，無論睡在大房子裡的「那個人」躺在枕頭上睡得多舒服，他都不可能體驗到這些。他聽不見貓頭鷹振翅飛過橡樹或用爪子去抓山毛櫸樹皮時所發出的聲音，也聞不到蕁麻的香甜氣息或莿豆的強烈氣味。不過，話說回來，他到底還有枕頭。

隔天早上我醒來時，莫思已經起床了。他正在一張紙上寫字。

「你在幹麼？」

「寫一封謝函。你覺得如何？」

我找出我放在靴子裡的眼鏡，讀著他寫在那張皺皺的便條紙上的字：「敬啟者，謝謝您。我們在您的鹿園露營，度過一個非常愉快的夜晚。我一定會告訴我的朋友們，您是多麼好客。」

「我會把它塞在酒瓶口，然後塞進那個圓錐筒裡。他們一定會看到的。」

「不是說『不留任何痕跡』嗎？」

「這才不是垃圾，是謝函。」

此刻才八點半，是莫思起得最早的一天。我們把帳篷上的瓢蟲趕走後就上路了。

8 轉折

我們在午餐前走了六公里半的路，吃了些從樹上採的接骨木果，現在又躺在那被太陽晒得發燙的草地上，所以當遊民還是有許多好處的。此刻，倫第島就位於我們的正前方，我們已經朝著它走了好幾天，很快就要離它而去了。我們剛才穿越一座峽谷，峽谷另一邊的山頂是樹林，下面是一座長滿蕨叢的陡峭坡地，再往下則是一條溪，從溪谷順著坡往上走，便到了我們現在坐的地方。此刻我們正在看遠處兩個小小人影吃力攀爬那座長滿荊豆、蕨叢和蕁麻的陡坡。這是我們最喜歡的娛樂：看別人犯下和我們同樣的錯。當那兩個人影從我們的視野消失後，我們便吃起奶油軟糖。這是我們的早餐，也是我們的午餐，很可能還是我們的晚餐。我們身上那沾滿汗水、氣味難聞的衣服已經乾了，因此差不多該上路了。就在這時，山坡頂上出現兩個年輕的背包客。他們的背包塞得滿滿的，看起來正在長途健行。他們經過我們身邊時停下了腳步，問我們要去哪。

「蘭茲角？太好了！我們有伴了。」他們取下身上的背包，放在草地上。「嘿，我們之前見過面。當時你們正在大劊子手懸崖附近露營。奇怪，你們怎麼會比我們先到呢？」

我們**怎麼會**比他們先到？他們開始在背包裡找東西，只見裡頭每個口袋都裝滿從超市買來、還裝在購物袋裡的東西，背包的背帶上纏裹著氣泡墊，睡墊則用繩子綁在背包上。

「你們昨晚在哪搭帳篷？我們找不到任何地方，只好睡在遊客中心前面的廣場草地上。」

「我們在鹿園。雖然貓頭鷹叫聲讓人有點難睡，但是個很棒的地方。咦，在大劊子手懸崖時，你們不是有四個人嗎？」

「是啊。但有個人到了伍拉科姆就退出了，所以我們在那裡待了兩天。到了綠崖時，另一個也放棄了。因為天氣實在太熱，他受不了。所以我們就陪他走回『韋斯特沃德霍！』，在那裡搭巴士到班斯塔普。把他送走，之後又到超市買補給品，然後再搭巴士回到『韋斯特沃德霍！』，之後又得再爬一次綠崖。」

「綠崖那段路真是惡夢呀。我們差點在那裡放棄了。去超市購物真是個好點子。我們在克洛威利根本找不到食物，只買到一包餡餅和奶油軟糖。」

「我們在那邊的山頂走錯路，結果被困在荊棘叢裡。」他脫下襪子，檢視腳上的水泡，並把腳踝上的刺拔出來。

「是啊！我們看到了。」這兩個年輕人是如此隨興、漫無目標、無憂無慮地享受生命。在他們身邊，我感覺心裡暖暖的，突然好想念我的孩子們。他們和這兩個年輕人年紀相仿，也同樣輕盈自在。我忍住眼淚，幫他用酒精棉片消毒傷口，再貼上防磨腳貼。

我們四人在炎熱的陽光下聊了一個小時，交換沿途見聞。賈許和亞當是從邁恩希德出發的，比我們晚了幾天，但因為他們中途轉向，而我們又走得慢，所以竟然在這裡相遇。他們抵達標德（Bude）的隔天就要回家了，我們則會往南走。此後再也看不到他們了。但這無所謂。

「你們真的要去蘭茲角嗎？我真希望我們有這個時間。但我得回家了，因為我們三天後就要搬家。」

「是啊，亞當的女朋友還以為他只離開一週。老兄，這下你可慘了。」

「管他呢！她不會怎樣的。」

「是啊，我相信她不會的。如果我們走得動，可能會繼續走到浦爾。」浦爾，聽起來多麼遙遠，但說出來後彷彿就近了一些。

「你們這些幸運的傢伙！」

我們用幾包咖啡和他們換了一袋古斯米後，就揮手目送他們離去。等到他們從視野中消失，我們才朝著同個方向走去。午後的陽光熾烈，令人口乾舌燥、汗流浹背。我和莫思手牽著手緩步前行。雖然我們無家可歸，雖然莫思來日無多，但那一刻，我們竟然不由自主地竊喜。**我們是幸運的傢伙！**

哈特蘭角是地質學家的最愛之一。西南海岸各地的岩石雖然變化萬千，但其中又以哈特蘭角最為獨特。這裡的沉積層是三億兩千萬年前在淺海中形成的，其中包括一層又一層的沙子、頁岩和泥岩。大約兩億九千萬年前，南邊的岡瓦納古陸往北移動，與北邊的勞亞古陸互相撞擊，使中間的岩層高高隆起，被稱為「華力西造山運動」（Variscan orogeny），形成今日葡萄牙、西班牙西部、康瓦耳郡、得文郡一直到威爾斯和愛爾蘭南部與西部的山脈。如今，在哈特蘭角的崖壁上仍可看到一層層倒V形褶皺的砂岩，清楚顯現億萬年前造山運動的痕跡。

但我的目光，全被前方天空上那顆頂在一根棍子上的超巨大足球給吸走了。一顆超大的足球。在一根棍子上。

「別太驚訝，蕊娜，旅遊指南上說那是一座雷達站，是管制飛航的。」

「我得坐下來休息一下。」

「你是不是吃太多奶油軟糖啦？我想你可能是出現了高糖效應，要吃些真正的食物才行。不過，我們得走到哈特蘭碼頭的旅館才能買到食物，這樣今天就得走上十六公里呢。不知道我們能不能辦到。」

「我沒事的。而且我們還有半包奶油軟糖和一些古斯米呢。」

我向來喜歡彩旗。小時候那些歡樂、愜意的花園派對和露營之旅都少不了它，但哈特蘭角那家小餐館所掛的彩旗卻是我生平所見最完美的。對我們而言，它象徵著綠洲、希望與食物。當食物出其不意出現在你眼前時，感覺就像早晨醒來突然發現今天是自己的生日一樣。

「我們能不能一人買一個帕尼尼？還是要兩人合吃一個？」雖然那帕尼尼一個要價四英鎊，但我真希望莫思會說：「一人一個」。

「你需要吃點東西，而且誰知道我們何時才能走到賣口糧的地方？所以就一人吃一個吧。」莫札瑞拉起司、羅勒加番茄，真是天堂般的美味。海風陣陣，海鷗盤旋，我坐在那兒，背對那顆大足球，臉迎著風，遠眺布里斯托海峽與大西洋的交界處。那是風、潮水與板塊等大自然的力量互相碰撞之處，也是一個充滿結束、開始、船難與落石的地方。我坐在欄杆旁，海風挾帶冷冽浪花飛沫嘶嘶嘶地吹了過來，我彷彿也跟著飛升。真好，我們還活著。

「我們要不要繼續往前走？」我感覺有某種東西正在改變，正在成形。雖然還看不到，但可以感受到。我們左轉後便朝南走。一路上我的眼睛一直看著大海，不看那顆足球。

這段路起起伏伏，沿途盡是較矮小的草木。它們無懼於來自大西洋的風浪，堅韌頑強扎根在淺淺的土壤中。我們走過一座座岩石嶙峋的岬角與溪谷，那塊原本一直在我們前方、名為「母牛與小牛」（但長得一點都不像）的巨岩，不知何時已經到了我們後面，並且逐漸遠去。一朵朵白雲迅速掠過西邊的天空，太陽正慢慢沉落。我們來到一座空曠的懸崖頂上，找到一片平坦的短草地時，天色已經昏黃。我們站在一座廢棄的塔樓門口向遠處眺望，只見史托克教堂（Stoke Church）的尖塔矗立在落日餘暉中，輪廓分外鮮明。為了避風，我們原本想把帳篷搭在那座塔樓旁，但在漆黑夜色中，我們看不出它的建築是否穩定，於是決定換個地方。那裡雖然會直接吹到來自大西洋的海風，但我們已經太疲累，管不了那麼多了。

清晨時，我被一陣突如其來的雨聲吵醒，只聽見雨水嘩啦啦地落在帳篷上方的遮雨篷上。我雖然睡意濃重，眼睛還睜不太開，但聽得出那雨水只落在帳篷南邊。按理說，如果下雨，雨水應該從北邊或面海的西邊過來才對，但帳篷口卻沒有雨點聲，而且過不久就停了。真奇怪，為什麼雨水會落在帳篷後部，而且如此短暫？我把頭探出帳篷口，想看看是怎樣的奇怪雲朵移動得如此快，卻什麼也沒瞧見，只看到海面上旭日初升，曙曦微藍，水天一色，天上一朵雲也沒有，而那個製造雨水的兇手正朝著東邊快步離去，他那精瘦的臉上帶著一抹得意的神色，手裡牽的那條狗看起來同樣心滿意足。我心想，我可以為自己泡杯茶，也可以用水把帳篷上的尿液沖掉，但因為水不夠，不能兩件事都做，所以最後我決定泡茶，只希望那尿液能很快乾掉。

隔天早上，我們走得極慢。至此，我們更加確定帕迪．狄倫可能是超人。事實上，我相信他從前應該是特種部隊成員，早餐吃生海藻，沒電視可看時就去跑馬拉松，連晚上也穿著迷彩服睡覺。依照他的行程，我們應該第九天就能到這裡，實際上卻花了十七天。不僅如此，他在「風景最美」但也「非常難走」的路段走上二十五公里後，居然還有力氣欣賞沿途瀑布美景。他還說：在風雨交加的天氣走這段路確實「挺累人的」。我心想：難道他認為在炎熱晴朗的時候走這段路，就像在公園散步一樣輕鬆嗎？不過至少沿途有很多溪流讓我們汲水，而且有一點他說對了：這段路的風景真的很美，沿途盡是空曠的海岬、崎嶇嶙峋的海蝕岩以及從哈特蘭角一直延伸到遠處、在地平線上看起來像個模糊小灰點的海岸線。這是走私者的天堂。我們走著走著，天氣愈來愈熱了。崖頂沒有樹木可以遮蔭，我的臉頰開始摸起來像皮革，鼻子也不斷脫皮，彷彿要長出一個新鼻子似的。

我們走下山坡，進入蔭涼的峽谷，過了一座木製人行橋後，眼前突然出現一個「歡迎光臨康瓦耳郡」的告示牌，上頭的地名還是用方言拼寫的「Kernow」。這表示我們已經走完得文郡北部的海岸，接下來就要進入向西延伸的康瓦耳郡了。當我們走到另一座山谷時，天色已經晚了。眼看對面的山坡如此陡峭，我們二話不說就在溪邊草地上搭帳篷，睡了半個小時。算一算，我們這天才走了八公里，吃了六塊奶油軟糖。醒來後，莫思開始整理背包，我則沿著那條小溪往前走，發現它到了盡頭後便傾瀉而下，形成一座兩公尺高的瀑布，而後再順著一座石坡流向大海。我脫下身上那套滿是塵埃與汗味的衣服，爬到那座石坡上，站在那冰涼的瀑布下方。在胡椒谷時，我曾經下海游泳，但自從十一天前離開庫姆馬丁後就再也沒進入乾淨的水中了。我站在瀑布下沖洗身體，讓身上的沙子、鹽粒和難聞的臭味都沖到大海去。如今，我的肌膚已經被晒得又紅又黑而且一直脫皮，手臂和臉頰上的皮膚都像煙薰過的皮革，兩條腿也又紅又腫。我的頭髮摸起來和海岬上那些硬草差不多，大腳趾則被靴子的鞋頭壓得又扁又寬。這座懸崖臨海的那面是塊嶙峋的鰭狀黑岩，它後面的水域在它的屏障下並未受到海流影響，顯得十分平靜。此時此刻，從我所在之處看過去，太陽正好位於那塊黑岩的凹處，看起來彷彿被它托住了，下不了山。海浪一波波打在那黑岩上，力道消散後便平靜地流回後面的海灣。我洗淨身後便爬上那座石坡拿我那套已經又硬又破的衣服，並趁著無人經過時趕緊穿上。這時，我好像聽到板球比賽實況報導的聲音。回到帳篷後，我看到莫思手裡端著茶，把腳擱在岩石上，正聽著那台我以為我們放在儲藏室裡沒帶出來的小收音機。

「你怎麼把它帶來的？它的重量相當於一包糖呢！不，我的意思是……**為什麼**把它帶來？」

「這樣我才可以聽板球比賽的轉播呀！」

「是喔。」我突然覺得有些不自在。在這荒郊野外，這台收音機彷彿成了入侵者，和周遭環境格格不入。「那比賽進行得怎樣了？」

「剩下最後五輪了。他們正在討論光線的問題。雙方可能會打成平手。真可惜呀！我們原本可以贏的。」

後來，我們一起躺在帳篷旁的草地上，一邊看著成群海鷗飛過天空，一邊聽著轉播。那場比賽英國隊贏得了灰燼盃（the Ashes）冠軍，但只和澳洲隊打成平手，所以播報員激動地直喊「丟臉！」。

天色幾乎全暗了，一群群海鷗飛過來，但牠們的叫聲已經變得比較安靜悠長，不像白天那般響亮刺耳。

「你想牠們要去哪裡？」

這群海鷗掠過我們的頭頂，飛到懸崖邊緣，然後又飛到下面的海灣，和其他千百個在那片平靜水域上漂浮的同伴會合。

「牠們在水面上睡覺呢。對牠們來說，那裡很安全。」

「這裡也很安全，是吧？沒人會來打攪我們。如果可能的話，我真想住在這裡。」莫思遲疑片刻之後說道：「等事情結束後，如果你願意，可以帶我回到這裡。」

「你的意思是我們走完步道以後嗎？」

「不，我的意思是當一切都結束後。」

雖然天色已經漸暗，我仍然可以感覺他動了一下。

「我們要不要去游個泳？」

海水又深又涼，但幾處淺坑還留著白天的餘熱。夜色黝暗，莫思先是在水上漂浮，然後便游向那群在他四周靜靜浮沉的海鷗，但牠們只是偶爾轉過頭來好奇地看著他，並未受到驚擾。在月光下，牠們那白色的頭部顯得分外明亮。我們輕盈地漂浮在海水中，彷彿身體沒有重量。周遭一切似乎逐漸遠去並消失了，只剩下海水、月光以及海鷗的低語。

海水愈來愈冷，最後我們只好回到帳篷，而那些海鷗仍舊隨著海浪的節奏浮沉。但這一切永遠不會結束，我們之間也永遠不會結束。

第三部

長浪蓄勢待發

「在前途未定時，命運之神往往會饒過那勇敢無畏之人。」

《貝武夫》，謝默斯·希尼
（*Beowulf*, Seamus Heaney）

9 為什麼？

英國牧師兼詩人羅伯特・史蒂芬・霍克（Rober Stephen Hawker）用漂流木在莫文斯托（Morwenstow）教區下方的懸崖上為自己蓋了一棟小屋。現在這棟小木屋已經成為英國國民信託組織名下最小的一處房產。霍克是十足的康瓦耳人，熱愛這塊土地和人民。他曾寫過許多首詩，其中一首有這樣的句子：**「兩萬個康瓦耳人將會明白為什麼！」**（Twenty thousand Cornish men will know the reason why!）。我不知道他筆下那些人為何想拯救崔羅尼（Trelawny）[8]，但我已經逐漸了解他們為何如此深愛這片土地，也能體會霍克為何想在這片空曠之處建造他的小屋。因為生活在這座位於岩石、藍天與大海之間，空氣中充滿荊豆氣息的小木屋中，他的思想必然得到了解放。

事實上，他後來變得如此無拘無束、自由自在，以至於他在擔任莫文斯托的教區牧師期間，經常穿著紫色外套，戴著粉紅色帽子，披著黃色斗篷行走在大街小巷和懸崖之上。看來我和他至少有一個共通點：我們倆都不太會穿衣服。我真希望能認識霍克本人。當年他忙著搶救那些在海上遇難的水手、在教會墓地上為死者舉行基督教葬禮，如今我和莫思這兩個在生活中遇難的漂泊者，正在他用漂流木建造的小屋內躲避那炙人的陽光。

如果我們認識他，他除了會讓我們在小屋乘涼外，說不定還會給我們一些食物。我們已經連著兩天只靠奶油軟糖果腹了，而且因此經常頭痛、暈眩，餓得前胸貼後背。我們原本可以改往內陸走，到莫文斯托找家餐館吃東西，但這樣做不知道要花多少錢，而我們的盤纏已經所剩無幾了。況且人們都說：當你開始採取某種飲食方式時，最好能一直堅持下去。無論如何，我們稍後就會抵達標德。

但往下走了快兩公里之後，我們就知道自己幹了一件蠢事。我們應該回去把水壺裝滿的，但因為我們不願走回頭路，所以便繼續前進。此刻，在這空曠的崖頂，天氣酷熱難耐，四下沒有一點風，熱氣從那焦枯的地面和蔚藍的大海反射上來，夾雜著灰塵與汗水的氣味，令人窒息。後來，我們把僅剩的一點水也喝完了。我們熱得只想躺下，必須動用全部的意志力才能保持直立、繼續移動。沿途經過幾條溪流，但都乾涸了，河床上只剩一片龜裂的土壤。現在，我們的肚子不再感到飢餓，因為我們滿腦子只想喝水。我們需要水，現在就要。

太蠢了！太蠢了！太蠢了！

我們怎麼會那麼蠢，蠢到以為自己有本事走這條步道，蠢到明明已經這麼窮卻還想假裝自己並非遊民，蠢到搞錯訴訟程序，輸掉了孩子們成長的家園，蠢到沒帶足夠的水，蠢到假裝我們還可以活很久，蠢到居然沒帶足夠的水。

---

8 編注：《The Song of the Western Men》詩中的主角，被囚禁在倫敦塔中。關於「崔羅尼」的角色原型有兩種猜測：一個是被英王詹姆士二世囚禁的布里斯托主教，另一個是作者霍克的祖父。

太蠢了！太蠢了！太蠢了！

大喊，大哭，憤怒地把水瓶扔掉。氣自己做了錯誤的決定；所有的決定都做錯了。死吧！現在就死吧！不要讓我看著你死。如果你要走，就走吧，不要讓我承受這一切，不要讓我在一旁看著你走，等著那冰涼的刀刃把我的心剜出來，將我撕裂，讓我日漸消瘦，把我整個人掏空，讓我的生活變得一團糟。如果你要走，就走吧！早走早了。我沒辦法跟你說再見，沒辦法過著沒有你的日子。別走，永遠別走。走吧！我已經死了。當你讓那個惡魔搶走我們的家園，讓我們的孩子流落街頭時，我就已經死了。是的，死神是來拯救我的，讓我不必再面對你，讓我不必再對你說「沒事！沒事！我們沒事的！這不是誰的錯」。就這樣，我們說出了心中的痛苦、自憐和憎恨，對法官、醫生、那些虛偽的朋友以及彼此的憎恨。此刻，我們對水的急迫渴望蓋過了其他一切需求，讓我們忘記關節的疼痛、腳上的傷口和水泡，以及身上被晒傷、割傷和瘀青的肌膚。其他的一切都不重要了。我們需要水，現在就需要。

莫思扔下了他的背包。

「我們必須到達克普（Duckpool）去。」

「為什麼？為什麼我們**非去不可**？」

「因為在地圖上，那裡有一條比較粗的藍線，因此那條河可能還沒有乾掉。就算它乾掉了，我們往內陸的方向再走八百公尺就會遇到幾戶人家。他們會給我們水的。」

我討厭他。他總是比我會看地圖，而且每次的判斷都很準確。

「帕迪還說那裡有廁所。」

我們走著走著，尖塔角（Steeple Point）在熱氣中顯現，然後又消失了。步道沿著海岬陡峭的邊緣鋪設，但也是走著走著，就沒路了。這時，我們雙腿乏力，而且開始有點想吐，於是便在那熱得發燙的草地上坐下。之所以想吐，除了因為熱衰竭之外，也因為眼前的景象：這條步道明明沿著陡峭的海岬邊緣往前延伸，怎麼就突然消失了呢？前面必然還有路，但無論這條路通往何處，顯然我們都必須爬下一座近乎垂直的陡峭山坡才能到達。

於是，我們便像走鋼絲一般小心翼翼地爬下那座只有天空、風與海鷗的陡坡，來到整座海岬的最前端。在這裡，步道又突然左拐，順著一座高高的土堤往下延伸，通往下面一條細窄的小徑。由於腳底的石子不時鬆動並滾落坡下，我們只好用雙手抓著坡上的青草，戰戰兢兢、一步一步地往下爬，爬得我們雙腿顫抖、膝蓋嘎吱作響、腳趾也疼痛不堪。過了許久，才終於爬到了下面。

然而，那個洗手間已經上鎖了，那條溪流也已經乾涸了。

太蠢了！太蠢了！太蠢了！

我們丟下背包，癱倒在那滿是灰塵的地上。

「我猜你們現在一定想來點冰淇淋。」

我們上方響起了一個聲音，聽起來粗嘎刺耳，有如一群惱人的蒼蠅，但我們沒有理會。

「他們已經不剩任何一點水了，但你可以買到冰淇淋。」

「是喔，老兄。我們很想買呢。但冰淇淋在哪裡呀？我沒看見。」莫思打起精神回應。我們仍然癱在地上，閉著眼睛，無法動彈。

「在前面那輛冰淇淋車。」

我們緩緩站起身來，走了過去。只見小徑前方停著一輛賣冰淇淋的廂型車，上面沒有招牌，也沒有播放音樂，只有一名男子在車裡賣著冰淇淋。

「只剩下大黃口味的冰棒了。」

我們買了四枝冰棒後便走回去謝謝那個男人。

「這麼熱的天氣，你們揹著這麼大的背包是要去哪呢？這裡最近一直是三十八度。現在涼快一些，已經降到三十四度了。」

「我們從邁恩希德啟程，要到蘭茲角去，不過也可能會到更遠一些的地方。」哇，三十八度？

「真的嗎？」他瞇眼看了一下太陽，遲疑片刻，然後又上上下下地打量著莫思。「你們安排好今晚的住處了嗎？」

「沒有，我們要露營。今天我們是走不到標德了，所以應該會在半路找個地方搭帳篷。」

「真的呀？我租了一座農舍，離這兒大概二十分鐘的車程。你們就來我們的果園露營吧。」

於是，這位名叫格蘭特的男子便開著他那輛時髦的四輪傳動車，載著我們沿著一條兩旁都是高樹籬的道路朝內陸走。他大約四十五、六歲，個子高高瘦瘦的，他那光禿禿的腦袋和細細的腿都被晒得紅紅的，腳上穿著白襪子，還趿著一雙涼鞋。他說他目前正和妻子及家務人員住在那棟租來的農舍裡。他似乎很想知道我們這一路遇見了哪些人、受到了什麼樣的款待。

「家裡有一份超大的千層麵，絕對夠吃。之後我們再乾幾杯啤酒，到時候你們或許會願意向我透露你們真正在做的事。」我們耳裡只聽得進「千層麵」和「啤酒」這兩個字，瞬間雙腿似乎也不那麼累了。

那棟石砌的農舍挺立在一座果園中，旁邊有條溪流，看起來綠意盎然，涼爽宜人，就像畫裡的房子一樣。蘋果樹下有塊被修剪得十分平坦的草地，我們便在那裡搭起帳篷。

「到屋裡來吧！你們先洗個澡，我去倒啤酒。」

屋裡十分涼爽。看到裡面的老舊陳設，我不由得胸口一緊。那寬闊的牆、低矮黝暗的屋梁以及壁爐，讓我彷彿回到了自己的家。「想想別的！想想別的！」我努力壓抑心中的失落感。

「淋浴間就在後面的門廊。你們洗完澡後就來和女孩們見見面吧。」

我直接就著水龍頭大口飲水，站在蓮蓬頭底下時也張著嘴巴。我一遍遍地用那昂貴的洗髮精洗頭，並用大量潤絲精護髮，只見泥水嘩啦啦地從我的頭髮上流了下來。這是幾個星期以來，我第一次這樣洗頭，但洗完後並沒有什麼改變，洗手台上方那面大鏡子照出的仍是一個飽經風霜的憔悴女人。

進了廚房，有三個年輕貌美的女子向我們打招呼。這時，我突然意識到我失去的不只是我的家而已。我先和一位身高驚人、一頭捲髮的女人握手。她是格蘭特的太太。其次是那位剪了一頭俐落短髮、有著象牙色肌膚的保姆，以及那位氣質飄逸、金髮白膚的私人助理。站在那鋪著石板磚的寒冷地板上，我突然感覺自己頭髮蓬亂，臉晒得紅通通的像隻龍蝦，十足是個已經五十歲的邋遢婦人。眼看格蘭特此時仍穿著他的白襪在餐桌旁開啤酒，我心想：「這些年輕貌美的女人為什麼會在這兒呢？」他注意到了我的眼神，但只是揚了一下眉毛，便繼續倒啤酒。

那個私人助理挽著莫思的手臂，把他帶到餐桌旁，並盛了一份千層麵放在他的盤子上，我則開始喝起啤酒。其實我討厭啤酒，但今晚這啤酒真是我喝過最好喝的東西了。喝完後，我又灌了一罐冰水，此時莫思已經在喝他的第三杯啤酒。當其他人還在說話時，我三兩下就把那份千層麵塞進肚子裡，還吃了一堆沙拉和半個大蒜麵包。當他們問我還要不要再來一點時，我立刻說好。

那金髮女子一直待在莫思身邊，不停撫摸他的肩膀，甚至開始幫他按摩背部。

「我在替格蘭特工作之前是個運動治療師。要不要我幫你按摩一下？我看得出來你的肩膀很緊。」

莫思聞言二話不說，立刻走進另一個房間，坐在沙發上。我則繼續吃著我的千層麵。

「格蘭特，聊聊你自己吧！」我心想他必然有一段與眾不同的過往，事實也果然如此。他說他十幾歲就離鄉背井，揹著背包走遍歐洲各地，憑著一些小聰明混日子，口袋裡經常只有一塊麵包和一些乳酪。到了義大利後，他在一座葡萄園工作了好幾年，晚上就睡在那兒的穀倉裡，有時甚至睡在戶外，抓緊時間學習有關葡萄酒的知識。最後他回到家鄉，開始在一個廢棄的倉庫裡做起生意，專門進口他之前所喝過的那些酒，最後就成了一個千萬富翁，也因此吸引了他家裡的那幾個美女。當然，她們都是衝著他的葡萄酒來的。

格蘭特說完，他的太太便站起身來，準備離開房間。

「你別聽他說。他是在夜校上有關葡萄酒的課程，然後他爸爸就在一個認識的生意人那兒幫他找了份工作。」

她走時，格蘭特對她翻了翻白眼。

「我打算在退休之後開始寫作。我相信我可以成為一個很不錯的作家。我剛才講的那個故事還挺精彩的吧？我想莫思——這是他這次旅行所用的化名吧？他應該可以用得上。對他來說，這會是個很棒的題材，不是嗎？」

我回味著格蘭特的故事，心想：他為什麼要說這些呢？在說故事的時候，必須先讓自己相信這個故事，唯有如此，才能讓別人也相信。格蘭特想成為他口中那個出身貧困，歷盡千辛萬苦，憑個人聰明才智發跡的人。他不希望自己只是靠著他那人脈廣闊的富爸爸成功。我們也一樣。但我們之所以編故事，是為了保護自己。這是因為大家普遍認為遊民就是一些會酗酒、吸毒或有精神疾病的人，並因而對他們感到害怕。還記得最初有人問我們怎會有時間從事如此長途的步行時，我們總是據實以告：「因為我們失去了自己的房子，無家可歸。不過，那不是我們的錯。現在我們就是走一步算一步。」對方一聽見這話，總是立刻沉默下來，不再答腔，然後很快就閃人。於是，我們就編了一個比較能讓別人接受，也讓自己滿意的謊言：「我們把房子賣了，趁還走得動時來一趟中年冒險，就看風兒要把我們吹向何方。目前我們是朝西邊走。」那麼走完步道後，我們要去哪兒呢？「我們也不知道，到時候再看看風向吧。」人們聽到這話，總是驚嘆一聲：「哇！太棒了！好勵志喔！」這兩個故事的不同之處在哪裡？只有一個字：「賣」。如果我們賣了房子，把錢存在銀行，我們的流浪故事就很勵志；如果我們失去了房子，一文不名，只好四處流浪，那我們就成了社會底層的邊緣人。為了不讓閒聊場面太難堪，我們選擇了前者，這樣對大家都輕鬆。

當這樣的謊言重複愈多次，我們心中的悲傷也愈益減輕。長此下去，那種失落感是否就會逐漸淡去？最後我們是否就能夠面對事實，不再痛苦？或許在面對莫思的疾病時，我也是這樣。還是我真的相信醫生做了錯誤的診斷呢？我也說不上來。無論如何，我們並沒有利用這段徒步的時光整理自己的思緒，擬定未來的計畫。相反地，我們腦子裡一片空白，成天想的都是海風、塵土與光線。每一個步伐都有它的力量，但也承載著風險。我們要繼續這樣一步又一步，為了行走而行走。每攀爬過一座峽谷，我們便取得一次勝利；每度過一個難熬的日子，我們就有理由繼續撐下去；每吸一口海風，我們的記憶就被刷洗一次，往日的種種也逐漸遠離。

「莫思是他的本名，但他不是作家。」

「沒問題，我不會張揚出去的。再吃點千層麵吧。」

我繼續吃麵時，格蘭特倒了一杯紅酒給我。那濃郁的紫紅色酒液在玻璃杯裡旋轉。我光是聞到那個香氣頭就暈了。

酒快喝完時，我才發現格蘭特的太太和保姆也不見了，於是我便和格蘭特走去另外一個房間。只見莫思正光著上半身趴在沙發上，由那個助理為他按摩背部，一旁的保姆則在他的腳上抹油，而格蘭特的太太則坐在椅子上滑著數位相機裡的照片，然後又對著他們拍了更多照。

「女孩們，你們讓我的貴賓都沒空理我了呢！我想聽聽他的故事，或者在睡覺前來一首詩。」

我雖然已經灌了兩杯酒，但還是知道要莫思念詩可沒那麼容易，不是一次按摩就能打發的。只見他坐起身來，穿上他的T恤。

「一首詩？什麼？你的意思是要我念詩？」

「別不好意思啦，我們都知道了。而且現在我還有一些很精彩的照片可以配上這個故事。」

「我不太明白你的意思。」

「不要緊。先喝杯酒，再跟我們說說你的事吧。首先，你的名字不叫莫思，是吧？」

「我的名字當然叫莫思。」

「很好，很好，但我們還是叫你賽門吧。」

「老兄，你想怎麼叫都行。我們很感謝你們的款待。」

「你不介意我公開這些照片吧？這是很好的宣傳材料呢！」

「很好的宣傳材料？我不懂耶！不過就是一個邋遢的老傢伙坐在沙發上，這樣的照片你們酒廠能拿來做什麼宣傳呢？不過要用你就儘管用吧。」

「下一次你要玩什麼花樣呢？」

第三杯紅酒下肚後，我眼前的一切都變得模糊了，很想把頭趴在桌子上睡覺。莫思又喝了一杯紅酒。我看得出來，他和我一樣，也不知道格蘭特到底在說什麼。

「標德。我們明天會去標德，然後再往巴斯塞（Boscastle）走……接下來要去哪裡，我已經忘了……」

「你會去米納克（Minack）嗎？」

「米納克？在什麼地方？」

他們笑了起來，交換了一下眼神，並且拍了拍莫思的背。

「喔，賽門，你這個人真好玩。來吧！在我們上床前給我們來首詩吧。」

「嗯，我倒是還記得我爸以前常在建築工地的小屋裡朗誦的一首詩。」莫思說著便往椅子的後面靠，並且深吸了一口氣。

「男孩站在燃燒的甲板上。
除了那隻山羊外，
所有的人和動物都逃走了……」

這首詩我已經聽過許多遍了。我真的好想睡。

「你這個人真有意思。這一定會是個很精彩的故事。」

我在蘋果樹下那柔軟平坦的草地躺下後，立刻就睡著了，直到蘋果咚咚地掉落在帳篷上，而且格蘭特也叫我們去廚房吃培根三明治時，才醒了過來。

等他們各自和莫思合拍了自拍照，我們也吃了滿腹的培根三明治，並在背包裡裝滿了蘋果和水，之後就搭格蘭特的車回到步道上了。

「說說看，賽門，那個房間裡發生了什麼事？」

「不好意思，我無可奉告，事情過去就過去了。不過，賽門是什麼人呀？雖然我喝了酒之後有點頭昏，但這件事還是挺詭異的。」

「事情過去就過去了？」哼，我心想，我可沒那麼容易就放過你。

「還有，他們居然以為我是個詩人。你想是不是因為那頂帽子的緣故？我長得有點像我的愛爾蘭爺爺，所以看起來可能像個愛爾蘭的吟遊詩人。那兩個女孩都認為我有一雙屬於藝術家的手。」

「什麼？」

「她們說等她們回到倫敦後，希望我能去讀給她們的朋友聽。」

「為什麼？難道她們不識字嗎？」

「不是啦，是請我去朗讀詩。」

「你從來沒讀過詩耶！除非你認為《貝武夫》和你爸的那首山羊詩也算是詩。」

「我一向對詩很有感覺。」
「你才沒有。哈，對詩很有感覺？這又是那兩個女孩說的嗎？」
「你滿腦子都是這個。告訴你，我和那兩個女孩之間的事，層次比你想的要高得多。」
「算了吧，拜倫。還是我該叫你賽門才對？」
「沒關係，你儘管消遣我吧。反正我們詩人已經習慣被別人誤解了。」
「少扯啦。」

從哈特蘭碼頭走到標德，是整條西南海濱小徑最偏僻、難走的路段之一。帕迪只用一天就走完了，我們卻花了三天。雖然過程辛苦，但我們還是挺過來了，就像我們挺過了那些讓我們走上步道的痛苦往事。那些事情就像我們心上的鋒利石頭，我們原本以為自己永遠無法承受，但隨著一步步前行，它們逐漸變成了河床上的圓石，雖然依舊沉甸甸的，但沒有那麼鋒利扎人了。

不過，早晨的時光還是挺難熬的。每天早上，我鑽出帳篷時還是渾身痠痛。我的腳踝也熱熱的，還會喀啦作響，彷彿骨頭正在互相磨損。此外，我的屁股也疼，一直要到我揹上背包、走了三四公里之後才緩解。至於我的大腳趾，我只能試著不去想它了。但神奇的是，莫思那天早上走出帳篷時竟然不需要我攙扶，我想或許是因為那千層麵、紅酒、按摩或培根三明治的魔力。這段期間，他瘦了很多，原本就沒有贅肉的身體現在變得更加精瘦，而且現在他行走時，步伐似乎輕快了一些。這是真的嗎？或者是我一心盼著奇蹟所產生的錯覺？

我們沿著步道前往標德。抵達之後，我們就可以去銀行領錢，接著去超市買些我們買得起並且夠吃上一個星期的食物。一路上，我們滿腦子想的都是新鮮的麵包和水果，因此竟然沒有注意到我們已經走了一個小時。標德是一座安靜的小鎮，不像伊爾弗勒科姆那般喧囂。我們沿著位於小鎮外緣的步道走了一段路後，便拐到鎮上去找提款機。我心想帳戶裡的金額應該和往常一樣，但沒想到我把卡片插進機器後，卻發現裡面只剩十一英鎊。我的心頓時抽搐了一下，五臟六腑整個翻攪在一起。十一英鎊？怎麼可能只有這麼一點錢？

「怎麼辦？我們的錢到哪兒去了？」

「幹！幹！幹！」

我趕緊拿了機器吐出來的十英鎊，生怕待會又有什麼變化。

在銀行裡，我們聽著行員的解釋。她說那筆錢已經進帳了，但後來又有一筆款項被轉出去。天哪！我們怎麼會忘記把它取消呢？

「那是我們定期支付的產險費，但那筆房產現在不歸我們所有了。拜託，你們難道不能退還那筆錢嗎？」我們懇求著，雖然知道他們不可能會這麼做，但總得試試。

「很抱歉，這是你們和保險公司之間的事。」太蠢了！太蠢了！太蠢了！我們怎麼會忘記取消付款呢？「你有沒有保單的資料？說不定他們會退給你。」

我們沒有。況且就算他們退了款，我們也要等好幾週才能拿到。幹！「我可不可以再領一英鎊？拜託！」

我們早該把最後那批家具賣掉的，不該把它們擺在朋友的穀倉裡。裡面有我們搬進第一棟房子時，在拍賣會上買的松木櫥櫃，還有廚房裡的那張餐桌，上面承載了全家人點點滴滴的回憶。蘿恩還是個嬰兒時，就睡在那張餐桌上，不肯睡在別的地方；孩子們離家前的最後幾頓飯也是在那張餐桌上吃的。我們在那張桌子上規畫未來，也因著失去的未來而痛苦。此外，還有爸爸的那張椅子以及莫思的家庭照。我們早該把那些東西賣掉的，這樣或許還能多拿個幾英鎊，但我們放不下，捨不得。

「我們該怎麼辦？」我坐在銀行外面的矮牆上，再也止不住自憐的眼淚。「完了！我們沒有錢，沒有食物，沒有房子。可是你生病了，得吃東西呀。天哪！我為什麼會把訴訟程序搞錯了呢？這麼簡單的事我都做不好，還把你拖到這裡來。你原本應該待在一個安全的地方好好休息，不該像這樣揹著那麼重的背包到處跑。而且我們要到哪裡去呢？去了又如何？我們他媽的還能做什麼呢？」我再也按捺不住了，口裡絮絮叨叨地說著，一發不可收拾，哭得一把鼻涕一把眼淚的，渾身顫抖。「還有，那些女孩子，那麼年輕貌美。我以前也是那個樣子呀。但你現在已經對我沒興趣了。我不怪你，真的！我又胖又醜又老。我不怪你，而且是她們自己送上門來的。但你為什麼不要我了呢？」我自艾自憐，哭得渾身發抖，上氣不接下氣。

莫思像往常那樣，用雙手抱住了我。

「你知道那個房間裡發生了什麼事嗎？那是我這輩子做過的最棒的一次按摩。她們一直說她們和格蘭特在一起過得有多好，一天到晚去別的地方買酒、開派對等等，要什麼有什麼。她們之所以要拍照，是因為她們認為那些照片可以發布在他們公司的社群媒體上。我不知道他們最後究竟會怎麼弄，但對我們來講反正沒差。我之前只不過是想逗逗你。看你假裝不在意的樣子還挺好玩的。」

「你這個笨蛋！」

「而且我仍然想要你，只是我覺得我不再像從前的我了。或許當情況改變，我的感覺也會不一樣。」

「你不會的。到時候我還是又胖又醜。」

「其實你已經瘦很多了。而且你向來都不醜。」

「這個星期我們都得靠麵條過活了。」

「我知道，但我們會撐過去的。既然我們在達克普的時候都能撐下去了，接下來肯定也沒問題。不過我們可不能再沒水了。」

於是，我們帶著夠吃一個禮拜的麵條以及大量的水離開了標德，告別了這個有退休女性網球俱樂部，也有嶙峋的奇岩和塔樓、專供上流社會人士度假的地方。此刻，這條步道似乎變得偏遠而孤絕，因為口袋沒錢的緣故，我們已經走入另外一個世界。當天快黑時，我們便在一塊長滿薊草的土地上找了一個角落，搭起帳篷，吃了麵，然後就睡了。

10 綠與藍

從標德到威德茅斯沙灘（Widemouth Sand）一路都是緩坡。我們走著走著，忽然看到荊豆叢和薊草間擺著一張桌子，上面放著各式各樣的書，每本只要十便士。此行我們所帶的讀物只有《貝武夫》一本，因此實在難以抗拒這樣的誘惑。莫思在一堆破爛的紙本書中挑了一本精裝版的《魯賓遜漂流記》（*Robinson Crusoe*）後，我們便在誠實箱裡投了幾便士，外加一顆之前在海灘上撿來的鵝卵石來補上精裝書的重量，然後就往下走到海灘。那裡到處都是衝浪客和沙堡。

我們之前發現一般餐館都會免費提供熱水，於是便走進附近那家乾淨得發亮的餐館，在裡面吹了會兒冷氣，並叫了兩杯熱水，端到外面用我們隨身攜帶的茶包泡茶。我們一邊喝著茶，一邊看著海灘上那些來度假的家庭，一邊利用我們僅剩的電話卡額度打給保險公司，取消自動扣款。

過了一會兒之後，有一群人從岸邊走來。其中有些步調優閒，有些可憐兮兮、一瘸一拐地走著，有些則邁著大步、目標堅定，但他們身上全都揹著大背包，穿著標準的戶外服裝：口袋很多的快乾長褲、比長褲更加快乾的T恤以及寬邊漁夫帽。他們的背包看起來材質很輕，但尺寸夠大，裝得下長途步行所需的物品。其中四位神情嚴肅地在我們隔壁桌坐下，並且很快就掏出一疊鈔票要去排隊買飲料。

「快點，約翰，你花太多時間了。」

他們顯然在趕時間，但我們覺得既然遇到了長途健行的夥伴，總要稍微寒暄一下才有禮貌，於是莫思便往椅子後面靠，和他們打招呼。

「老弟，你們在走步道嗎？」

「是的。」

「太好了。你們要走全程嗎？看起來你們好像是從浦爾的方向過來的。」

「不是，沒錯。」他們的眼睛一直盯著桌上看。

「快點，約翰，我們得走了。」

莫思向來看不出別人是在敷衍他，於是他又接著問道：「那麼你們只走其中的一段嘍。我猜你們每天一定都走很遠。」

「沒錯，花三天時間從帕德斯托走到哈特蘭碼頭。」

「哇！那麼你們今天要去哪呢？」

「哈特蘭碼頭。」那人偷偷瞥了一眼我們的背包和我身上那件骯髒破爛的連衣裙。「你們是當天來回嗎？」

莫思臉上有著藏不住的得意。

「不，我們是從邁恩希德來的。」

「搭巴士？」

「不，走步道，露營。我們要去蘭茲角。」

其中年紀較大的那位聽到後便迅速轉身看著我們，顯然不太耐煩。

「在這樣的天氣還可以，但這樣做太鹵莽了。如果天氣變了，你們打算怎麼辦？」

「就穿上外套嘍。」

「約翰，我們在這裡待太久了。走吧！」

我們看著他們低著頭、步伐整齊地走過岬角。當我們站起身來準備離開時，我發現莫思變高了。而且當他幫我把背包提起來讓我揹上時，他的肩膀也挺直了一些。

「我們這樣做，不是在逃避，也不是在躲藏。我們其實應該很自豪。繼續走吧。」

「好的。」

我們走了三公里之後，才發現我把那件刷毛外套忘在餐館裡了，只好再回去拿，心中暗自希望它還沒有被人拿走。回到餐館後，站在櫃檯後面的那個男人把衣服遞了過來。

「是我們的服務生撿到的，她說這是那兩個老背包客的東西。我們都認為你們這樣做很了不起。祝你們好運。」

我們帶著愉快的心情離開了。我們來走步道，固然是因為無家可歸，但也達成某種成就，即使我們已經是別人眼中的「老背包客」了。

過了威德茅斯灣，沿途的風景令人心醉神馳，但到後來就不太有趣了。一路放眼望去，只看到一座又一座的海岬以及無盡的藍與綠。時而藍—綠—藍—綠，時而綠—藍—綠—藍—藍—藍—綠—綠—藍。一路不斷地上坡、下坡、上坡、再上坡、下坡、再下坡、又下坡、上陡坡、很陡的坡、非常陡的坡。就這樣下坡、下坡、綠、藍、綠、上坡。搭帳篷，吃麵，睡覺，吃麵，卸帳篷，蹲在蕨叢裡辦事，走路，綠色，藍色，上坡，綠色，下坡。

克拉金頓港（Crackington Haven）風景優美，如詩如畫。我們在那裡逗留了一會兒，看著兩個女人在早上十點半吃鮮奶油茶點，一直等到她們把那些糕餅以及稀稀的草莓果醬吃得一點都不剩之後，我們才上路（我已經打定主意要以虛擬進食的方式來減重），之後又是一路上坡，上坡，下坡，綠、藍、藍、綠。

四點五十五分時，我們抵達了巴斯塞，原本想去戶外用品店買條新靴帶，但莫思的腳還來不及跨進去，店門就關了。他只好把斷成兩截的靴帶綁在一起，繼續行走。巴斯塞村名聲響亮，因為二〇〇四年時這裡曾遭遇一場洪水，沖走了村裡的許多商店、汽車與居民，災情極為慘重。我原本以為經過重建並再度開張之後，這裡的居民會很開心，並且會親切、友善地接待外來客，但村裡的商店大多沒有營業，每個人都忙著把沙包放在外面，以防萬一。雖然薯條店開著，但我們連一包薯條都買不起，只好繼續往前走，在山丘上一座老舊堡壘紮營。之後又是同樣的生活：搭帳篷、吃麵、睡覺、吃麵、卸帳篷，蹲在蕨叢裡辦事，走路。綠色，藍色，上坡、下坡、下坡，綠色。

帕迪顯然是那種早餐吃菠菜、穿剛毛襯衣[9]、睡釘床的那種人，因為他只花了一天的時間就從標德走到了巴斯塞。

綠色，藍色。這段海岸線崎嶇不平，沿途盡是一堆堆無懼大西洋風浪的岩石。我們一路看著海浪從那座名為「姑娘的窗扉」（The Ladies' Window）的石頭拱門湧進湧出，時而熱得汗流浹背，時而冷得發抖。風愈來愈大，烏雲從西邊湧來。流汗。上坡，下坡，綠色，藍色。我停下腳步在灌木叢中小解時，覺得尿道有灼熱感，頭也陣陣發疼，並且渾身痠痛。第二次方便時，我的尿液已經帶血了。藍色，藍色，綠色，岩石。

經過洛基山谷（Rocky Valley）時，我們前方有一家子人正穿著人字拖吃力地越過一堆巨礫石，就只好在他們後面等著。這時，天上突然下起大雨，我的手機也響了。我們趕緊跑到一塊突出的岩石下方躲雨。然後我接起電話，是蘿恩打來了。她正要去克羅埃西亞進行暑期打工，卻被困在威尼斯，因為她錯過了轉接的巴士。如果是在從前，我們一定會立刻匯錢給她，讓她改搭飛機，以確保她的安全。但現在，面對隻身困在異鄉的女兒，我卻完全使不上力，只能躲在岩石縫裡和她說話。正當她驚慌地訴說著她的處境時，我的手機卻發出了警示聲：電池快要沒電了……

「啊！不要緊，巴士剛剛到了。我沒錯過這班車，只是它晚到了。媽，愛你喲！你們要注意安全……」

掛上電話，我蜷縮在岩棚上不住地啜泣。莫思抱住我，撫摸我的頭髮，直到我能喘過氣來。

帕迪說：一直往前走，「不要理會卡米洛城堡飯店（Camelot Castle Hotel）」，但我一進入廷塔杰爾村，就覺得這家飯店好像一座綠洲。莫思把我們的背包放在大廳角落，並且叫了一壺水。

「你需要看醫生。先待在這兒，我去看看是不是能找到一個可以露營的地方，把帳篷搭起來，然後再回來找你。」

「我不用看醫生，只要喝大量的水，睡個覺就行了。我和你一起去。應是我照顧你才對。」

「別這樣，我又不是蘿恩，也不是湯姆。別把我當孩子看。我是你丈夫。你待著別動。」

---

9 譯注：hair shirt，由動物毛髮製成的襯衣，質地粗硬，穿起來很不舒服。古時基督教徒在違反教規後會將它穿在身上，以懲罰自己。

我縮在旅館的扶手椅上睡著了。睡到一半，我微微睜開眼睛，好像看到了一個騎著馬的武士，但後來我又睡著了。醒來時，莫思已經回來了。

「我看見了一個騎士。我是不是已經開始產生幻覺啦？」

「有可能，但也可能是你在做夢。你看太多亞瑟王的故事了。這條路的盡頭有一座露營場。我已經把帳篷搭好了。走吧！那裡還有免投幣的淋浴間呢。」

「我們沒錢。」

「我知道。」

風呼嘯著穿過那一團灰色的雲，從西邊吹了過來，在雲裡的水氣還沒來得及化為雨水降落之前，就把它們吹到了東邊的得文郡上空。夜色深沉，我站在帳篷外，感受這荒野的氣息，雖然置身暴風雨中，內心卻欣喜若狂，感覺自己是這無盡的分子循環的一部分。雖然受到限制，卻無邊無際，雖然身處囚籠，卻自由自在。

我是個農夫，也是農人之女。土地一直存在於我的血液中。眼下已是八月底，九月即將降臨，正是我該把綿羊關進田野一角的圍欄裡，然後將牠們一隻隻抓起來、翻身、修剪牠們的腳蹄、餵牠們吃驅蟲藥，並準備讓母羊與公羊交配的時節。除此之外，我還得翻土，準備播下秋播作物，以便明年春天能夠收成。儘管我已經脫離了這樣的連結，脫離了我生命的格律，在外漂流迷失、失了根，但我仍然可以感覺到它的存在。

還記得小時候，有一年春天，我被大人派到田裡去把母羊和牠剛產下的小羊帶回來。他們叫我抱著小羊，讓母羊跟在後面，把牠們倆都安全無恙地帶回羊圈裡。但我抱起那隻小羊後立刻就發現那隻母羊已經快要生第二胎了。於是我便躺在那潮溼的草地上等著。當我看著雲朵快速掠過天空，看到距我只有幾呎之遙的那頭母羊產下了小羊，看到最先出生的那隻小羊搖搖擺擺地站起來時，我便明白我和萬物——包括土裡的蚯蚓和天上的雲朵——是一體的。我是它們的一部分，與它們共存，而它們也存在於我的小腦袋中。因此，我無須懼怕荒野或逃避荒野。它是我的庇護所，也是我的歸處。

我們的土地也給了我們的兒女這樣的東西。他們就像暴風雨中的小樹苗一般成長，雖然受到風雨摧折，但內在卻因此而強壯；雖然扎根於大地，卻靈活而有韌性；雖然在風中自由奔跑，卻也接受風的指引。現在我們的土地沒了，他們還會保留它所賦予他們的那些東西嗎？在失去土地之後，我曾經擔心自己將不再能與大地連結，但此刻我坐在這草地上，聽著頭頂呼嘯而過的風聲，內在頓時被它的力量所充滿。那危險、任性、不受管束、狂野不馴的風。雖置身於風暴中，受到了阻撓，但在桎梏中振作，與萬物融合，得到釋放，也找回了失去的東西。那是我永遠不會失去的。我是風雨，是塵土，也是鸕鶿高亢的叫聲。在物質上的東西逐漸消逝後，內心的力量正悄然萌芽。

我們在露營場邊緣的一處角落裡住了兩晚後就離開了。我雖然身體有些虛弱，但狀況還行。走過露營場的接待處時，我們心中篤定，不再回頭。

離開廷塔杰爾村後，我們在聖馬特里亞納教堂（St Materiana's church）歇腳，並補充水分。這時電話又響了。是蘿恩打來的。她說倫敦的一家公關公司已經錄用她，並且要她立刻開始上班。「你要怎麼回來呢？」她說她已經在火車上了。她靠自己的力量就把問題解決了。

11 求生

在路上我們看到了一座又一座的板岩採石場。這些採石場帶來了其他的種種，也證明人類總是不放過任何能到手的東西，就連開採板岩時所挖出的廢石材也被用來建造康瓦耳式的石牆。威爾斯也有這類乾砌石牆，牆的兩面呈弧形，中央用泥土填滿，頂端則種著一排樹籬，被稱為「土石牆」（clawdd）。但康瓦耳人則是將一片片薄薄的廢石板堆疊成「之」字形，成為所謂的「之字牆」（curzy way' walls）。這種牆讓人感覺好像到了另外一個地區，過著另一種生活，彷彿人們想藉此將荒野隔絕在外。此刻，我們就走在介於之字牆與大海之間的狹長荒野地帶，那個屬於我們的地方。

下坡後不久，我們就抵達了崔巴威斯海灘（Trebarwith Strand）。這是一座狹長的小海灣。此時空中的白雲如魚鱗般鋪展，景色宜人，但由於暴風雨剛過，海上仍然波濤洶湧，一陣又一陣的巨浪猛烈拍打著岩岸。有一家小餐館販售裝在錐形紙杯裡的薯條，一杯一英鎊。我們算算口袋裡還有五英鎊七十五便士，便趕緊點了兩份，外加兩杯熱水，並找了個海浪打不到的地方，和那些衝浪客坐在一起。我們一邊吃著薯條，一邊看著大海，只見狂濤巨浪一陣陣襲來，之後又頹然退卻，彷彿一隻拴著伸縮狗鍊的惡犬。

離開海灘後，我們經過了一段非常陡峭的山路。我爬坡時鼻子險些碰到地面。經過了幾座擺滿魚網和浮標的庭院後，我們終於爬到了坡頂。那裡有一對男女正各自吃著一個大大的肉餡餅，同時有一隻邋遢的灰狗正在他們旁邊耐心地等著撿拾掉落的碎屑。他們身旁放著兩個巨大背包。

「嘿，是背包客耶！」男人急著和我們打招呼，險些被口裡的餡餅噎到。就像我們一樣，他可能很少在這一帶看到背包客。

「你好。」我們停下腳步和他們聊了一下，彼此交換沿途的見聞。他們是從廷塔杰爾村出發的，打算花一個星期的時間走步道，能走到哪裡算哪裡。當他們問我們要前往何處時，莫思很篤定地告訴他們我們要去蘭茲角，甚至還可能走到更遠的地方。看到他們聽說我們要走完整個北海岸時臉上那種驚訝的神色，我們不禁有些飄飄然，腳步也更加輕快了。

我們走著走著，來到了一座空曠的草原，看到地上已經長出許多胖乎乎的白蘑菇，便採了一些，之後經過幾座樹木繁茂的山谷時，也採了幾把黑莓，但這些黑莓還沒成熟，味道挺酸的。

有一回，我們走到一座懸崖上時，看到前方有隻模樣頗為友善的可麗牧羊犬正朝著旁邊的蕨叢不停地吠叫。我們經過牠身邊時，摸了一下牠的臉。我們走後，牠又繼續吠著，但身邊一個人都沒有。我們四處張望，擔心牠的主人可能掉到懸崖底下，但卻一無所獲，只好繼續前進。後來，我們回頭一看，發現懸崖底下那座小海灣的沙灘上居然有一些人，但是四周看不出哪邊有路能通。他們是坐船來的嗎？就在這時，突然有個小男孩從一處灌木叢中跳了出來，跑到沙灘上，而那隻可麗牧羊犬就跟在他後面。因此崖頂與沙灘之間必然有一條祕密通道，但我們已經沒有力氣一探究竟了，於是便繼續前進。之後，我們經過幾座幽深的山谷，直到太陽開始下山，天空染上了桃紅、淡紫與檸檬黃時，才停下腳步，在邦茲懸崖（Bounds Cliff）上搭了帳篷，吃起蘑菇麵。這時，星星已經亮了，海鷗也開始牠們在夜間的長叫。

次日清晨，我們正在打包帳篷時，有一群穿著有許多口袋的帥氣短褲的老人朝我們走來。

「要有心理準備。他們一定是來教訓我們，說我們不應該在這個地方露營的。」莫思聞言便擺出他那副很得「奶奶緣」的表情，我則轉頭看著別的地方。

「海濱小徑在哪裡？」一個紅臉男子喘著氣問道。

「這裡就是。」

「不對吧。既然叫做海濱小徑，不就應該在海岸上嗎？我們要步行到廷塔杰爾村去。」

「這裡就是海濱小徑。它不是在海灘上，而是在這座懸崖上。」

「那麼，還有更多像那樣的山嗎？」

「六七座吧！我不確定耶，數不清了。」

「呃，那就算了吧。我們要回去了。」說完他們便轉身大步離去，口裡還嘀咕著：「這哪是什麼海濱小徑？應該叫懸崖小徑才對。」

我們抵達了艾薩克港（Port Issac）。這裡曾經是一座漁村。根據海灘上那三兩艘船的主人的說法，它到現在還是一座漁村，但對成千上萬名自駕或搭巴士前來觀光的遊客而言，這裡乃是電視連續劇《怪醫馬丁》（*Doc Martin*）的主角的家。我們走過那些人潮繁忙的狹窄街道時，看到一群又一群遊客在馬丁醫生住的那棟房子前面自拍。突然間，有一隻灰色的獵犬從人群間跑了過來，把遊客手中的電話和冰淇淋都撞飛了。

「賽門，喂，賽門！請你抓住那隻狗好嗎？」

莫思抓住那隻狗的項圈，並將牠拉住。不久，之前離開崔巴威斯海灘時碰到的那對吃餡餅的男女，從人群中走來。

「我們就知道是你！」

「誰？」

「我們就知道是你。剛剛我們叫你的名字，你不是回應了嗎？」

「那是因為之前也有人這樣叫我。」

「是喔，哈哈，那當然嘍！是你媽媽嘛。」

「好了，可以了。賽門是誰？」

「賽門．阿米塔吉（Simon Amitage）[10]。」

「賽門．阿米塔吉到底是什麼人？自從在庫姆馬丁，我們就一直聽到這個名字，但直到現在我還是搞不清楚他是誰。」

「天哪！你可真會裝呀。想要微服出巡，對吧？不過，我們還是認得出你來。別忘了，我們可是一直在留意你的動向喲！」

莫思把狗交還給那人，然後我們便穿過人群，走到村外的那座山坡上。那裡聚集了一群裝扮時髦的老太太。

「賽門，賽門，我們可不可以在馬丁醫生的房子旁邊和你照張相？這樣我們就可以一石兩

10 譯注：英國桂冠詩人、劇作家、小說家。一九六二年生。

鳥。真是太幸運了！」

「不行！」

「喔，賽門，你學馬丁醫生學得還真像呢！祝你一路順風。」

我跟在莫思後面，只見他頭也不回地沿著那條長滿荊豆的小路大踏步往前走，追得我氣喘吁吁地，不得不叫他停下來。

「你幹麼那麼不高興呀？」

「我也不知道。我只想知道賽門．阿米塔吉到底是誰，害我一直被錯認。」

步道在荊豆與岩石之間起起伏伏，伴隨著轟隆隆的浪濤聲。我們起先渾身痠痛，腹中飢餓，但聽著風吹海浪的聲音，看著前方翱翔的海鷗，便逐漸忘卻了飢餓，只剩下疼痛和口渴的感覺，最後甚至忘了所有需求。走著走著，我們來到了昆恩港（Port Quin）。這裡曾是漁民聚居的地方，但如今到處都是有錢人週末度假的別墅。據說這裡的漁民為了能捕撈更多漁獲，都已經遷居至加拿大。他們從前用來捕捉龍蝦的籠子，如今都已朽壞，堆在院子裡成了裝飾品。過了昆恩港，我們回頭張望，只見身後的景色一覽無遺，但前面的景觀卻愈來愈狹仄，步道至此也開始折往南方。

我們離開康姆岬（Com Head）時，太陽已經開始下山了。小小的穆爾島（Mouls）籠罩在昏暗的光線中。一隻已在空中徘徊許久的紅隼突然悄悄降落在我們前面的籬笆上。牠的背部在黃昏的陽光下閃著黃褐色的光澤。我們擔心經過時會驚擾到牠，便停下了腳步，但牠似乎意識到這點，便突然振翅飛起，在空中盤桓，之後便降落在我們後面的岩石上。我們繼續前進，看到了一塊農地，便考慮要在它的邊緣露營，但又擔心地上的作物殘株會把帳篷的防潮布刺破，於是便繼續往前走，終於在黃昏時分抵達蘭普斯海角（Rumps Point）。

這裡曾有一座古堡。它矗立於大西洋中，與我們之前經過的廷塔杰爾岬遙遙相望。如果真的有亞瑟王這號人物，我想他應該會把他的城堡建在這裡，而非東邊那個飾品店與糕餅店林立的地方。因為在這裡，無論敵人從哪個方向進攻，他都可以一覽無遺。此刻，眼見太陽已經下山，暮色漸濃，我們便把帳篷搭在古堡的草垛後面一個野兔洞的上方，以免被人看見。

摸黑吃完了最後一包麵條，現在我們只剩下水，沒有食物了。我心想是否該去抓些野兔來吃。對我來說，吃兔肉並不是什麼新鮮事。從前我就曾經和我爹一起射殺過成千上百隻兔子，因為那些兔子只要一週的時間就能把我們田裡的穀物吃掉大半，毀掉一整年的收成。我們會把獵到的兔子放進冷凍庫裡，賣給肉商，或者用來作成燉菜、餡餅、烤肉、肉醬、肉湯和三明治，吃到每個人都怕了為止。此刻，我躺在黑暗中，盤算著是否該設陷阱來抓洞裡的那些野兔，但一來沒這個力氣，二來就算我們抓到了，也沒有足夠的瓦斯來煮。那天夜裡，我被那些兔子拔草、吃草的聲音吵醒。根據音量來判斷，牠們的數量應該可以讓我們燉上一大鍋。

黎明時，在那粉色的微光中，我看到地上到處都是兔子洞，同時帳篷的防雨篷底下還有一堆堆新鮮的糞便。我拉開帳篷的拉鍊時，發現幾呎之外就有好幾十隻肥滋滋的兔子在那裡跳來跳去。我只要伸手一抓，就能逮到一隻，直接放進鍋裡。但我們選擇泡茶。莫思在他的口袋裡發現一塊水果軟糖，於是我們就把它切開，一人一半。

離開時，我們回頭一看，竟發現我們昨晚露營的那塊地下方有一座很大的洞穴。因為土石崩落的緣故，兔子洞裡的地道都露了出來，使得牠們一走出地道就會往下掉。以前究竟有多少隻兔子落入海裡，將來又有多少隻兔子會被海水沖走？抑或牠們最終會因為洞穴下方的浪濤聲太大而有所警覺，並遷離此地？

我們繞著蘭普斯海角走了一圈，經過一座紀念「陷落者」的石碑。由於太過疲累，我並沒有拿出眼鏡細讀碑上的銘文，不知道它要紀念的究竟是在戰爭中死去的人、掉落在懸崖底下的人，還是我們這兩個在社會與生命中陷落、失去希望的人。

不過，我想它所紀念的當然是那些在戰爭中犧牲的人，而他們已經死了，在還沒來得及憐憫自己時就離開人世。我把背包的腰帶拉緊，繼續往前走，不讓自己有機會自憐。生命存在於當下此時，在於眼下這一分鐘。那是我們唯一擁有的東西，也是我們唯一需要的東西。

我們走了一段下坡路後便來到了波爾澤斯（Polzeath）。這裡分成新、舊兩區，到處都是房子，新蓋的、加蓋的、重建的，一棟又一棟。海岸邊有一座綿長的沙灘，從黛默灣（Daymer Bay）一直延伸到位於洛克（Rock）的那個小渡口。此時潮水已退，寬闊的駱駝河（River Camel）上不時有船隻和水上摩托車來來往往。我們不想繞遠路經由內陸前往威德布里治（Wadebridge）的那座橋，因此只好搭乘渡船，但我知道我手心裡的幾枚銅板應該不夠買兩張船票，只能暗自祈禱。

莫思放下背包，坐在沙灘上。

「我的頭很昏。我們的錢什麼時候可以入帳？」

「大概是明天吧，我不確定。如果我們一直喝水，就可以撐過去。」

「我不知道。我感覺我的身體好像不太對勁。」他身高將近一百九十公分，雖然不算太瘦，但總不能餓著肚子一直走下去。我再次看了看錢包裡的銅板，然後便穿過沙丘，朝著那家點心店走了過去。

店裡擠滿了人，到處都是水桶、網子、家長與孩童。我掃視貨架，想找出最便宜的食物。上面雖然只有零食，但對我來說，卻像一張五星級的菜單，需要仔細斟酌。最後，我決定買六根奶油軟糖棒（每根二十五便士），這樣可以吃上一天。我打開冰箱拿出一瓶可樂，裡面的冷空氣撲面而來。我把那凝結著水氣、沁涼宜人的瓶身湊近頭部，過了一會兒之後才把它放回去，然後就去排隊結帳。隊伍很長，我排到了門口。年輕女店員正忙著為顧客結帳，有幾個小孩在店裡跑來跑去，大聲喧譁，可以分散人們的注意力。過了一會兒之後，排隊的人群仍然沒有往前移動，而我就在門邊。那些錢幣在我掌心裡發燙。然後，我就走了出去。

我邁著輕快的腳步、神色從容地走過沙灘來到莫思所在之處，盡量避免引人注目，但卻感覺頭上彷彿有個霓虹燈正在閃著：「小偷！小偷！小偷！」的字樣。

「走吧！我們到渡船口去，問問船票要多少錢。」我扶著莫思站了起來，急著想離開。

「你難道不想先吃點東西嗎？」

「不要，渡船口或許會有地方可以遮蔭，而且我們在那裡等的時候說不定可以找到一些水。」我心裡有個聲音吶喊著：「莫思，趕緊走吧！小偷！小偷！小偷！」就這樣，我跨過了那條界線。這是多麼典型的遊民故事：骯髒，飢餓，現在終於成了小偷，社會邊緣人。

「我們一邊走，一邊先吃一根吧！這樣說不定能讓我們走得快一點。」

渡船口沒有水可以喝，但船票一張不到兩英鎊，所以我還有足夠的錢可以回去把奶油軟糖棒的錢付清。然而我捨不得那幾枚銅板，最後還是把它們放回了錢包裡。

河口對岸的帕德斯托人潮熙攘。這裡從前也曾是漁村，現在卻以名廚瑞克・史坦（Rick

Stein）開設的海鮮餐廳聞名。我們看到許多搭著巴士前來的遊客在港口觀賞街頭藝人的表演，並且大啖鱈魚。我們經過的餐廳、薯條店、酒吧、小飯館和法式糕點店的招牌上都寫著瑞克的名字。事實上，村裡的大多數地方都宣稱和他有關。看來，他似乎已經接管了這個村莊。我們坐在岸邊，聽著年輕的街頭藝人翻唱著一首又一首的搖滾歌曲。他們的吉他盒裡裝滿了錢幣與紙鈔。

「真希望我有帶吉他來。」

「真希望你會彈。」

「我不認為他們真的有在彈。那應該是錄音的。」

鹹鹹的海鮮氣味無所不在，對我們來說真是一種折磨。雖然我們在吃了一個禮拜的麵條後，胃口已經變小，食量也少很多，但那些食物的氣味撲鼻而來，還是令人難以忍受。何況虛擬進食並不能真的充飢。

「我們要不要離開了？我真的沒法再看下去了。」

「走之前先去銀行看看吧，說不定錢已經進來了。」

「說不定？」

「您的帳戶餘額是三十二英鎊七十五便士。您今天可以提領的金額上限是三十英鎊。」我們還以為會是四十八英鎊，但我們並不在乎另外那十六英鎊到哪裡去了，也不管我們的帳戶裡是否應該有這三十二英鎊，更不在意今天其實是星期二，而非我們原先以為的星期四。我們只是緊緊抓住那些紙鈔，像捧著寶石一般。

莫思買了四盒布洛芬後，我們就走回港口，兩人合吃一包瑞克的薯條。

「你覺得怎樣？」

「還行，吃起來就像薯條。」

我們奮力穿過擁擠的人群，走出港口。沿途一直有人抱怨我們的背包撞到他們。走到一半，我們停下腳步，買了一盒冰淇淋。對我們來說，這真是奢侈的享受。不過，我們發現水壺是空的，因為我們忘了把它們裝滿。

「可不可以讓我們裝點水？謝謝！」

「不行，但你可以買一瓶。我們有賣水，所以不能免費讓你們裝水。」

我們很吃驚，因為這是我們第一次碰到有人不肯給水。後來我們經過港口邊緣的一家酒吧時，便在他們的廁所裡裝水，之後我們就離開了那個村子，回到步道上，感覺如釋重負。

我們把帳篷搭在港口灣（Harbour Cove）的沙丘間，希望能避開海潮和那些遛狗的人。此時，河水已經漲潮，成排的蠣鴴在空無一人的海灘上跑來跑去，一邊吱吱喳喳地叫著。更遠處，有一群燕鷗靜靜地縮成一團。再遠一些，則有愈來愈多的銀鷗慢慢聚集在一塊兒。牠們各有各的地盤，井水不犯河水。

現在已經九月了。還不到九點鐘，天就黑了。帳篷裡的夜晚變得愈來愈長，氣溫愈來愈低。我們之前從不曾睡在沙灘上，此刻才發現那裡的地面出奇地冷，冷得讓人無處躲藏。我把那條已經剪短的緊身褲套在長的那件外面，穿上兩件背心、一件長袖T恤、一件刷毛外套，並且戴上我們在伊比薩島買的那頂麻編草帽，但躺在那個用超輕量材質做成的睡袋裡時還是會冷得發抖。

好不容易捱過了一個晚上。天一亮，我立刻出去活動四肢，但有一隻長毛狗的動作比我更快。牠衝過沙灘，朝我們直奔過來，把我們放在爐子上的水撞倒了，還衝進帳篷裡，亂翻我們的袋子。當牠跳到莫思身上時，他終於坐了起來。

「老兄，這裡沒有吃的。」

那狗聽到主人的口哨聲，便衝了出去，揚起了陣陣飛沙。

「這裡可不是露營場，你們不能在這裡搭帳篷。在公共場所睡覺是很討人厭的行為。」

「是的，早安。今天天氣可真好呀。」

狗主人訓斥完畢後便怒氣沖沖地離去，那隻長毛狗也跟在他身後。

我們試著把凝結在帳篷上面的那層又溼又重的沙子抖掉，卻反而讓它們掉到已經溼了的內帳上，於是便索性將它捲成一團，收進背包裡。我們在黎明的晨光中上路時，海鳥已經在海上飛翔，蹓狗的人也紛紛回家吃早餐。我們沿著環繞史代普角（Stepper Point）的步道前進。海風陣陣吹來，彷彿在歡迎我們回到荒野。

12 海舞者們

如果我們抄近路到甘佛岬（Gunver Head），很容易就會錯過史代普角。但我們本能地照著步道的路線往西走。對我們來說，這條塵土飛揚的海濱小徑就像一條臍帶，讓我們在這荒野中得到了無形的滋養。我們走著走著就看到了崔維斯岬（Trevose Head），但往南還有無數座隱沒在霧氣中的海岬正等待著我們前往。

沿途檉柳繁茂，形成一排排有如堤岸般的樹籬。它們的羽狀枝條在風中輕輕擺動，比東邊的荊豆和蕨叢更加柔軟、溫和，給人的感覺也更親切，但骨子裡它們卻強悍堅韌，無論在微風或強風中都能彎曲自如。不久，我們看到檉柳林間有一張長椅，上面躺著一個衣衫襤褸的老頭。他的四周放著幾個超市的購物袋，有幾隻蒼蠅在上方盤旋。

他一動也不動，像一隻躺在這樹籬裡的死兔子，被烏鴉啄著並任由成群的蒼蠅在他身上產卵生蛆，而後便進入了萬物的循環。我們站在他身邊，感覺自己和他並無二致，有一隻腳已經踏進了這腐朽衰敗之地。

「滾開！」看來他還沒死。

「老兄，你需要什麼嗎？我有一些麵包。」

「滾開！」

「還有一根巧克力棒。」

「把它放在椅子上，然後就給我滾。」

莫思把麵包和巧克力棒（那是我們身上口糧的一半）放在他旁邊，然後我們就離開了。我們不想面對那些蒼蠅。那不是我們所屬的地方，還不是。但如果我們停下腳步，停留太久，那會不會就是我們的歸宿？

到了哈林灣（Harlyn Bay），我們向那裡的救生員要了一些水。這些救生員來自南非和澳洲，工作是照看那些來這座海灣衝浪的遊客的安全，但之後他們就會像冬日的雁鳥般，返回他們在南方的家園。這樣輕鬆自在的生活讓我們心生羨慕，但願我們也能在黑暗寒冷的冬天到來之前，抵達某個溫暖的地方。告別這些救生員之後，我們便越過寬廣潔淨的沙灘，走到海灣另一頭，那裡有一塊露出地面的岩石。我們把我們那些又臭又髒的衣服丟進一座潮池，讓它們浸泡一會兒，然後便尖叫著跳進那波濤洶湧的大海裡，讓海水把我們的身子清洗乾淨。在那清澈的海水裡，在那被潮水沖成波紋狀的沙灘上，我們忘卻了時間的存在。

我們把衣服攤在四周，讓它們風乾，然後便躺在岩石上一直睡到下午三四點。醒來時，旁邊已經多了一大家子人。由於潮水已經開始上漲，我們便一起離開了。在我們攀爬著那座二十公尺高的石崖時，那家的爺爺告訴我們：打從他的孩子還像他的孫兒們這般年幼時，他們每年都會開著露營拖車來哈林灣遊玩，晚上就住在山上的露營拖車停車場。我們一起走到艾維媽媽的海灣（Mother Ivey's Bay）時，他們就從兩扇大鐵門之間，走進那座有著體育場照明設備的度假營區，消失在那一輛輛停在混凝土地上的露營車間。雖然他們晚上要睡在這個有點像集中營的地方，但至少白天時可以在沙灘上度過一段自由自在的時光。告別他們後，我們便往右轉朝著海岬前進，回到屬於我們的荒野。

下午四五點左右，崔維斯燈塔開始亮了起來，照射在湛藍的大海上，光芒耀眼，令人難以直視。我們躺在乾爽的草地上，撕著鼻子上因晒傷而脫落的皮屑，飢餓、口渴等感覺都逐漸消失了。我們睡得很沉，直到傍晚被一陣冷風吹醒才離開那座海岬，往下走，來到一座海灘。這裡有幾座長著濱草的沙丘，很適合露營。我們把帳篷搭在那些濱草上，希望藉此隔絕地上的寒氣，接著又把帳篷的門片打開，讓海風把溼透的帳篷布吹乾。

海潮一波波襲來，打在海灘上，濺起了潔白的浪花。接著他們就出現了。那是一群身穿潛水衣、腋下夾著衝浪板的人。他們從步道上、沙丘間，從四面八方搖搖擺擺、姿態笨拙地往大海跑，手裡的衝浪板在強風中不住地晃動。他們划著浪板越過那些浪，起先聚集在一起，看起來像是一群黑色的魚，等到浪來時，便各自散開，從板子上站了起來，隨著海浪上上下下，然後優雅地抵達淺灘。他們是大海的舞者。

我們裹著睡袋坐在帳篷門口觀看，直到天色已暗，而且最後一個衝浪者也離開為止。潮水退去後，一群海鳥飛到空蕩蕩的海灘上，在沙灘與海水之間徹夜奔跑啼叫。

第二天早上，帳篷上又凝結了一層又重又溼的沙粒，但這回我們只是喝著茶，看著那些利用清晨時光出來蹓狗和衝浪的人，讓它自己慢慢變乾。等到莫思走出帳篷（現在他已經能夠自己行動，不需要人攙扶了），我們才開始打包。飢餓的感覺還在，但就像關節的疼痛和我們腳上逐漸變硬的水泡一樣，我們已經開始學習去觀察它。

冷冽的強風不斷從西邊吹來，海浪一波又一波地拍打著岸邊的幾座岩石小島。這一系列岩石小島一個比一個大，人們稱之為「貝德盧森石梯」（Bedruthan Steps），也就是傳說中那個名叫貝德盧森的巨人在跨過海灣時用的踏腳石。沒人知道這樣的傳說源自何處。是古代康瓦耳居民口中的神話？還是國民信託組織用以招徠遊客的點子？得文郡和康瓦耳郡的海岸線上有超過三分之一的土地都隸屬於國民信託組織，是該組織旗下的「海神計畫」（Project Neptune）為了防止海岸線被過度開發而買下來的，但我們聽過各地的居民對此頗有微辭。他們抱怨國民信託組織採取的限制太過嚴格，不了解當地人的謀生需求。我一直生活在這片土地上，深知謀生確實並不容易，也相信這裡的海岸不應該像「艾維媽媽的海灣」那樣被過度開發。但當我走過那些人潮滿滿的停車場、石板路和商店時，卻深覺那些人實在有些虛偽。

天上開始下起雨來。我們在海灘上一座棚屋的雨篷下躲雨時，裡面的女孩很熱心地指點我們：「你們只要沿著這座山谷往內陸的方向走，就會看到一座小型的露營場。那裡有點特別，但收費很便宜。」

「我們要不要去看看價錢？如果不行的話，我們也可以在那附近的樹林裡搭帳篷。在這種天氣裡，樹林裡的風雨不會像懸崖上這麼大。」雨愈來愈大，風也愈來愈強，能有個可以遮風避雨的地方確實很吸引人。

露營場前面的巷子旁擺著一輛運馬的拖車、一輛運牛的卡車和一個存放穀物的圓筒倉，但它們底下都已經長出高高的青草，似乎整個夏天都不曾移動過。樹林間的空地上有幾間小木屋、一座養豬場、兩頭驢子和一座天棚。一個男人穿著破舊的連身工作褲、蓄著雜亂而捲翹的鬍子，拿著拖把和水桶從小木屋後面走來，他說搭一頂帳篷、洗個冷水澡，一個晚上的收費是五英鎊。眼見雨下個不停，我們只好接受了。

我們走過那座天篷後，又經過了一座擺著幾張舊沙發和一台洗衣機的鐵皮倉庫、幾座木製和石砌的棚屋以及一輛運馬拖車，才來到樹林間的一塊空地。

「待會兒到穀倉來吧！男孩們都會在。他們通常會準備一些啤酒。」男孩們？這裡似乎一個人也沒有呀。

洗澡房位於一座花園儲物間，裡面有兩個蓮蓬頭和一張椅子。我開始脫衣服時，突然發現裡面有人，便下意識想抓條毛巾遮住身子，對面那個女人正看著我。她的頭髮有如鳥巢，臉晒成了褐色，鼻子發紅脫皮，雙腳紅通通的還長著老繭，腿部精瘦結實，身上的皮膚鬆垮，瘦得都能看到肋骨了。原來那是一面鏡子。我看著鏡子，撫摸自己的肋骨。好幾年沒看到它們了呢，感覺有些陌生。我一邊沖著冷水，一邊試著解開頭上打結的毛髮，但並未成功，只好快速將它吹乾並把麻帽戴上。在寒天中沖冷水澡的效果就像看別人進食一樣，當你洗完，把你那件薄薄的刷毛外套穿上時，會感覺它像羽絨夾克般溫暖，但這種感覺持續不了多久。很快地，你就會覺得比之前更冷，就像看別人吃東西以後，你會覺得更餓一樣。與其在帳篷裡發抖，我們不如去穀倉走走。

在途中，我們看到那輛運馬拖車的側門打開了，一個晒得很黑的金髮年輕人從裡面跳了出來。再往前走，只見另外幾位皮膚黝黑、年紀約莫二十幾歲的年輕人也陸續從那幾間木頭棚屋裡走出來。我們抵達穀倉時，一對頂著雷鬼頭的年輕男女也從那間石屋現身。我們試著像他們那樣隨意而慵懶地靠在沙發上，但不太成功。

「你們在這裡做什麼呢？我們起先還以為這裡沒人呢。你們是在度假嗎？」我們感覺自己年紀太大，和他們格格不入，便努力找話題和他們聊天。

「不，老兄，我們就住在這兒，也在這裡打工。寇特答應我們：如果我們幫他打打雜、跑跑腿，他就讓我們住在他的小屋裡，到了冬天的時候我們就會隨著海浪一起離開。」

「所以你們不是只待一個晚上，而是就住在這裡？那你們在哪裡上班呢？」

「我們當中大多數人都是救生員，有兩個女生是服務生，但我們都是衝浪客。附近的房子租金太貴了，我們都租不起，所以就住在這裡嘍！這些小屋還挺酷的。這已經是我第三年待在這兒了，但明年我就可以升等，住進那輛運馬的拖車了。」

「那石屋呢？」

「不行，你得有特殊關係才能住進石屋。」

站在洗衣機前面的那個梳著雷鬼頭的男子，聽到我們的談話後便轉過頭來，用下巴朝著那個坐在沙發上的男孩點了一下。

「嘿，傻瓜，去拿些啤酒來。那你們兩個老人在這裡幹麼？是被浪沖進了這座穀倉嗎？」

莫思瞥了我一眼，聳聳肩。沒必要說謊了。

「我們沒了房子，也沒了生意，一輩子工作掙來的一切都沒了，所以現在一文不名、無家可歸了，而且我還快死了。所以，我們就想：管他呢！就去走一走吧！所以我們就從邁恩希德一路往西走，還不知道接下來要去哪裡呢。」

「哇，這是你們編的故事吧？」

「不。」

「幹！」

「沒錯，幹！」

「但沒關係，老兄，你們就像浪一樣。」

「浪？」

「是啊！浪有多好，是要看老天爺臉色的。當風吹著海面時，海浪就開始形成了，然後就要看風的力道有多強、吹了多久，以及在海上吹得多遠，我們管這叫『大水體』（fetch）。只要有一陣大風、一個夠長的大水體以及一段很棒的海岸線，你就可以飛速前進了。但老兄，你可是被一陣他媽的強風給吹著了，而且你的大水體還在跑，將來你會遇到最大、最高、最乾淨的湧浪。這你瞭嗎？你會『咻！』一聲帥氣的向前衝！寇特！寇特！他們很酷耶！快把儲藏室打開。」

那個大鬍子男人聞言就把一棟組合屋的後門打開了，只見裡面放滿各式各樣的酒。男孩們接力把一箱箱的酒抬到穀倉角落裡某個像是馬廄的地方，但是當那裡的門打開時，裡面卻是酒吧。

寇特站到吧檯後面，把酒放在架子上。

已經傍晚了。我們因為肚子很餓，再加上已經幾個星期都沒碰過酒精，於是沒喝多久就開始感覺周遭的一切都變得模糊了。洗衣機上方的喇叭正大聲播放著「魯茲上校」（Colonel Roots）的雷鬼音樂，一切都不重要了。眼前的這群人是我們有史以來最好的朋友，這裡則是全世界我們最喜歡的地方。

「老兄，你是怎麼回事？為什麼快死了呢？」

莫思正在跳舞。他手裡拿著一杯「傑克丹尼」，隨著音樂的節奏搖擺，步伐穩定，神情放鬆。我從不知道他也喜歡喝威士忌，但這世上總是有你不知道的事。

「我的腿以後會無法走路，其他重要部位也會逐漸失去功能，然後我就會被噎死。」
「幹！」
「沒錯！幹！」
「寇特是個草藥醫生。說不定他有什麼藥可以幫你治一治。」
「『寇特』是他的真名嗎？說真的，你們怎麼會和他在一起？你們為什麼會待在這裡呢？」
「我們只是在這裡餵餵豬、剪剪草，彼此互相幫忙。這樣對大家都好。然後他就會和我們一起到哥斯大黎加去衝浪。我們會開車幫他載衝浪板，就像我說的，彼此幫忙。這樣我們就可以免費住在小屋裡，挺好的。」
這時，寇特從吧檯後面現身了。
「寇特是我的真名。這個給你，你做幾次深呼吸，把它吸進去後，所有痛苦就消失了。」
「可是我不抽煙。」
「你會的，你會的。」
穀倉裡瀰漫著快樂、美好的煙霧。我蜷縮在沙發上，感覺幸福極了。莫思還在跳舞。這個世界真是美好。
當我睜開一隻眼睛向其中兩個救生員揮手道別時，已經是隔天早上了。他們把衝浪板綁在腳踏車上之後便騎著車子離開了，但我們一直待到將近中午時分才收拾東西，踉踉蹌蹌地上路。
「我的朋友，你把這東西帶著吧！它可以治病呢。還有，如果你們需要一個地方過夜，可以隨時過來，我們都在。」
「謝謝，寇特。」

天空開始放晴了，殘餘的雲朵正迅速掠過湛藍的天空，前面的水門灣（Watergate Bay）似乎看不到盡頭。我們因為太過虛弱，不想走在那崎嶇不平的崖頂上，於是便沿著沙灘前進。這座沙灘位於餐廳與咖啡館之外，廣闊、潔白、空曠。我們看到前方有一個人影，走近之後才發現是一個老人牽著兩條西班牙獵犬。我們走過他身邊時，他便停下腳步和我們攀談。

「你們正在走海濱小徑嗎？」

「嗯，我們正在走其中一段，但至少會走到蘭茲角。」

「我一直想這麼做……希望能一直走一直走，走上許多許多天。」

「那就去做吧。你現在就可以收拾背包上路了。你永遠不知道你的大水體會有多長，這是由風來決定的。」

那男人牽著狗走在那幾座坍方的懸崖與波濤洶湧的大海之間。身影愈來愈小。那滔天的白浪拉長了垂直的地平線，讓我們感覺置身於山海的懷抱中：雖然肉體受到限制，心靈卻無比自由；雖然身處荒郊僻野，卻與萬物同在；雖然遭遇強風吹襲，卻仍然能夠透過「大水體」蓄積自身的力量。

快到札克里島（Zacry's Island）時，我們看到路邊岩石上長滿了成千上萬顆藍色的貽貝。我們將牠們挖起來，裝了滿滿一鍋，用水煮熟，再用小刀將那些肥腴的貝肉剔出來大快朵頤。偶爾有路人經過，但我們已經逐漸不再在意他人的眼光。空氣潮溼，一群烏鴉聒聒地叫著，牠們的聲音經過懸崖反射，聽起來出奇清晰。我意識到有一種變化正在發生。隨著我們一路行走於藍天、大海與岩石之間，我們已經逐漸忘卻了心中的痛苦，和周遭的荒野合而為一。我開始明白：我們的「大水體」已經因著這趟海岸步道之行而改變了。

晚上，我們把帳篷搭在特雷維古（Trevelgue）的城堡旁，面向燈火明亮的紐基鎮（Newquay），背對著漆黑陰暗的水門灣。那裡毫無遮蔽，我們的帳篷直接暴露在來自大西洋的風中。夜裡，風愈來愈大，挾帶豪雨呼嘯而來。我們把所有的衣服都穿上，用雨衣蓋住睡袋，然後就一連睡了十二個小時，不曾醒來。

13 皮膚

走過那片荒野後，我們便到了紐基鎮。乍然看到那裡雜亂的市容，我竟然嚇了一跳，但不知怎地也有些欣喜。這座城鎮的範圍涵蓋了從坡爾斯（Porth）到迦奈爾河（River Gannel）之間的幾座海岬，以及貫穿其間的沙灘，而這些沙灘乃是英國最適合衝浪的地點之一。紐基鎮之所以聞名，也是因為六〇年代興起的衝浪熱潮，但如今這波熱潮已過，紐基鎮也因此日益沒落，現在變成新人們舉辦告別單身派對的場所。那些參加派對的人穿著花俏的衣服在街道上大聲嚷嚷，而且許多商店門口都能看到他們喝完的空酒瓶以及嘔吐出來的穢物，這類行徑已經引起當地居民、遊客和衝浪人士的不滿，偏偏那些人都是當地店家亟欲招徠的客層，城裡的酒吧和餐廳也需要這類派對所帶來的收入，才能度過生意蕭條的寒冬，這樣的矛盾使紐基鎮陷入左右為難的困境。如今，鎮上的衝浪用品店只剩下少數幾家了，但未來這座城鎮若想振衰起敝，最好的方式恐怕還是得靠衝浪。

由於經常與人群隔絕，我們已經不太能忍受人潮熙攘的地方了。不過，在那一刻，能夠置身人群中還是令我們感到安心，況且此刻西風正夾帶豪雨傾瀉而下，而市區是個躲雨的好地方。我把雨帽的拉鍊往上拉，讓它緊緊貼住我的臉頰，並從眼睛部位的狹窄開口觀看這座城鎮。

現在是九月天，前來此地度假的遊客仍然絡繹不絕。但我發現：在購物區街邊露宿的遊民，也比我們離開格拉斯頓柏立後一路上所經過的城鎮都要多。這是一般遊客不會注意到的面向。我看到一具具被雨淋溼的軀體蜷縮在建築物的門口，但他們都不是職業乞丐，而是長期露宿街頭的流浪漢。有一個體格高壯的退伍軍人向我們要錢，當我們告訴他我們自己也是遊民，身上沒什麼錢時，他並未質疑我們，只是告訴我們該如何走到慈善食堂。莫思給了他幾枚銅板，外加他身上最後一根巧克力棒。由於我們的食物已經所剩無幾，便朝著他所說的方向走去，打算去那裡避雨，順便要兩碗免費的湯。

我們依照他的指引，走到一個名叫「聖彼得羅克之家」（St Petroc's）的慈善機構，但他們幫助的對象是那些無法得到社福機構援助的單身人士。我很想問他們，那些無法得到援助的夫婦該怎麼辦，但終究還是忍住了。無論如何，在他們的指引之下，我們還是走到了一座慈善食堂。根據統計，康瓦耳郡露宿街頭的遊民只有四十人或六十五人左右，位居全國扣除倫敦之外的第二名或第五名（端看你讀到的是哪一份統計）。如果此說屬實，顯然康瓦耳的所有遊民此刻都在紐基鎮這座廢棄的教堂內吃著麵包蘸番茄湯。一位志工說明了那些統計數字為何無法反映真實的情況：因為只有那些在統計時段內露宿於特定地區的人，才會被納入，而且被查訪者還得確認自己真的無家可歸、露宿街頭才行。如果他睡著了，或者看起來像是睡著了，你是不能把他叫起來問的。

「那麼，每一個遊民都會在特定的時間，露宿在特定的區域嗎？」

「當然不會。他們無所不在。有一群人睡在樹林裡，但政府想把他們趕出去，好讓民眾可以去那裡散步。他們真正需要的，是一個可以過夜的收容所，而不是睡在林地風景優美的步道上，因為那裡並不安全。今年冬天，政府會開設幾間新的收容所，雖然每間大概只有十張床左右，但總比沒有好。不過話說回來，這個數量是遠遠不夠的。」

「問題是人們以為我們遊民都有酒癮或毒癮，所以不願伸出援手，認為是在浪費時間。」

「當然有一大部分的街頭遊民是成癮者。但無論你們為何變成遊民，都值得受到幫助。」

雨停了，太陽在雲朵間忽隱忽現，光線清淡如水，人行道也散發著水氣。我們坐在路邊的長椅上，看著來來往往的行人：購物者、遊客、穿著簇新制服剛剛放學的小孩以及他們的媽媽、滑著長板的少年、蹓狗的人以及一個肩上裹著棉被的小遊民。我們和他們每一個人都並無二致，但也有所不同。眼看郵局旁的麵包店正把最後一批肉餡餅以每個二十五便士的價錢出清，莫思便將他所能買到的都買了，然後分送給那些坐在商店門口的遊民，一人一個，剩下的就留給我們自己。

菲斯特爾海灘（Fistral Beach）上濤聲隆隆，到處都是準備出海的衝浪客。海灘後面的街道停著好幾輛福斯廂型車，裡面坐著一個個金髮棕膚的男孩，他們正看著海浪，急切等待適合衝浪的時機。我們繼續前行，趁著潮水尚未漲高時，經由那座木製人行橋渡過了迦奈爾河河口，然後便繼續朝著那一座座空曠的海岬前進。

當莫思獨自走出帳篷並燒水泡茶時，天色才濛濛亮。我還躺在睡袋裡，身上蓋著一條保暖毯，那是我們在紐基的慈善商店用《魯賓遜漂流記》換來的。帳篷四周原本聚集著一群羊，但一聽到莫思掀開門片的聲音，牠們就飛快地跑開了。這座海岬附近的海面上有一塊岩石（它有個奇怪的名字，叫做「小雞」），上面停滿了銀鷗、黑背鷗、蠣鴴、鸕鶿和燕鷗等各種海鳥。牠們聒聒叫著，爭吵不休，以致我們根本聽不見海浪湧過那塊岩石與海岬之間的聲音。事實上，那塊岩石嶙峋崎嶇，根本不適合棲居，但這些海鳥仍在那裡搶奪著地盤。感覺上，這裡的每一種生物似乎都想占據這座海岬，但我們人類卻並不樂意退讓。我們離開了凱爾西岬（Kelsey Head），朝著珀蘭波斯海灘（Perranporth Beach）前進。經過潘海爾村（Penhale）時，我們看到一座空蕩蕩的軍營，裡面有多棟已經廢棄的尼森小屋（Nissen hut）[11]。我心想，如果我們能住在其中一棟該有多好。其實，政府機構只要發揮一點想像力加以規畫，就能讓紐基鎮的遊民都住在這裡，讓他們有個可以遮風避雨之處。但毫無疑問地，這裡必定會被改建成休閒娛樂設施。

珀蘭波斯海灘地勢平坦，又直又長，有如一條飛機跑道。由於莫思肩膀僵硬，我也感覺比平常更累，於是我們決定在沙灘上稍事休息。我們坐在兩尊用海洋人造垃圾做成的人像下泡茶，並分吃剩下的最後一顆布洛芬。就在這時，有個老人走到我們附近，小心翼翼攤開一條毛巾，依序脫下他身上的所有衣服，然後一絲不掛地躺在毛巾上。他的肌膚鬆垮，滿是縐褶，彷彿一隻即將褪去舊皮、長出光滑粉紅色新皮的烏龜。我不由自主地盯著他看，心想：年輕時，我們總是坦然裸露自己那沒什麼故事可說的肌膚，但是當它烙上了時光的印記、寫滿了滄桑的痕跡、訴說著生命的真相時，我們卻總是極力遮掩隱藏。

一個裸體的男人看起來挺有趣的，但兩個就讓人覺得有些尷尬，而當第三個男人光溜溜大步經過我們身邊，身上除了藍襪子和健行靴之外什麼也沒穿時，我們就只好把爐子收起來，動身上路。因為如果再不走，我們可能就得泡茶給他們喝，並且和他們討論哪一種防皺霜比較有效了。況且和他們相比，我們似乎穿得太多。不過，當我們離開時，我心想：如果能像他們那樣把全身都晒得黑黑的，倒也不錯。

我們朝著沙灘的另一頭走去。走著走著，感覺有如置身一片看不到盡頭的沙漠。灼熱的沙粒炙痛了我們光著的雙腳，逼得我們只好再度穿上靴子。為了躲避陽光，我們走進沙丘之間，卻因此迷失了方向，看不到出路，只看到一座座冒著熱氣、綿延不絕的沙丘。在快要脫水的情況下，我們只好回頭。一路上，我們一直看著遠處那幾座在太陽下閃閃發光的懸崖。此時此刻，它們對我們而言，就像一座永遠到不了的綠洲。最後，我們終於看到一大群人和一排防風林，原來那附近有一座停車場，這才結束了我們漫長的跋涉。我們向一家餐館要了冰水後便大口大口地喝下去。這時我彷彿聽到體內發出了愉快的嘶嘶聲。

我撕下鼻頭剝落的皮屑，感覺自己好像又長出了一個新鼻子。

我們到了聖阿格尼絲岬（St Agnes Head），只見這裡的幾座懸崖都是一片荒涼景象，處處可見露出地面的礦井、廢棄傾頹的建築以及富含礦石、五顏六色的土壤，空氣中也瀰漫著硫磺的粉塵與氣息。這都是過往採礦時期留下的痕跡。

我們的生活已經有了固定的模式。從早晨到將近黃昏這段時間，我們在路上總會看到很多適合露營的地點，但一過六點，就找不到了。夜晚愈來愈長，也愈來愈冷。太陽一下山，溫度就會陡降。這一天，我們比以往都更早出發，經過整天漫長的跋涉之後，我們都累壞了，急著想找個地方過夜。但我們的左手邊是「南西庫克公地皇家空軍基地」（The Nancekuke Common RAF airbase），那一望無際的高聳鐵柵欄，而步道兩旁又長滿荊豆與荊棘，根本沒地方可以搭帳篷。後來，我們

11 編注：一種鋼製的、屋頂呈半圓形的軍事用小屋，於一戰期間被發明。

走進一座很淺的山谷，希望能在那裡找到適合露營的草地，但山谷通往內陸的出口被封住了，因為那裡有人用碎石蓋了一座水壩，上面長滿了荊豆、荊棘和薊草，附近的泥土也滲著含有礦石汙泥的水，於是我們只好回頭，在暮色中繼續沿著步道前進。最後，空軍基地的柵欄終於折往內陸的方向，步道旁邊不再是機場，而是農地和長滿高麗菜的田野。趁著天色未暗，我們趕緊在草地的一角搭起帳篷。從前每次搭帳篷，我們都要花將近二十分鐘對付那些難搞的鉤子和營釘，現在只要五分鐘就搭好了。我煮了一鍋湯，此時我們的腿已經疼痛不堪，一點力氣都沒了。

不久，天空出現了斑斕的彩霞，那是我們在離開蘭普斯海角後就未曾見過的顏色。霞光逐漸變暗後，黑夜降臨，但不久月亮就出來了。海水在那銀色的月光下輕輕搖晃。

「我是不是有幻覺呀？田裡那些高麗菜怎麼會發光呢？」莫思正在附近走動，伸展他那僵硬疼痛的四肢。「是因為月光的關係嗎？」我仔細一看，發現那塊田真的散發著淡綠色的微光，看起來頗為詭異。

「不是，它真的在發光。有可能是月光的角度造成的。」

「你想他們究竟在那道柵欄裡邊幹麼？」

這座雷達站以前是波特里斯皇家空軍基地（RAF Portreath），興建於第二次世界大戰期間，到了一九五〇年時，因為已經沒有存在的必要，軍方便將它歸還給政府。後來，政府運用從納粹德國帶回來的設備，將它改造成一座生產化學武器的工廠，做為「波頓當（Porton Down）生物技術研究所」的分支機構。有兩三年的時間，這座工廠一直負責生產致命的神經毒劑沙林（Sarin B）以及其他化學武器。根據《獨立報》（*Independent*）的一項調查報導，在那段期間，有四十一名參與沙林毒氣生產過程的工人死亡，罹患重症的比例也很高。一九七〇年發表的一項名為「南西庫克的羅病經驗」的研究報告指出，負責生產沙林毒氣的工人罹患重症的機率比一般人高出了百分之三十三，羅患呼吸道疾病（這是一般人暴露在神經毒氣時會出現的典型症狀）的機率則高出了百分之五十。但英國政府不但否認他們有任何過失，還把那份報告壓下來，甚至更改其結論，宣稱在這段期間該工廠只是出現「高於預期的曠工率」。不過，到了一九七一年時，相關單位便承認疏失，並對受害者給付大約每人一百二十英鎊的「豐厚」賠償。二〇〇〇年時，政府終於承認他們把用來生產沙林毒氣的設備棄置於公有地的礦井中。到了二〇〇三年時，他們開始清理此處，並將它改造為雷達站。

第二天早上，田裡那些高麗菜就恢復了正常的顏色。那些前來度假的遊客也陸續抵達了不遠處的波特里斯山谷。

我們沿著幾座幽深隱密的小海灣外緣前進。這段步道離馬路很近，而且兩條路正好平行，於是我們途中經過了好幾座停車場，這段步道也成為蹓狗人士的天堂。我們發現那些蹓狗人士每次碰到階梯時，總是要費一番手腳。步道沿途的許多木階旁邊都有一塊木頭斜板，方便狗兒可以通過。這對小狗來說挺管用的，但對大狗來說就充滿挑戰，除非牠受過馬戲團的訓練，否則就需要別人把牠那沾滿泥濘，毛茸茸的巨大身軀抱起來，推到柵欄的另一側。有些則是水平嵌入圍牆的石板所構成的階梯，這樣一來，蹓狗的人就必須先爬上一邊的石階，跨過圍牆，再從另一邊的石階下去。有些石階構造巨大而堅固，簡直可以用來攀登城牆。這種石階很適合大狗，但小狗就必須讓人用抱的才能過去。

走著走著，我們經過了一扇柵欄門。一般來說，柵欄門很方便狗兒通過，即使是此刻我們眼前的這種C形旋轉小門，俗稱「接吻門」（kissing gate），也一樣。這種門的構造很巧妙：在C形的圍籬上嵌入一扇門，門的鉸鏈裝在圍籬的另一邊。蹓狗人士可以從圍籬的這邊進入那個C形區域，然後打開門，從圍籬的另一邊出去。這樣的設計對所有人都很方便，狗主人和狗都能夠輕易通過圍籬；對農夫來說也是實用的設計，除非他們的羊夠聰明，否則羊兒到了C形區域就會被困住，無法到外面。但對背包客和肥胖的人而言，這就不太理想了。我相信這種C形旋轉小門的適用性取決於建造者的身材。如果他本身很高大，就會在門的邊緣和C形的後端之間保留足夠的空間，讓人們可以走到門後，再從圍欄的另一邊出去；如果他本身個子瘦小，那麼他對空間的概念就會全然不同。有好幾次我們因為背包的緣故被卡在這種門裡面，於是發明了一種不會被卡住的通行辦法：那就是先把門完全打開（推往另一個開口），進入那C形區域，然後爬上C形的欄杆，直到我們的背包高於那扇門、不擋住門的路線，再把門踢回原位，讓它完全關好。這時我們再爬下去，回到C形區域，從另一個開口出去。

那天整個上午的時間，我們都忙著在沿途的階梯幫狗兒過圍欄。有時是把狗兒抱過圍欄，有的時候則是幫忙接住狗主人丟過來的狗。之後，我們來到一扇很小的C形旋轉門。我爬上C形欄杆時，那個一直跟在我們後面、似乎剛退休的胖男人也衝到門邊，顯然急著要回家去看報紙。他完全不管我當時正搖搖晃晃地掛在圍籬上，就逕自讓他的三條狗逐一通過。然後，他便一臉不悅地站在那兒。

「你們到底要不要過呀？」

於是我和莫思便相繼爬出了那個C形區域，讓那個胖男人通過。這時我們聽到樹籬另一邊響起了響亮的掌聲。

「哇！好棒！用這種方式通過真是太巧妙了！」一對穿著入時的老夫婦正熱烈地朝著我們鼓掌。「你們可不可以再做一次，讓我把過程拍下來？」

莫思照著做了。那對老夫婦一邊拿著相機拍攝，一邊喃喃自語，等到完成他們的傑作後，又熱情地和莫思握手。

「我們讀書會的人一定會喜歡這個的。你會介意我把它放在部落格上面嗎？」

「不介意，老兄，你儘管放吧。」

「我們會去聖艾夫斯鎮（St Ives）和你碰面。天啊，我們真是等不及了。」

「真的嗎？」莫思把他的帽子壓低，往後退了一步。「那麼，你們到時會看到誰呢？」

「當然是看到你啦！咦，這是某種提示嗎？這就是那天的主題嗎？我們每個人的不同人格？太好了！那麼你今天是什麼樣的人呢？」

「我只是一個無家可歸、正在步行的流浪漢。」

「太好了！太完美了！天哪！我們實在太興奮了，迫不及待想看你表演呢。賽門，先跟你說再見嘍！」他們說完便朝著和我們相反的方向去了，同時一邊走著，一邊還交頭接耳：「人格分裂，矛盾、對立。能先得到提示真是太令人興奮了，我們回去之後就趕緊寫進部落格吧！」

我們看著他們離去的背影。

「你剛才為什麼不否認？」

「我開始覺得這件事挺好玩的。你想，讀書會的那些人看到他的部落格，一定會數落他一頓的。這會讓他終生難忘。」

「好殘忍。」

「但我們還是不知道賽門・阿米塔吉究竟是什麼人。」

「沒錯，可是我們獲得一個線索了。既然他是讓讀書會感興趣的人物，那麼他一定是個作家。」

「而且他們還會在聖艾夫斯鎮看他表演。」

「可是作家通常不會做什麼表演呀，不是嗎？」

「有可能是簽書會之類的，但那也不算是表演。」

「太好了。無論他是什麼人，我們可能有機會和他碰面。」

「可是我不確定自己是不是想看到他呢。我還挺喜歡這種神祕感的。」

我們在「地獄之口」（Hell's Mouth）懸崖的邊緣，俯瞰底下海灣那群躺在岩岸上晒著太陽、偶爾也會跳入水裡玩耍的海豹。這裡不時會有遊客三兩成群地從停車場或海灘的餐館走過來看風景，但此刻倒是難得的清靜。一陣清風吹過，下面那些海豹的叫聲便隨之傳來，聽起來深沉而悲傷。當然，那悲傷只是一種幻相，是人類所做的解讀。事實上那些聲音當中並沒有不幸的意味，也不帶任何渴望。或許那些一輩子都生活在大海與岩石之間的海豹只是在爭奪地盤罷了。

眼看又有一批遊客到來，我們便離開了。經過戈德雷維燈塔（Godrevy Lighthouse）時，我們看到它在海面反射出的陽光映照下顯得閃閃發亮。這座燈塔的光很亮，從崔維斯燈塔到此地之間的無數海岬都在它的照射範圍內，甚至更遠處的哈特蘭角可能也包括在內。然而，我們已經不復當初站在哈特蘭角那家彩旗餐館前的模樣，更遠非在邁恩希德走下巴士時的落魄光景。至於在此之前的種種，包括我們的家、我們的房子，都已經變得遙不可及。雖然那股錐心刺骨的失落感消褪了，關於這種傷痛的記憶卻還在我的腦中，或許當我閉上眼時，還能喚回它們。但在此刻，那些痛苦已經被我留在另一座海岬上，如今我只能聽到它從遠處傳來的回聲。

風愈來愈大了，在海上掀起了狂濤巨浪。我們前方是綿延數里的海爾海灘（Hayle Beach）。此刻，它正沐浴在來自聖艾夫斯鎮、穿越卡比斯灣（Carbis Bay）的白光中。這裡的沙子比較堅實，不像珀蘭波斯海灘那般軟得可怕、腳一踩就會陷進去，所以走起來很輕鬆。我們一路上都看著大海，只見潮水漲得很快，海浪一波波湧來，打在岸上，打得浪花飛濺，白沫噴湧。一群銀鷗在風中飛起，並嘎嘎叫著，彷彿在嘲笑我們緩慢的速度。幾個風箏衝浪客駕馭著水和風，從海浪中一躍而起，有一秒鐘的時間甚至離開了水面，停留在半空中。在河裡的潮水很低時，只要很小心，就能渡過海爾河（River Hayle）的河口，但一旦強勁的海流開始湧入，就有致命危險。由於潮水已經不斷上升，我們只好沿著步道往內陸走。經過一排綴滿貝殼、浮標、漂流木和海洋垃圾的小木屋時，我心想：冬天就要到了，真希望能住在一棟藍色的小木屋裡。隨著白日漸短，遊客漸稀，眼前這幾棟小屋大多已經無人居住，而且由於暴風雨即將來襲，它們很快就會關閉。

到了舊碼頭附近，步道變成了混凝土路面，然後接上一條位於馬路旁的人行道。沿著這條人行道前往聖艾夫斯鎮，要走好幾公里，而且整段路都位於市區。根據帕迪的說法，有些人會選擇不走這一段，而改搭巴士。此刻已近黃昏，如果我們繼續走下去，到了天黑之後就會被困在鎮上的住宅區，找不到地方露營，於是便決定去搭巴士。我們口袋裡的錢剛好夠買車票，而且過了聖艾夫斯鎮後，就有一座海岬可以搭帳篷過夜，於是我們便走到巴士站去排隊。

「你們要去哪裡？這個季節對背包客來說已經有點晚了。」一個穿著連帽運動衫和七分褲、大約二十幾歲的年輕人排在我們前面。

「去蘭茲角，然後就要看天氣的狀況了。但我們有可能會繼續走下去。」
「你們有多少時間可以走？」
「想走多久，就走多久。」
「什麼？你們不需要回去做什麼嗎？這真是太讚了。你們在這個年紀還可以這樣說走就走，做你們想做的事情。」
「也不完全是這樣。」
「可不是嗎？如果你們不需要回去，那你們就很自由，可以享受你們的生命。真是太棒了！」他坐上了那輛開往另一個方向的巴士，但旋即又回頭對我們大喊：「要享受生命喲！」
我們坐在巴士上前進。這種快速移動的感覺真奇怪。徒步要走好幾個小時的距離，搭車只要幾分鐘就到了。在開始走步道之後，我們學到一件事：步行的感覺和搭車不同。在步行時，我們能深切感受到從這一站到下一站、從這口水到下一口水之間的距離，就像風中的紅隼能感受到眼前的老鼠距離牠有多遠一樣。但在搭車時，你感受到的不是距離，而是時間。
天黑前一小時，我們抵達了聖艾夫斯鎮，但下車的地點不對，因此我們得走好一段路才能到達一座空曠的海岬。但沒關係，一切都無所謂，因為莫思仍然在我身邊，而且我們正自由自在地享受生命。

14 詩人

天快黑了，但聖艾夫斯鎮還是散發著一種特殊的光。這座城鎮面向北方，但三面都被大西洋環繞，從海面上反射過來的強烈紫外線，使得鎮上那些色彩鮮麗的房子都散發一種如夢似幻的微光，即便在黃昏時也是如此。一九二〇年時貝爾納．利奇（Bernard Leach）[12]在這裡成立了一家製陶廠，目前仍持續生產中。之後芭芭拉．赫普沃斯（Barbara Hepworth）[13]也來了，並在此創作了幾尊巨大雕塑。此地的光芒吸引了來自全球各地的藝術家，這座小漁村便逐漸成了藝術聚落，散發著濃濃的波希米亞風格。而後，遊客開始慕名前來，接著，泰德聖艾夫斯美術館（Tate St Ives art gallery）成立了，遊客也更多了。等到附近海域的沙丁魚都消失後，這座城鎮就成了一個人潮繁忙的旅遊勝地。漁夫們不再撒網捕魚，而是做起載運遊客出海觀光的生意，鎮上的畫廊也比畫家還多。但那些狹窄的街道和房舍的露台仍然閃著微光，頗有幾分地中海的味道。

「如果能在這裡停留一天，到處看看，也很不錯。」

12 譯注：英國製陶工匠和藝術老師，被譽為「英國製陶工作室之父」。

13 譯注：英國現代主義藝術家和雕塑家。

「不行，這裡沒有地方可以露營。」

我們坐在碼頭的矮牆上，看著燈光一盞一盞亮起。一個身穿破舊羊毛連身褲、長筒雨靴、把頭上毛帽往下拉到鬍子上的老人，正在打包各式捕撈龍蝦的籠子和一個編到一半的半成品。那一刻，我們感覺自己像是兩個一九三〇年代的藝術家，正在體驗此地的氛圍，以尋找繪畫素材。

「你是用這些籠子在這附近的海域裡捕龍蝦嗎？」

「不，親愛的，我不是漁夫，我沒上過船。」

「那你用這些籠子來幹麼？」

「把它們賣給觀光客。怎麼？你要一個？」

「不，謝了。」

「看起來你們好像更需要一個可以露營的地方。你們可以往村外走，經過泰德美術館，走到海濱小徑，就會看到左邊的山坡上有一個露營場。」

我們離開步道，走上山坡，從那座露營場的大門進去。裡面有許多空間可供人停放露營拖車或搭帳篷。我們走到了最裡面的空地。

「我們付不起這裡的費用。」

「沒錯，但天已經黑了。他們不會來察看的，而且我們可以一大早就離開。」

我們把帳篷搭在這塊地最深處角落裡的一叢荊豆後面，然後就倒頭呼呼大睡，彷彿我們已在山丘、岩石、沙灘和柏油路面上走了二十公里。隔天早上睡醒時，我們決定冒個險，繼續待著。

在洗澡間裡，我把靴子脫了下來，並褪下腳上那雙已經穿了三天三夜的襪子。我的大腳趾已經變扁了，並且隱隱作痛，除此之外，指甲的邊緣還往上翹。我把翹起的部分剪掉，只留下中間細細的一條。不過洗澡間的地板是溫熱的，這倒挺令人意外，因為我從未聽說過哪個露營區的洗澡房還有地下供暖系統。我看到牆上一面巨大的鏡子底下有吹風機，便用它來把襪子吹乾，吹得那潔淨的檯面上到處都是沙粒、塵土和皮屑。收音機裡傳來一個響亮的、有如凝脂奶油般的聲音，說如果你在車子的保險槓上貼一張「海盜電台」的貼紙，就能得到一張免費的汽油兌換券。「噠—噠—噠—噠，海盜電台」。那段臺呼一直縈繞在我腦海中，即使之後他們在我沖澡時播了邦．喬飛（Bon Jovi）的〈Dead or Alive〉[14]，也無法覆蓋。

我把我那頭鳥巢般的毛髮吹乾，終於重溫那種溫暖、乾燥、令人愉悅的感覺。我們在步道上餐風露宿，身上幾乎總是溼漉漉的，有時是汗水，有時是雨水，有時則是空氣中的水分。我們的衣服也總是很潮溼，白天是被汗水所溼（有時甚至能擰出水來），晚上則是因為吸收了空氣中的水氣而變潮，到了早上則是又溼又冰。當我們放下背包、脫掉襪子，坐在地上晒太陽時，它們會暫時變乾，但穿回去後不到幾分鐘又溼透了。就像從前我們很習慣乾燥的環境一般，現在我們習慣了這種潮溼的感覺，所以不會特別去意識到它的存在了。這或許是我之所以連續幾天都沒把襪子脫下的原因。我們已經脫離了現代文明，進入了光是存在、求生的狀態。此刻，那溫熱乾燥的地板就像在為我的腳底做著溫泉水療，我站在那兒聽著「海盜電台」，不知站了多久。我的腳是熱的，頭髮是乾的。我喜歡現代文明！「噠—噠—噠—噠，海盜電台」。這時，我突然想到：完了，如果連淋浴間都這麼舒適，那這個露營場的收費一定很貴。我們得在有人來收錢之前離開。

14 編注：完整歌名應為「Wanted Dead or Alive」。

聖艾夫斯鎮人潮繁忙，狹窄的街道上萬頭攢動。空中懸掛著一面面橫幅，宣稱聖艾夫斯的九月節將於這個週末開始，但此刻鎮上就已經爆滿，顯然人們都搶先入住了。我們穿著靴子走在街道上，因為肩上沒有背包，因此腳步特別輕快。

「我們的銀行帳戶裡應該還有一點錢。」

「這麼多食物，真是要命！」

我們把臉頰貼在一家海鮮餐廳的玻璃上，用眼睛吃了一頓包括水煮荷包蛋和燻鮭魚的早餐，差點還喝了一杯卡布其諾，但還沒來得及喝，女服務生就跑出來請我們離開，因為我們讓裡面的人吃不下去。熟食店、甜甜圈、冰淇淋、凝脂奶油、法式糕點和肉餡餅。肉餡餅。我們走到了提款機前面。

今天的餘額是二十五英鎊六十二便士，可提領金額是二十英鎊。為什麼這麼少？但由於我們手上並沒有稅收減免的詳細資料，因此也無計可施。況且，就算有那些資料，我們也沒錢打電話去查詢。於是，我們便領了二十英鎊，然後默默地坐在教堂旁邊一座小公園裡。

莫思伸手摟著我。

「我們可以挺過去的。之前不也是這樣嗎？」

「我知道，可是我真的很想吃肉餡餅。好吧，我們就到處走走逛逛吧！」我竭力忍住眼淚。

「我們還是可以吃麵呀。我們不是都很愛吃麵嗎？」

「是啊。我很愛吃麵。」

街上人潮洶湧，到處都是街頭藝人，但那些房舍所發出微光似乎變得黯淡了些。我們沿著教堂再過去的小巷子走著，經過了一家很雅致的旅館。從窗子裡看過去，只見裡面的木頭地板都上了蠟，四面牆壁都漆成了白色系，並鑲著南塔克特藍色（Nantucket blue）的榫槽接合飾板。

「你怎麼知道有這種顏色？」

「你不記得了嗎？那就是我在穀倉的廚房裡漆的顏色呀！」

走著走著，一家飾品店吸引了我們的注意力。它的窗戶上掛滿了各色銀飾、水晶和捕夢網，門上貼著一張告示：「今日提供塔羅牌解讀」。我們看著窗戶裡面那些亮晶晶的東西，但並不是真的想看什麼，只是讓我們的眼睛休息一下。

「你們要不要來算個命？」一個穿著兩件式毛衣和慢跑褲的老太太打開房門請我們進去。

「不，謝了，我們沒錢。」

「沒關係，你們還是進來吧。今天店裡沒什麼生意。我就簡單幫你算一下。」

我往前跨了一步。

「也好。」

「不要。」莫思搖搖頭，站在門階上不動，一步也不肯跨入。於是老太太便伸手把他拉來。

「我幫你太太算就好了。你可以在店裡面坐著。」

我們走進了她在店後面的小隔間。裡頭四面都是簾子和各種小擺飾。她洗了牌之後便要我抽出其中九張，然後就一張一張地擺在桌上。

「哎呀，你的太陽在中央，月亮在最上面。最後三張卡是大地、藝術和天平。是很棒的一副牌呢！它告訴你：你要給自己一段時間去做你知道你必須要做的事，就會得到你最想要的。」

「真的嗎？」

「真的。」她伸出手來，握住莫思的手。「而且你會沒事的。她的生命線很長，而你是其中的一部分。」

我們走回海邊，沿著混凝土砌的防波堤前進，只見一個藝術家正在岸上把岩石一塊塊堆疊起來，做成海之雕塑，讓人們可以在漲潮前欣賞。他旁邊放著一根連著一個桶子的水管。我看到幾個圍觀的群眾往裡頭丟了些錢幣。

「這麼說，你會長生不老嘍！」

「而且你會陪在我身邊。」

「而且你還會得到所有你想要的東西。」

「那我們就去吧！」

「去做什麼？」

「買肉餡餅。」

康瓦耳郡有很多肉餡餅店，其中大多數都宣稱他們賣的是最好的、歷史最悠久的或最正宗道地的肉餡餅。我們到了一家號稱三者兼具的店，買了一個大餡餅，然後便拿到港口去吃，只見那裡有許多人坐在長椅上，吃著薯條和冰淇淋。我們在一堵混凝土矮牆上坐下後，莫思便開始吃起他的半個餡餅。港口的屋頂、欄杆和燈柱上都有海鷗棲息。牠們呱呱呱地大叫，聲音憤怒而急促。有一隻模樣特別兇猛的鳥站在遊覽船船塢的棚頂，用牠那有如海玻璃般的眼睛盯著我們。我把那裝在染著油漬的紙袋裡的半個寶貝餡餅湊近嘴邊，咬了一口。這真是我有生以來吃過的最美味的餡餅。裡面的牛肉軟得恰到好處，還配著馬鈴薯和瑞典蕪菁，肉汁也不會過多，不致於流到手上。我咬了第二口，想盡量吃慢一點，才能好好享受這樣的美味。在此同時，我的眼睛始終留意著那隻海鷗，以防牠有什麼動作。但就在我的手剛離開嘴巴時，突然聽到「嗖！」一聲，有個什麼東西從後面掠過我的頭頂，搶走了我手上的餡餅，然後我便看到原來停在船塢棚頂的那隻海鷗從我身邊疾飛而去。我拿著那個空空如也的紙袋，目瞪口呆：難道海鷗是成群覓食？

「她說你會得到所有你想要的東西，可她沒說你能擁有它多久。」

「你當然可以說風涼話啦！你已經把你那半個吃下肚了。」

「別這樣。你得承認這還挺好笑的吧！」

「不好笑。」

莫思站起身來，把紙袋丟進垃圾桶。

「你可以坐在這兒自憐自艾，但我要去帳篷拿個東西。你別走開，否則回來時我就找不到你了。」

他說完便消失在人群中。說也奇怪，他走路時腰桿挺直、腳步平穩，看起來很正常，一點也不像是身上有病痛的人。真是奇怪！「噠—噠—噠—噠，海盜電台」。自從離開威爾斯後，我們幾乎不曾分開過。因此，我頓時有種很奇怪的感覺，彷彿他把半個我也帶走了。我又想到那個吃了一半的肉餡餅。此刻，那群海鷗正聚集在販賣炸魚和薯條的商店附近。顯然牠們還是比較喜歡吃魚，但只要逮到機會，就什麼都不放過。牠們會從高處俯衝下來，一把搶走你手中的食物，而且偶爾能夠得手。「噠—噠—噠—噠，海盜電台」。我試著編一首有關聖艾夫斯鎮的歌謠。「我要到聖艾夫斯鎮時，遇見了一個男人……」不行，這已經有人寫過了。萬一莫思不回來了呢？他可能受不了我不停地嘟囔，於是就自己收拾背包走了。不，他不會這麼做的。錢在我這兒。然後，我突然意識到這整個夏天我一直在否認的事實：萬一他不回來了，萬一他永遠離開了，那該怎麼辦？那我就會像是一個吃了一半的肉餡餅，從此不再完整了。我抱住膝蓋，把注意力放在那些海鷗身上，努力不讓自己去想這個。「噠—噠—噠—噠，海盜電台」。

「我可不是叫你一直坐在這裡。」莫思終於回來了。

「我已經坐了！你有什麼東西這麼重要，非回去拿不可？」

「我是去拿《貝武夫》。走吧！」

「要幹麼？」

我們穿過擁擠的人群，走到街上一處比較寬敞的地方，許多街頭藝人聚集在此。莫思在一家熟食店附近的角落裡站定後，便打開那本《貝武夫》。我太熟悉那個印著紅色字體的深藍色封面了。

「準備好了嗎？」

「不行，不行，你不能……」

莫思靠牆站著，一副若無其事的模樣，彷彿在他的世界裡，這是一件再尋常不過的事。不過，說故事向來是他的看家本領。他曾經在建築工人的點心屋裡講故事，或是在排隊等公車時打開話匣子。此外，他說故事的對象還包含參觀我們穀倉的訪客、來我們花園玩耍的孩子，甚至是在某處坐著不動太久的某人。他會抓住這些人從歷史故事談到植物的故事。然而，眼前的情況不同。街道上都是陌生人，而不是那些無法走開、只能被迫聽他說故事的聽眾。何況他們當中有許多並非一般的遊客，而是特別來這裡參加藝術季、具有藝術鑑賞力的人。

「莫思，不行啦……」

「我要開始嘍！」

喔，天哪！我尷尬得無地自容，很想往後退。但他的聲音向來洪亮……

「古時的丹麥王國
有幾個勇敢偉大的君主……」

有幾個人停下腳步轉頭看他，接著又有兩個老頭雙手抱胸，不停地點頭。此刻莫思已經沉浸其中，渾然忘卻周遭的人群，回到了在建築工人點心屋裡的時光。

「有一個可怕的惡魔在漆黑的夜裡出沒……」莫思一邊朗讀，一邊把他的帽子丟給我。什麼？他應該不會指望我去……？我還沒回過神來，就已經有人把錢幣丟進來了。都是面值一英鎊的銅板。隨著我在人群間走動，有更多的銅板入帳：二十便士、五十便士……

人潮愈來愈多，幾乎把整條街都堵住了。

「你有執照嗎？」在人群旁邊，有一個聲音響起。執照？

「邪惡之物不斷攻擊我……」

莫思闔上書。

「各位，今天就到此為止。謝謝《貝武夫》和謝默斯．希尼，也謝謝各位聆聽。」語畢，大家紛紛鼓掌，掌聲久久不歇。

「太精彩了！很棒的一種致敬方式。他會以此為傲的。」群眾當中的一個老人和莫思握手。

「希望他正在天上看著這週的慶典。」

「不好意思，請問他何時走的？我一直在徒步旅行，所以不知道最近發生了什麼事。」

「兩個星期之前。謝謝你用這樣的方式向他致敬，真是再好不過了。」人群開始散去。我把帽子塞進我的刷毛外套底下。

「我不知道他走了。這樣好像對他很不敬。」

「我想他不會介意的。或許他正在天上笑得很開心呢。」

「我們該走了。你有沒有聽到關於執照的事？」

回到港口那個安靜的角落後，我們把帽子裡的錢幣倒出來清點。一個又一個閃亮的錢幣。我們數了又數，數了又數，一共二十八英鎊三便士！整整二十八英鎊耶！我們回憶著剛才的場面，忍不住一邊大笑，一邊手舞足蹈，笑到眼淚都流出來了。

「我喜歡你繞著那根柱子轉的畫面，好有戲劇性。」

「食物！食物！食物！食物！」

我們把所有錢幣都倒在合作社的櫃檯上，買了麵包、水果和蔬菜等等我們一直很想吃的東西，把袋子都裝滿了。此外，我們還在一家慈善商店買了兩件羊毛套頭衫（一人一件），另外又買了兩杯薯條。買完後還剩下十英磅，再加上口袋裡的二十英鎊以及銀行戶頭裡的五英鎊，我們總共還有三十五英鎊。享受生命！

在走回露營場的路上，我們看到一家藝廊的窗戶上貼著一張海報，上面寫著：「詩人賽門・阿米塔吉從邁恩希德走到蘭茲角，沿途在各地舉行朗誦會。本週日有一場將在本鎮舉行。免費。名額已滿。」

「至少我們現在知道他是誰了。」

「可是那張照片看起來一點都不像你呀。」

「呃，我能怎麼說呢？或許他們是被我那詩人般的氣質所吸引吧。」

「胡扯！」

那天晚上我們一直待在露營場的洗澡房裡，清洗衣服、把玩吹風機。

「噠—噠—噠—噠，海盜電台」。我試著把我寫的那首歌謠寫完，但還是沒什麼進展。

「向阿米塔吉致敬

海鷗啊海鷗到處有
連我的頭髮裡面都有。
餡餅啊餡餅到處有
海鷗卻把我的餅偷走。」

「蕊娜，你寫得太爛了吧！」

「你不懂啦！這叫打油詩。」

「胡扯。」

第四部

微鹹的黑莓

「選擇太多，無從下手——哪個該丟，
哪個該放進口袋帶回家。」

《石頭海灘》，賽門．阿米塔吉
（*The Stone Beach*, Simon Amitage）

15 海岬

這樣的早晨簡直太完美了。自從太陽升上地平線之後，光線就一直清澈而明亮，戈德雷維海岬一片翠綠，地平線上崔維斯岬清晰可見。可惜這般光景通常不會持續太久，之後總會烏雲籠罩，甚至更糟。不過就算知道天氣不好，我們也不能再多歇一晚，因為這座露營場每晚收費二十五英鎊。

從克洛吉角（Clodgy Point）往東，一路晴天，但在西邊的天空上，白色的積雲卻愈來愈多，而且不時被漸強的風勢所吹散。我們繼續前行，進入一片海岬重重的荒野。放眼望去，霍爾角（Hor Point）、彭恩尼斯角（Pen Enys Point）、卡努恩角（Carn Nuan Point）以及其他我們還看不見的岬角……一座座海岬和大西洋的海面看起來粗獷原始，令人望而生畏。我們走著走著，經過了一座又一座岬角，不時有碎裂的岩塊掉入海中。西方的天空也愈來愈暗，雲層愈來愈低、愈來愈密，浪也愈來愈大。這是一處由天氣和岩石主宰的隱密之地，偏僻孤立，與世隔絕，千萬年來未曾改變，卻時時隨著大海與天空而變化，充滿矛盾。這是一塊古老的土地，歷經了歲月與人類的洗禮但仍屹立不搖。而此刻，它正在消耗著我們的體力和意志力，迫使我們臣服於風雨的腳下。

地面破損斷裂、高低不平，處處都是尖利的巨石，難以通行。我們爬過一塊又一塊巨石，時而從隙縫中穿越，時而繞行於四周。大雨落下來，我們無處可躲，身上的衣服都溼了，腳上的靴子也滲出了水。我們聽到右邊傳來海浪拍打岩石的聲音，卻看不到大海。只見四周都是一片灰濛濛的濃密水氣，害我們看不清步道，也看不清前方景物，只好踉踉蹌蹌走在那一大片布滿石塊的山坡上，並開始擔心自己永遠無法走出這個陰暗潮溼的地獄。

我們迎著風低著頭行進，和雨水融為一體。突然間，我意識到我們走到了空曠的地方。原來我們已經憑著本能回到了步道上，正朝著澤諾岬（Zennor Head）前進。走著走著，路上的石頭愈來愈少，取而代之的是一叢叢的歐洲蕨。我們行進時眼睛一直盯著步道看，深怕它再次消失。最後，我們終於走到了平地。我抬起頭，看到兩個德國老先生迎面走來，這是我們這一整天當中首次遇到其他人。

他們似乎也很慶幸能夠看到我們。

「感謝老天！還以為我們會死在這兒呢。我們已經往返這裡三次了，這裡到底是哪裡？」

我心想：「你們以為你們會死在這兒？我還以為我已經死了呢。」我們圍成一個圈，各自用已經溼掉的衣服把老花眼鏡擦乾，然後莫思從口袋掏出那本已經溼透的指南，小心翼翼地掀開書頁。

「你們要去哪裡？」莫思問。

「澤諾岬。我們在『錫礦工的手臂』訂了一個房間。」

「那麼你們要先下山，然後往內陸的方向走。」

他們聞言便轉身離去，走了不到兩公尺就消失在霧氣中了。

「錫礦工的手臂？」我腦海裡浮現了一間溫暖、乾爽的酒吧。那影像真是令人無法抗拒。

我們拖著疲累的腳步沿著柏油路前進。此刻，我們身上的背包不僅重了一倍，還一路淌水。

但在經過那個遍布巨石的區域後，走在這平坦的路面上讓人感覺置身天堂。

澤諾岬有個關於美人魚的傳說，講的是十五世紀時，一個有著迷人嗓音的美麗女子偶爾會到此地的教堂拜訪。某天她看上了一個名叫馬西．崔維拉（Mathey Trewella）的年輕男子，而他也拜倒在她的石榴裙下，於是便跟著她一起走了，從此再也沒人看到他們出現在陸地上，只有一次，當西邊起霧時，有人曾經在海上見到他們……這是聖艾夫斯鎮一家名為「澤諾岬的美牛魚」的冰淇淋店女孩告訴我們的故事。據她所說，村民為了紀念這對情侶，在教堂裡她坐過的長椅上刻了一幅美人魚的圖案，而且她保證這絕不是他們為了行銷冰淇淋所編造的故事。

因此，當聖塞納拉教堂（St Senara church）在霧氣中顯現時，我們自然要進去瞧瞧，而且果然在裡面看到了那個光彩奪目的美人魚。當我們正考慮是否該在這裡過夜時，教堂的門就打開了，兩個揹著背包、穿著造型俐落的雨衣的男子大步走了進來。身材較高大的那個直接走到美人魚雕刻前面，然後便轉身俯視它。

「嗯，這就是了。」

接著他便一旋身，帶著那個身材較矮小、還沒走到雕刻前面的男子大步走出去，一副精力充沛的模樣。

我們到了「錫礦工的手臂」，在吧檯旁邊的陰暗角落找到幾張凳子，脫下雨衣，並叫了一壺茶。那兩個德國人已經在房間的另一頭各自吃著一大盤食物了，他們看到我們，便向我們揮了揮手。我把我那雙紅襪子掛在桌子邊緣，只見裡面的水都淌了下來，在我們的背包底下積成一灘。不久，我們熱得直冒水氣，而那水氣讓原本就置身於角落裡的我們變得更不顯眼。

不久，門打開了，我們在教堂遇見的那兩個男人大步走了進來，身後還跟著其他四個人。此時，他們已經洗完澡，穿上乾爽潔淨的衣服，不再是一副溼漉漉的模樣。我們等著他們宣布他們此行的目的，因為背包客遲早都會忍不住要告訴別人他們在做什麼。果然，他們很快就開口了。

「我們正在走海濱小徑，從邁恩希德走到普利茅斯，最慢必須在未來兩週內抵達。這已經是我們的第十八天了，所以進度算是很順利。」那個大個子顯然是他們的發言人。

「我們為什麼要這麼做呢？當然是為了幫慈善機構募款呀。所有人走步道都是為了要幫助慈善機構，如果不是，那就太自我耽溺了！當然，我們是有後援的，有輛廂型車跟在後面支援我們。」

通常到了這個時候，就會有其他背包客現身說法，然後大家就會開始熱烈交換途中的見聞。但這時，那兩個德國人已經走了，而在場其他人顯然不是來走步道的，我們好像應該接話說：「呃，其實我們也正在走這條步道。」「不，不是為了幫助慈善機構，只是想這麼做罷了。」我們有沒有後援呢？「沒有，我們揹著背包就來了。」晚上是搭帳篷過夜嗎？「是的。沒錯，但我們的帳篷已經溼透了。」今晚要睡哪裡呢？「還沒想好耶！」最後，我們還是決定什麼都不說，並且又叫了一壺熱水。到了十點鐘時，那些人就大步離開了，說是要「早睡早起」。

十一點鐘，雨終於停了，霧也略微散去。我們把那些溼衣服穿回去之後，就走進了夜色中。路邊有塊地看起來是個搭帳篷的好地點，但上面有一層堆肥，顯然是誰家院子的盡頭。我們想起在先前經過的那座海岬上曾看到一塊空地，於是便決定走回去。在七手八腳穿過一叢叢歐洲蕨後，我們就進入了一塊農田。附近有一座燈火通明的農舍，但因為距離夠遠，我們應該不會被發現。風愈來愈大。我們用溼毛巾擦拭帳篷後就坐在田裡等著，等到帳篷夠乾了，再把睡袋攤開。凌晨一點時，我們又溼又冷、渾身發抖地坐在毫無遮蔽的海岬上吃著米飯和鮪魚。潮溼的空氣中，海豹低沉的叫聲從下方的海灣傳來，接著從更遠處傳來一陣微弱的應和。牠們正在這漆黑潮溼的夜裡彼此呼喚。

「我坐的這個地方好溼呀！」

「我這裡也是。」

「那該死的美人魚！真讓人受不了！她難道就不能把嘴巴閉上嗎？這樣我怎麼睡得著？」

那或許只是海豹的叫聲吧。兩者很難分辨。但儘管海岬上刮著風，儘管帳篷是溼的，儘管海豹徹夜嚎叫，但當我躺進那個潮溼的睡袋時，心裡還是很慶幸自己並非躺在陋巷裡垃圾箱後面的某張紙板上。

在豐美的牧草地上，吃草的牛會發出一種很特別的、類似打嗝的聲音。現在這種聲音就在我的腦袋旁邊響起。我心想：如果那是一隻母牛，那就表示此刻牠正站在帳篷旁邊，只要一不小心，牠就可能會被帳篷繩纏住，甚至踩進外帳裡，那就有點麻煩了。我試著小聲地叫醒莫思。

「莫思，莫思，外面有一頭牛。」

「那又怎樣？」

「牠就在外面。」

「別理牠，牠會自己走掉的。」

我不能不理牠。於是我便慢慢地拉開拉鍊，以免牠受到驚嚇會衝進帳篷裡。但打開帳篷拉鍊時，很難不發出聲音，更不幸的是，接著我又被爐子絆倒了，一跤摔在那溼溼的草地上。這時，那頭牛已經掉過頭去，一邊吃著草，一邊慢慢地走開了，一副毫不在意的模樣。由於天氣寒冷無風，牠的背上冒出了白煙。當牠走入霧氣，和我們看不見的牛群會合時，我甚至可以看到牠嘴裡呼出的氣息。在那昏暗的月光下，我聽到牠們在某處吃草、咀嚼、打嗝和呼吸的聲音。此刻，海灣裡的海豹仍然不斷地叫著，聲音低沉而重複，只有在偶爾聽到蠣鴴尖銳的鳴叫時，牠們才會安靜下來。我把睡袋拿出帳篷，然後便裹在裡面看著東方地平線上的曙光把海岬一座接一座地照亮。等到月亮黯淡下來，霧氣也漸漸消散時，海鷗們便開始了白日的叫聲，農舍的燈光也亮了起來。

雲朵已散去不少，古納茲岬（Gurnard's Head）和距我們較近的幾座海岬已經隱約可見。但天空仍然陰沉昏暗，如果沒有風，可能一整天都會如此。我們循著步道行經一座深谷，谷中有條小溪流過，兩岸花兒盛開，彷彿澤諾岬所有花園的種子都流入了這條溪，卡在岸邊潮溼的土壤中，然後便在這座荒野中的隱密花園開出了似錦的繁花。

又來到了一座海岬。我們坐在長椅上吃著一條溼溼的奶油軟糖棒，聽著過往行人的談話。

「我才不管你腳上有沒有長水泡呢。我們今天晚上必須照計畫經過蘭茲角。」一群人從我們的身邊走過，卻渾然無視於我們的存在。他們走遠後，我心想：「今天就要抵達蘭茲角？我們還要走好幾天呢！」但問題是，到了那裡之後，我們要何去何從？

這時，我看到兩個人影從底下的潘杜爾灣（Pendour Cove）沿著一條迂迴的小徑往上走，來到我們旁邊的這條步道上。那是兩個傴僂的老人，他們身材和年紀都相仿。其中一個穿著靴子、雨衣，戴著羊毛帽，身形瘦弱、雙頰凹陷、臉色暗沉，手上拿著一堆衣服。另一個稍微年輕一些，穿著泳褲和人字拖，脖子上搭著條毛巾，手裡拿著一個特百惠（Tupperware）保鮮盒。等他們走近一些時，我發現從兩人走路的姿勢、頭顱的形狀和拌嘴的樣子來看，他們顯然是兄弟。

「早安。你們是要去游泳嗎？我們剛才去了，可是只有我下水，他說什麼都不肯脫下他的靴子。真不知道他在想什麼，難道他光著身子，就會有什麼東西掉下來嗎？」說話的是那個有下水的人。另一個只是靜靜站在那兒，臉上似笑非笑。

「今天早上空氣真好呀。溫暖潮溼，對皮膚很好。我一直告訴他：去冷冷的海水泡一下，吸吸溫暖的霧氣，人就不會生病，還能青春永駐。」他把那個保鮮盒遞了過來，裡面裝著半盒晶瑩剔透、已經成熟的深紫色水果。「要不要來點黑莓？」

這一路上我們所採的黑莓都是又小又酸，我基於禮貌還是拿了一顆。但是當我將它放進嘴裡，才發現它和我之前嚐過的所有黑莓都不同。味道香醇、甜美，有一股濃郁的秋天風味，其中還隱含一抹非常清淡的鹹味。

「你們應該以為現在已經不是黑莓的季節了吧？還是你之前吃過，但並不喜歡？跟你說，你得等到最後一刻，也就是黑莓完全成熟但還沒開始腐敗的時候，關於這點，烏鶇就很懂。除此之外，若果樹籠罩在薄霧中，就會使果子裹上一層含有鹽分的水氣，那它們吃起來就會帶著微微的鹹味。這樣的黑莓是最完美的，有錢也買不到，廚師也做不出來，因為它不是人工的產物，而是時間和大自然的作品，是上天的恩賜。當你以為夏天已經過去，所有好東西都沒了的時候，它就是上天賜給我們的禮物。」

說完他便伸出一隻臂膀，環抱著他那個已經渾身發抖、臉色蒼白、顯然有病在身的哥哥。

「兄弟，衣服我自己拿吧。我們回家去壁爐旁邊取暖。」

他哥哥並未答腔，只是微微一笑，然後兩人就朝著深谷的方向走了。

我們沿著蜿蜒曲折的步道朝著古納茲岬行進，邊走邊吃著黑莓。吃了幾把後，手都被染成了深紫色。

大雨嘩啦地下來了，落在海面上，激起一波波浪花，也打在陸地上，讓我們腳下這條崎嶇多岩的步道變得滿是泥漿。巨大的捲浪轟隆隆拍擊著海岬，雨水則毫不留情地落在我們身上，透過我們那已經無法防水的雨衣滲進衣服裡，積存在靴子裡，然後連同泥漿和我們的汗水一起往外噴。到了下午三四點時，我們終於放棄了，找塊地搭起帳篷，再把身上的溼衣服脫下來，換上比較沒那麼溼的。吃完飯後，我們玩起了「我是小間諜」（I spy）的遊戲，但在帳篷裡可以猜的東西實在非常有限。之後，我們又開始討論到了蘭茲角之後該怎麼辦，但我們的選擇也非常有限，只有兩種：繼續走，或不走了。接著，我們又扮演《貝武夫》之中的角色，互相較量「誰擁有最大的那把劍」，但這樣的遊戲實在不適合在帳篷裡玩。後來，我們就睡了。這一睡就是十二個小時。

一道耀眼的天光悄悄照進了帳篷。天色比過去這兩天都更明亮，但我的胃卻開始陣陣絞痛，想必是連續幾週只吃米飯和麵條之後一下子吃了太多水果的緣故。我蹲在一道牆旁邊，解著深紫色的便，一邊看著潔白蓬鬆的積雲緩緩飄過藍天。接著，我便看見了那個女人。她正坐在一張凳子上，把頭靠上一頭母牛的肚子，而那牛正吃著桶子裡的飼料。她怎麼會坐在田裡擠牛奶呢？我是不是生了病，開始出現幻覺了？還是穿越時空，到了《黛絲姑娘》（*Tess of the D'Urbervilles*）那個年代？因為現在應該已經沒有人會坐在凳子上擠牛奶了，尤其是在一片空曠的原野上。但接著，那女人向我揮了揮手。幹，她看到我蹲在她家的田裡了。本地人應該原本就認為外來遊客都是只喝豆漿、不喝牛奶的野蠻人，這下更不知道他們會怎麼想了。

「莫思，起來，我們得走了。」

路面變平了。我們沿著山坡緩緩而下，走到了樸塞拉斯海灣，然後又沿著一條溪流走向此地的海灘，走著走著，身上的衣服都逐漸被風吹乾了。途中，有一隻邊境牧羊犬從我們身邊衝了過去，從一塊岩石跳到另一塊。一個身材嬌小的女人跟在牠後面。她有一頭金灰色的長髮，即使已經紮成了一根辮子，但長度仍在腰下。

「嗨，你們在走步道嗎？要去哪裡？」

「蘭茲角。說不定還會繼續走下去。」

「已經不遠了。你們是從哪裡來的呀？是露宿野外嗎？」

「從邁恩希德來的。是啊，我們一路上大多是在野外露營。」

「我看得出來。你們的樣子很像。」

「樣子？」

「這種生活已經對你們造成了影響，從你們身上看得出來。一旦受到大自然的洗禮，就再也回不去了。你們身上已經有了鹽分。我是三十年前來到這兒的，從此再也沒離開過，每天都來這裡游泳和遛狗。人們總是會和風雨對抗，和天氣對抗，尤其是在這裡。但當你受到了大自然的洗禮並且不再抗拒時，你就會變得煥然一新。無論你們走到哪兒，我都祝你們好運。」她說完便跟在那隻狗後面，腳步輕快地走上海岬，從我們的視野中消失。

「這裡的海岸是不是充滿了智者和先知呀？好像到處都可以碰到他們。」

「有了鹽分。嗯，我喜歡。有了鹽分就有了味道，容易保存，像那些黑莓一樣。」

「陽光愈來愈暖和了。趁現在把東西拿出來晒吧。」

我們把背包裡的東西都攤在附近的岩石上，只見它們在正午的陽光下微微冒著水氣。幾週之前，我們買下這些東西的時候，只覺得它們雖然陌生，但還算實用。但現在它們已經變成我們家的一分子，雖然有著種種惱人的毛病和缺點，可是生活不僅不能少了它們，我們還會盡可能地愛護使用。就連那兩個薄如紙片的討厭睡袋，現在也成了我們不可或缺之物，像是一個煩人的手足。此刻，地上那些粗糙的花崗岩吸飽了太陽的熱氣後，又把它反射出來，溫暖了我們那已經有了皺紋的潮溼肌膚，舒緩了身上痠痛的肌肉，以致我們從中午開始，一覺就睡到下午四五點。醒來後，我僵硬地站起身來，發現身上的衣服和攤在岩石上的那些東西都乾了，於是我便開始將它們收進背包。睡袋和我們在慈善商店買的羊毛套頭衫摸起來終於有一種乾爽、暖和的感覺，真希望它們到夜裡還能保持這樣的溫暖。

「今晚要不要乾脆就待在這兒，等到明天再走？」

「好啊！我想去游泳。」

莫思跳進海裡，往水深處游去。他已經變瘦了。事實上，我從來沒看過他這麼瘦過。他身上那被T恤遮住、太陽晒不到的地方看起來白得耀眼，背部的肌肉隨著動作起伏。那些肌肉不如他從前年年砌土石牆、晒乾草和挖溝渠時那般強壯，但已經比他開始生病後更結實，線條也更明顯。他不停用雙手上上下下地划水，游進更深的水域。這時，太陽已經逐漸沉落，黝暗的海面灑滿金光。突然間，那染著深藍與紅紫兩色的水面突然出現一個暗灰色的光滑形體。牠弓起背、潛入水中，然後又浮出水面。接著又有第二隻、第三隻出現。那是一群正往岸邊游去的瓶鼻海豚。

莫思也看到牠們了。他停了下來，在水中浮沉，看著牠們游過海灣。只見這些海豚靜靜地在水中前進，只有鼻子或尾巴偶爾會露出水面，幾乎和波浪融為一體。此刻，牠們就是水，就是那不斷湧動的大海，兩者並無二致。當潮水漸退，天色也暗下來時，牠們就往地平線和海洋深處游去，消失不見了。

相較於威爾斯和蘇格蘭地區的瓶鼻海豚，康瓦耳郡的這些海豚並未受到明確的保護。過去十年來，此區的瓶鼻海豚數量已經減半，但在其他地區則維持穩定。牠們若要得到本地政府的保護，必須先經法定的保育機構認定為「居留種」才行，但由於這方面的研究不足，牠們無法被認列。然而，科學家們之所以認定威爾斯的喀地干灣（Cardigan Bay）的瓶鼻海豚是居留種，是因為牠們使用的方言和愛爾蘭的瓶鼻海豚不同。既然牠們說的是威爾斯語，因此必定就是本地的物種。但毫無疑問地，樸塞拉斯海灣的這群海豚也有濃重的康瓦耳口音，那麼哪裡還需要其他的證明呢？

然而，就算這些瓶鼻海豚最後得到了若干保護，但在管理單位的作為具有一致性之前，牠們的生存仍有危機，原因是威爾斯政府如今認為喀地干灣和潘林保育特區（Pen Llyn Special Areas of Conservation）受到特殊保護的時間已經夠久了，於是他們提出一項法案，要重新開放這兩個地區的海域，供漁民用拖網漁船打撈海床上的扇貝。而他們之所以有此提案，是因為這兩個一度歷經大規模捕撈的地區在受到保護之後，海洋生物的數量並未大幅增加，因此威爾斯議會便認定我們的沿岸水域沙漠化乃是常態。但事實上，拖網船所捕撈的東西除了扇貝之外，還包括淡菜、海葵、海扇、海綿、海藻以及各式各樣的魚類。生態一旦枯竭了，就需要幾十年乃至幾百年的時間才能復原，而這些海洋生物都是海豚媽媽在幼崽還小且行動緩慢時所賴以為生的食物。

樸塞拉斯海灣海灘後面的懸崖是由頁岩所構成，並不穩定，因此我們便把帳篷搭在遠離崖壁的地方，和懸崖之間隔著一條淡水溪流，並且距離高潮線頗遠。由於這幾個星期以來我們日復一日觀看潮汐的起落，因此大概知道潮水何時會開始上漲。此刻，天色已黑，潘丁燈塔（Pendeen Lighthouse）的光線規律地擺盪投射在岬角上，卻照不到我們所在的海灘。一群蠣鴴飛了過來，氣溫也陡然下降。寒氣從沙地上傳來，直透我們的骨髓。我把所有的衣服都穿上了，外加幾件莫思的（他一點兒也不覺得冷），但還是冷得發抖，最後好不容易才睡熟了。但在帳篷中，這樣的熟睡狀態並不會維持太久。

就在這時，海水淹過來了。它迅疾而兇猛地朝著我們奔騰而來，漫過了高潮線，來勢洶洶，銳不可當。我們當初之所以會選擇這頂帳篷，是因為它在沒打營釘的情況下仍能保持直立狀態，但沒想到當我們把它連同裡面的空氣床和睡袋高舉在頭頂上時，它仍能保持直立。更令人驚訝的是莫思。他居然能穿著內褲就舉起帳篷往海灘的高處跑，甚至在海水沿著那條溪流往上湧、水深已經及膝的時候，他也沒有停下腳步。毫無疑問，他已經變了。但根據醫生的說法，這是不可能的。皮質基底核退化症是一種不可逆的疾病。

他自己也知道。

「我的體力變好了。我感覺這樣下去說不定事情會有轉機。現在我拿東西時手已經比較穩了。還有，肩膀也沒那麼痛了。起初停止服用普瑞巴林時，肩膀簡直痛得不得了，但在我們抵達紐基鎮之前，我就發現那裡已經沒那麼痛了。事實上，我已經有好幾年沒這麼舒服過了，而且我的頭腦也清楚很多，可以好好想事情了。我不知道這會不會只是一時的現象，也不知道這種現象是否有可能會發生，或者我如果不再走下去，是否又會變回從前的樣子。我真的不知道。」

「抵達紐基之前？那有可能是寇特的草藥發揮了作用。」
「我想是因為我走了很多路的關係。或許我這一輩子都得像這樣一直走下去。」
「別開玩笑——不過我們確實可能得一直走下去。但我不在乎。只要能讓你健康，我願意一直走下去。」
「到了蘭茲角之後，我們該怎麼辦呢？」
「我不知道。」
因為需要食物，我們便走進潘丁村（Pandeen）。那裡有間小店裡擺著一堆自家烘烤的麵包，一個個像足球那麼大。我們迫不及待買了一個且一口氣就吃完了，但由於嘴巴還是很乾，想喝點茶，便向一家小餐館要了壺熱水，並試著為手機充電。但手機可能被雨水淋壞了，螢幕一直維持在白屏狀態。
「你們要去哪兒？」餐館老闆顯然對坐在角落裡的這兩個渾身異味、想要白吃白喝的傢伙很是好奇。
「去蘭茲角。但現在我們不太確定了。有可能會繼續走下去。」
「難道你們不需要回去嗎？」
「不需要，我們已經沒有家了。」
「哇，你們把房子賣掉，四處遊走呀？以我們這個年紀來說，還真勇敢呢！會這麼做的人可不多。」
這不是莫思所說的意思，但我們也沒有否認。

「我一直夢想騎腳踏車拉著我的輕艇到法國各地遊玩。你們可以過來。我在法國北部有一棟房子，可以一整個冬天都租給你們，一個月五百英鎊。我們可以在那裡騎腳踏車。」

「聽起來很棒。等我們走完步道再和你聯絡。」

快到中午，氣溫已經升高時，我們便離開了那家餐館。在路上，我心想：有人要給我們一個地方住呢！雖然那是在別的國家，雖然我們住不起，而且就算莫思的體力已經變好了，他是否能夠用腳踏車拖著一艘輕艇騎走千里路還是個問題。不過，至少有人邀我們去他那裡住了。或許他以為我們賣了房子有很多錢。如果他知道實情可能就不會這麼做了。但無論如何，我們看到了一些可能性，看到了希望。

在二十世紀的最後十年間，英國最後一批錫礦陸續停產。吉佛（Geevor）的錫礦場也關閉於一九九一年。裡面的幫浦被關掉了，礦井也進了水。有些礦工遠赴澳洲工作，有些則參與建造英法海底隧道的工程。康瓦耳郡數百年的採礦史從此寫下了完結篇。但不久後，這裡就像康瓦耳其他地區一樣，成了旅遊勝地，現在更成為名列世界文化遺產的康瓦耳礦區的一部分。如今，這裡開挖的不是數以噸計的金屬礦，而是遊客的口袋，這也是一項比較永續、比較長期的計畫。儘管採礦業已經走入歷史，但它的影響猶存，也豐富了我們的生活。畢竟，如果沒有當年那些錫礦，我們現在可能就吃不到康瓦耳肉餡餅，也看不到《波達克》（*Poldark*）[15]了。

---

15 編注：溫斯頓・格雷姆（Winston Graham，1908-2003）的系列小說，故事背景與當地的礦業相關。英國廣播公司（BBC）於一九七五年首次改編成電視劇，並於二〇一五年再次翻拍。

我們經過吉佛錫礦那天，礦場並沒有開放，因此只看到了一座靜悄悄的、維護得很好的廢棄礦坑。過了吉佛後，我們便回到步道上，沿途有多座礦場的遺址，放眼望去盡是毀壞的機房、破敗的煙囪、被挖開的頁岩，滿目瘡痍，有如戰區一般。這是一場人類和岩石之間的戰役，最後大地投降了，留下一片永遠無法復原的荒涼景象，但仍吸引了許多遊客前來參觀。我們則是加快腳步，盡速離開。

之後的那段路和懸崖間有一段距離，兩旁長滿了荊豆、黑刺李和懸鉤子。一路走來，康瓦耳岬（Cape Cornwall）以及它頂端的那根礦場煙囪始終位於我們的右手邊。在古老的康瓦耳語中，這座海岬被稱為「Kilgooth Ust」，也就是「聖賈斯特的鵝背」（goose's back of St Just）。但它看起來並不像我見過的任何一種鵝，反倒比較像是一座矗立於風浪中的小島，給人一種到了世界盡頭的感覺。直到兩百年前，它一直被視為英國的最西邊。事實上，它也應該是。它突出陸地，深入海洋，看起來遙遠而偏僻，彷彿鎮守陸地的最後一個崗哨。我們坐在地上，背靠著頂端那座被太陽晒得暖暖的花崗岩煙囪，眺望著地平線。由於天氣炎熱，我們的手機也活了過來。

此刻，蘭茲角就位於我們左手邊幾公里處，但從煙囪底下看過去，我們感覺自己彷彿已經位於陸地的最西端，而且正坐在一艘巨型郵輪上往大海的方向駛去。這根煙囪上有一塊牌匾，上面有一個烤豆子的商標圖案，藉以紀念一九八七年時亨氏公司（Heinz Company）為英國買下這座海岬的義舉。莫思向來很喜歡吃烤豆子，於是當太陽開始下山，天空被海上所反射出的光線映照得絢爛耀眼時，他便從座位上站了起來，朝著風中振臂大喊。

「謝謝你！」就算亨氏公司買下這座海岬只是一個巧妙的避稅手段，但如果讓這樣一個地方遭到開發，那可就罪過了。

「謝謝你，亨氏先生！」

蘭茲角已經離我們很近了，近到幾乎觸手可及。此刻我們已經可以清楚看到長船燈塔（Longships Lighthouse），它就矗立在那座小小的卡恩布拉斯島（Carn Bras）上，距離最後一座海岬並不遠，應該當天就可以走到，但我們並不急。是啊，既然到了蘭茲角之後，我們還不知道自己下一步要做什麼，那有什麼好急的呢？如果地球是平的，那蘭茲角就位於地球的邊緣。我們走在暮色中，步道兩旁長滿了低矮、結實的灌木叢，它們耐鹽又不怕風吹，卻讓我們無法搭帳篷。到了遍地岩石的波思納芬（Porth Nanven）海灘後，我們發現這裡雖然有幾塊平地，卻停滿了其他露營者的廂型車，於是只好離開。這時我們已經做好了心理準備：今晚可能找不到地方搭帳篷，必須一直走下去了。然而，當步道兩旁的灌木叢愈來愈多時，回頭一看，卻發現卡恩列斯基海岬（Carn Leskys）上有一塊狹長的岩石往外突出，伸入海中，而那塊岩石旁邊就有一塊平坦的綠地。

「你覺得呢？」

「那裡很空曠，沒什麼東西可以遮風擋雨呢。」

我們循著一條窄徑走到那一小片綠地。如果我們不把所有的帳篷繩都用上，它的面積就剛好夠讓我們搭帳篷。岩棚下方是高達二十公尺的垂直崖壁，底下則是一堆岩石。海浪打在那些岩石上，濺起的浪花幾乎觸手可及。

「晚上可別出去。」

「我們明天就會上海盜電台的新聞：『他們最後一次露面的地點是在卡恩列斯基的岩棚上。』」

太陽終於從布萊森小島（Brisons）的雙峰之間沒入了地平線。海面上光彩斑斕，我們所在的這座海岬也沐浴在粉橘兩色的夕照中。我們打開帳篷的門片，躺在帳篷裡。有一群銀鷗棲息在附近的峭壁上。長船燈塔開始閃爍。

「那是什麼？那道光線在移動耶！你看，是從燈塔後面發出來的。」我們躺在角落裡。那是我們第一次看見英吉利海峽的航道。

「喔，莫思，我們已經到這裡了。接下來該怎麼辦呢？」

「睡吧！睡吧！明天就知道了。」

我睡著了。第二天早上醒來時，發現有一陣陣水花濺到帳篷上。我把門片拉開一半後，又有一陣水花打了進來。風聲呼呼，帳篷被吹得猛烈晃動。雖然沒下雨，但天空中滿是飛馳的雲朵，而且每三十秒就有水噴過來。我們趕緊收拾東西，穿上雨衣，然後趁著海浪停歇的片刻飛快把背包拿到乾燥處。大西洋在騷動，一場巨大風暴正在醞釀中，幸好它尚未到來。我們把帳篷卸下來時，已經渾身淌水，但由於風很大，因此我們走到海浪打不到的地方後，只過了幾秒鐘衣服就乾了。海浪一波波洶湧而來，打在岸上，激起了滾滾白浪，巨大風暴確實正逐漸逼近。我們的背包在風中鼓脹得像面風帆，幸好步道還算平坦好走，而且不在懸崖邊上。繼續往下走，很快就來到了森嫩灣（Sennen Cove），這裡已是漫天沙塵，在風中打轉的沙子如鹽粒般刮擦著我們的肌膚。海灘上早已空無一人，連救生員都待在他們的小屋裡，緊閉門窗。然後，就開始下雨了。起先雨勢不大，還夾帶著沙粒，很快就變得狂暴猛烈，重重打在我們的雨衣上，刺痛了我們露在外面的皮膚。人們紛紛關上門，拉下百葉窗，閉門不出。我們躲進一家小餐館，坐在窗戶旁邊的位子上，和外面咆哮的風雨只隔著一扇薄薄的玻璃窗。

一直處於飢餓狀態的我們忍不住掏出了一張寶貴的紙鈔，買了一個鯖魚漢堡和一壺茶。窗外有一群人走過，但在滂沱大雨中，看不清他們究竟是背包客還是瘋子。不過兩者其實也差不多。到了下午三四點時，我們是店裡僅剩的兩名客人，老闆想打烊回家了，於是我們便提起背包，走進了風雨中。

「那我們就去蘭茲角嘍？」

「反正也沒有什麼事好做。」

蘭茲角（Land's End），字面上的意思就是「陸地的盡頭」，是壯遊開始與結束的地方，旅遊勝地，一個規畫得很差的景點、生態的災難。我們在風雨中沿著懸崖上的步道走到了這個由混凝土房舍構成的旅遊區，只見裡面空無一人。才下午四五點鐘的光景，連那位平日負責在指向約翰岬角（John o'Groats）[16]的路標處照相的攝影師也放下工作，把門上鎖了。我們跳過剪票口，用手機照了幾張可以看到雨水痕跡的照片。沒有夾道歡迎的人群，沒有歡喜慶祝的場面，只有兩個淋成了落湯雞的人抱著一根柱子。店鋪都關門了，展覽館也關門了，連亞瑟王和他的騎士恐怕也不敵這種天氣跑去避雨了，只有我們兩人溼淋淋地站在這塊由混凝土建築構成的神話王國。

「就這樣了嗎？」

---

16 編注：位於蘇格蘭最東北的一座村莊，因為與蘭茲角分別位於大不列顛島的兩極，因此吸引許多人從約翰岬角走到蘭茲角，完成「天涯海角之行」。

話音未落，就有一輛雙層露天觀光巴士駛進空蕩蕩的停車場。我們像殭屍般走了過去，想離開這個末日過後的荒原。車門開了。雨水從頂層沿著台階流瀉而下，車門一開便湧了出來。

「這輛巴士要開到哪裡？」由於風聲很大，為了讓對方聽見，莫思只好大喊。

「聖艾夫斯鎮。那裡的天氣還不錯，這裡實在糟透了。」

「確實很糟。」

我們走了四百多公里的路，歷經一個個疼痛、疲累、飢餓、餐風露宿、風吹雨打的日子，如今終於可以踏上巴士離開這裡，回到我們所熟悉的威爾斯，去登記公宅的候補名單，然後再找一個便宜的露營場過冬。莫思牽著我的手，看著巴士的車門關上。

16 尋求

我們渾身溼淋淋地坐在背包上，看著那輛巴士從遊客中心開走。才九月中，但感覺上秋天已經降臨了。我們大可停下腳步，但此刻我們已經沒有什麼可以失去，卻有一萬個繼續走下去的理由。在這裡，我們是自由的。雖然飽受風吹雨打，飢餓、疲累、寒冷，但卻是自由的。要走要停，我們可以隨心所欲決定，並非只能在親友家的庭院搭帳篷，給別人造成麻煩，也招人嫌。在這裡，我們仍然可以像過去那樣掌控自己的生命，決定自己想要的結果，主宰自己的命運。我們揹上那淌著水的背包，決定繼續走下去，把握這個決定帶給我們的自由。

離開蘭茲角的主題樂園，走了幾百公尺後，我們又回到了荒野。這裡的花崗岩懸崖形似城堡，垂直陡峭，極其壯觀，底下則是浪花洶湧、驚濤裂岸。這些波浪來自大西洋深處，不斷以超乎想像的強勁力道拍打此地的每座岬角。我們走著走著，來到了一座石頭懸崖，上頭的草莖被那剃刀般鋒利的強風削短，如同一座草地滾球場。我們站在那裡，看著巨大的海潮湧過岸邊那座「裝甲騎士石拱門」（Armed Knight rock arch），感受大自然令人屏息的力量。此時此刻，這裡只有我們倆，沒有可以遮風避雨的地方，也沒有樹木，晚上等著我們的只有潮溼的帳篷，而行囊裡只剩下五英鎊二十便士、一根瑪氏巧克力棒、一袋米、一根香蕉以及半包水果軟糖。不過，雨已經停了。

夜色漸暗時，我們在岩石之間比較不會吹到風的所在搭起了帳篷，並且在下面墊了兩塊尼龍布防寒。

早上斷斷續續下了幾陣雨，但隨著風兒吹來，雲朵很快就消散，天空也放晴了。我們把靴子脫下，讓它們被風吹乾，兩人坐在格溫納普岬（Gwennap Head），合吃最後一根瑪氏巧克力棒。歷經前一天的風雨，我們現在渾身痠痛，步履緩慢。我們開始往東（或者是南方或東南方？）走，感覺就像展開了一趟新旅程。之前我們是有目標的步行，但現在目標已經達成了，便純粹只是走路，沒有特定目標的優閒散步。走到波斯瓜拉村（Porthgwarra）後，景色變得不一樣了。北海岸上的植被多半是粗壯矮小的灌木、青草與海石竹，即便偶有高大的樹木，也是佝僂多瘤；相形之下，波斯瓜拉村的草木蒼翠繁茂，雖然矮小，但卻挺直，而且村裡人家的庭園中還有許多奇花異卉，讓人感覺彷彿突然置身其他國度。

快到傍晚時，我們來到了一片修剪過的草地上，附近有幾戶人家。我們坐在一張野餐椅上，正考慮是否要把帳篷搭在樹木後方時，就有幾輛車子開了過來。顯然這裡是一處停車場。

「可能是村裡正在舉行活動。這裡是什麼地方？」

「誰知道呢。我已經好一陣子沒看地圖了。或許是他們的賓果之夜吧。」

我們燒了一些水，泡了茶，並合吃了一根香蕉。不久，停車場上便停滿了車輛。只見人們下車後便戴上帽子、抱著毯子走了。

「在戶外舉行賓果之夜？」

一輛荒原路華高級越野休旅車停在我們附近。下車的是一對老夫婦。

「等到人潮都散了，我們再下去吧。」他們倚著車，顯然想避開人群。

「不好意思，這裡是在舉行什麼活動嗎？大家都去哪了呢？」

「去劇場那裡。這裡是米納克，那座出了名的露天劇場。」

「對响，沒發現它就在這兒。」

「你們不去看戲嗎？」

「不去。我們不知道這裡有戲可看，而且也買不起門票。」

「那你們在這裡做什麼呢？露營嗎？」

「是的，我們是從邁恩希德來的，正在走西南海濱小徑。」

「那，你們想去看戲嗎？我有票，但咱們現在就得走了，否則會錯過開場。」

我們跟著這對老夫婦穿過入口處的建築，到了一座空曠的懸崖上。

「再見嘍！你們的位置在最高的地方，我們在下面那裡。祝你們一路順風。」

「多謝。我會還你錢的，請教您的大名？」

「我叫大衛。錢不用還了，好好享受這齣戲吧！」

這座懸崖上有一排排座位，呈階梯形下降，最底下有一座以大海為背景的舞台，形成一座天然的圓形劇場。根據他們發的小冊子，在一九三〇年代初期，一位名叫羅威娜・凱德（Rowena Cade）的女士有了一個很棒的構想。她打算在她家的花園末端建造一座劇場，做為當地劇團表演的場所，於是她便將半座山坡闢建成劇場。但根據坐在我旁邊的那個男人的說法，就像所有這類計畫一般，其實全部工作都是由一群園丁負責，而羅威娜只是負責發號施令，推著一台小型獨輪手推車到處閒逛。他說，他之所以知道這個，是因為他父親就是當年那幾名園丁的其中之一。當然，這也只是他的說法罷了。

戲開演了。原來不是戲劇，而是一齣歌劇，劇碼是吉伯特（W. S. Gilbert）與蘇利文（Arthur Sullivan）所創作的《伊歐蘭特》（*Iolanthe*）。整座圓形劇場都迴盪著演員戲劇化的唱腔，那些聲音被風吹送到我們所坐的崖壁高處，由於音量微弱，我們聽不清故事情節，只覺得自己彷彿進入一個奇幻世界。在那裡，牧羊人的身上撒著閃亮的魔法粉末。看著看著，海面逐漸變暗，月亮也緩緩在舞台後方升起。

「我們要去哪裡露營呢？」

「等到人群散盡再說吧。看樣子我們只好把帳篷搭在剛才那座停車場上了。」

我們跟著最後一批人走上階梯，離開劇場。

「哎呀！你們揹著這麼大的背包要做什麼呢？」一個頭上套著髮網的男子匆匆忙忙走了上來。我認出他就是戲中的演員之一。

「我們在走西南海濱小徑。今晚要露營。」

「天這麼黑，你們要去哪裡露營呢？」

「我們會找到地方的。」

「吉兒！吉兒！我們該怎麼做？這兩個可憐人需要找個地方露營。暴風雨要來了，我們總不能讓他們在外頭搭帳篷呀。」

我心想：你以為這是一場暴風雨？那你真該看看昨天那個陣仗。

一個仙女蹦蹦跳跳地從我們後面的台階走了上來。

「特林露營場。但得趕快，否則我們就會錯過最後點餐的時間。」

我們連忙坐進一輛廂型車的後座，跟著他們顛顛簸簸地前進，一邊聽著戲裡那些牧羊人、客棧老闆和仙子嘰嘰喳喳、高談闊論。

「傑若，你怎麼會忘詞呢？為了罩你，我只好把那一整段詩再唸一遍，聲音都快啞了。」那仙女低咳了一聲。

「我沒忘。我只是有個簡訊要發。反正你不是很喜歡成為鎂光燈的焦點嗎？」

牧羊人拿下了他頭上的髮網，戴上一頂毛帽。這時，廂型車也在一家酒吧外面猛然停住。

「好了，露營場就在這條路再過去一點。祝你們走得愉快！我們要去喝啤酒了！」說完他們便消失了。夜色已深，我們兩人獨自站在馬路上，置身於不知名的村莊裡。

「我們怎麼會來到這裡呢？」

「太不真實了。」莫思打開了他的頭燈，手裡拿著帕迪的那本書。「我已經一整天沒看地圖了。這大概是第一次。喔，你看，這上面居然有寫『露天劇場』，但是特林只有一半在地圖上。」

我們沿著一條小路走，果然在路的盡頭看到一座露營場。這時已將近午夜了，大多數帳篷都沒入黑暗中。我們躡手躡腳地找了個地方，悄悄把帳篷搭了起來。

「我們怎麼會到這裡來呢？我們身上又沒錢。」

「我也不知道，就順其自然吧。我們先洗個澡，明天一大早就離開，好嗎？」

天剛破曉，麻雀就在樹籬裡嘰嘰喳喳叫了起來。滿天細碎的雲朵在柔黃的晨曦中發出冷冷的微光，薄霧漸漸消散，但遍地都是露水，草上也布滿了晶瑩的露珠。英吉利海峽就在眼前，但如今對岸是法國，不再是加拿大。我裹著睡袋坐在一張野餐桌旁邊，感覺總算比夜裡暖和了些。季節已經變了，我感覺得出來。在露營場的另一頭，有個男子頂著金色雷鬼頭、穿著層層褪色的棉衣，正騎著腳踏車到每一座帳篷巡視，看看他們的帳篷繩上是否繫著繳費單。他離我們愈來愈近了。我們已經無處躲藏。

「你們的繳費單在哪裡？」

「我們沒有繳費單。我們是半夜才到的，會在一個小時之內離開。」

「沒有先繳費，就不能搭帳篷。你們看不懂告示嗎？」

「我沒看到，而且那個時候已經很晚了……」

「沒繳費就搭帳篷是一種偷盜空間的行為……現在就去繳費吧，一共十五英鎊……」

偷盜空間？這什麼……

「我們才剛開始打包，待會兒出去時就會付錢的。」

「我會盯著你們。」他說完便騎著腳踏車走了，看起來優閒冷靜，有點嬉皮味，但只不過是照章辦事、行禮如儀。

這是個很理想的露營場所。如果是在從前，我們會很樂意在這裡搭起一頂印第安帳篷，待上一個月之久。但現在，我們只好趕緊跳牆，回到懸崖上。

走過一座又一座懸崖後，我們來到一座亂石堆疊、樹根盤繞的森林。這裡雖然溼氣很重而且到處都是蒼蠅，但總比那些氣溫不斷攀升的空曠之處好。現在的天氣雖然已經不像在北海岸時那般酷熱，但因為無風的緣故，空氣非常悶。我們汗流浹背，把身上帶的水都喝完了，只好再從溪裡汲取一些，但走著走著又開始流汗……如此這般，反覆不已。我們在炙熱的岩石間穿梭，到達海平面後，又接著往上，然後再次下坡，沿途盡量走在樹蔭下。但那些蒼蠅愈來愈煩人，簡直令人難以忍受。我們正要走回太陽底下時，突然看到一個女人倚著一根斷落的樹枝坐在地上，看起來很熱的樣子，而且臉色蒼白，模樣比我們悽慘得多。

「嗨，你沒事吧？」

「我很好，只是休息一下。」她體型肥胖，很可能已經七十多歲了，說話帶著濃厚的美國口音。她站起身來，倚著一棵樹。「我一直在找我的老朋友約翰・勒卡雷（Jonh le Carré）的房子。我年輕時曾跟他在這裡度過幾個夏天，一起寫作、游泳。那是很美好的一段日子。我每年都會來走你們的步道，而且一直在找他，但我已經不記得那棟房子在哪裡了。」

「不過你們美國的步道也很棒，比這裡好多了，是真正的荒野地帶，例如阿帕拉契山徑（Appalachian Trail）和太平洋屋脊步道（PCT）之類的，不是嗎？」

「是啊，但你根本走不出樹林。我們那裡的步道，一路上都只有樹林。」

「我們這裡的人都夢想著要去走美國那幾條主要步道呢！」

「那是因為人們從不重視自己所擁有的東西，無論哪裡的人都一樣。我們那裡的人也是這樣。我要沿著這條步道走上山，或許大衛就在那上頭。」

「大衛？我還以為你找的是約翰。」

「傻孩子，那是他的筆名。大家都知道他的真名是大衛。[17]」

17 編注：約翰・勒卡雷本名為大衛・康瓦爾（David Cornwell，1931-2020），是全球知名的英國諜報小說家，他本人亦曾擔任英國軍情五處、軍情六處旗下的間諜。

說完，這位女士便上路了。她要去尋找多年前的夏日，期盼它們就在下個轉角出現。基本上，我們這些在步道上行走的人或許都像她一樣，一直在尋找某種事物，某種我們懷念、期待或失去的事物。我們之所以來到天涯海角，來到這片荒野，為的就是要自由自在地去尋求答案，去找到接納生命的方法。我們想要尋求的是不是另外一種生存方式？而這一路上我們又是否逐漸成了邊緣人？在兩個世界之間，在文明與蠻荒、失落與收穫以及生與死之間，小心翼翼尋求著某種平衡？

「別這樣，蕊娜，你也快成為康乃爾的智者了。」

「或許這就是我們要尋找的答案。」

「我還以為我們之所以走路，只是因為沒別的事情好做了呢！」

從波斯科諾（Porthcurno）一路走來，沿途的海岸給人的感覺很不一樣。我不知道這究竟是因為天氣很熱而樹叢間又頗為潮溼，還是因為沒有風的緣故。不過，這裡的空氣確實很悶，還微微帶著一絲憂鬱的氣息。此刻，我們正坐在坎杜（Carn-du）一塊露出地面的岩石上，看著英吉利海峽上的夕陽。這是我們第一次見到這座海峽的日落，這才發現，此地的夕照也和他處不同。你看不到一輪金球沉落海中的景象，只看到海面上閃耀著各色的光。我們把帳篷搭在一處田野上，然後便看著一艘艘船隻駛過地平線。這個時節，夜晚的寒氣已經愈來愈重，比之前冷了許多。莫思的背和肩膀又開始僵硬疼痛，只有在溫暖的陽光下才得以緩解。

我們走進鼠洞村（Mousehole）時，天上正下著毛毛細雨。這是一座安靜的小村莊，在這夏末時分，遊人已經非常稀少。我們看了一下帳戶餘額，領走裡面僅剩的三十英鎊，心中暗自希望到了朋占斯（Penzance）之後，那裡的食物會比較便宜。我們在村子裡發現一棟面海的小屋，它是用花崗岩塊建造的，看起來頗為古老，牆上釘著「房屋出租」的告示牌。

一個剛買了一袋東西從那兒經過的老太太看到我們正在打量那棟房子，便說道：「他們要價一個月一千英鎊呢。真是太傻了！這房子已經空了一整年，但他們還是不肯降價，說是如果租不了這個價錢，就把它變成假日的出租小屋。就像其他人那樣吧，我猜。自從那艘救生艇出事後，這裡就變了。有太多人看到媒體的報導後都想來這裡瞧一瞧。」

一九八一年的耶誕夜，貨輪「聯邦之星」（Union Star）首航，結果才剛離岸，引擎就出狀況。當時的風速高達十二級，是相當於颶風級的強風，浪高也達十八公尺。鼠洞村一艘木造救生艇「索羅門．布朗號」（Solomon Browne）奉命前往救援，但在他們以無線電回報說救了船上的四個人之後，這艘救生艇和貨輪從此杳無音訊。經過公開呼籲後，各界捐款紛至沓來，金額甚鉅。然而，在罹難者的遺體和失事船隻的殘骸尚未完全尋獲時，政府就試圖對這筆救難專款加以課稅，引發了很大的爭議。在那幾個星期中，這座小村莊成了全球新聞報導的焦點。那次事件共有十六人喪生，其中包括救生艇上的八名成員以及聯邦之星的八位船員（包含船長一家人）。村民們為此悲痛不已。從此，每逢那次海難的週年紀念日，村民們就會把耶誕節的燈飾關掉，以示哀悼。但至今村裡仍然瀰漫著一股氣氛，彷彿當地人已經不想再受外界打攪了。

紐林鎮（Newlyn）的港口工業非常興盛，這裡的漁船數量在英國可說名列前茅。此刻，那些漁船正停在砂質泥上，等著潮水再次上漲。塑膠條板箱堆置在小路上，等著要裝魚；一輛輛卡車則停在馬路上，等著要載運塑膠條板箱裡的魚貨。大群的海鷗在散發著強烈生魚氣味的街道上盤旋。但我們並未停下腳步，一直走到了朋占斯。

在背包裡裝滿食物後，我們便四處尋找戶外用品店，想買一罐瓦斯。但這些店家都沒有適合我們使用的型號，於是我們便花四英鎊買了兩張保溫墊，然後再去鎮上的其他地區尋找，終於在一家即將打烊的五金行的陰暗角落裡，找到最後剩下的一罐瓦斯。接著，我們又在一家可能是有史以來最古老的餡餅鋪裡買了一個肉餡餅，然後便穿過波利索花園（Bolitho Gardens）走回海岸邊。這座花園是落於混凝土建築之間的一塊綠地。此時已是黃昏，過了波利索花園後還要走好幾公里的混凝土路，過了馬拉吉昂（Marazion）才能到達下個離我們最近的綠地。由於暴風雨過後，沙灘上乃至防波堤外面的馬路都散落著被潮水捲來的廢棄物，因此我們並不確定潮水究竟會漲得多高。在這種情況下，把帳篷搭在海灘上實在太危險，我們便坐在花園裡的長椅上，等待天黑。這時，有個頭髮稀疏花白、揹著大背包的男子在我們旁邊的長椅坐下。

「你們是背包客吧？」

「是啊，你呢？」

「不是，我住在步道上。」

「你是說西南海濱小徑？」他的背包很大，但裡面並沒有裝太多東西。「冬天也是嗎？那你怎麼保暖呢？」

「不，過完這個夏天我就離開了。今晚我會睡在這座花園裡，明天就坐火車走了。」

「你要去哪裡？」

「去泰國。」

「泰國？」

「是啊。那裡的天氣很暖和，還有很棒的海灘以及漂亮的姑娘。」

「真的？」

我們告別了那個老人，沿著走道前行，但最後還是放棄了，直接把帳篷撐起，放在混凝土地面上，然後再把我們新買的保暖墊放在自動充氣床墊下面，結果發現它睡起來出奇地舒服，完全沒有突起，也比較暖和。除此之外，混凝土地面顯然也比沙地更溫暖。或許是因為這個緣故，那些露宿街頭的遊民才會待在城市裡吧。冬天時，墊塊紙板睡在垃圾箱後面或許沒那麼糟糕。或許我們也應該到泰國去，早知道就該問那個人是怎麼買得起機票的。

黎明時，莫思跨出了帳篷。在過了較為溫暖的一夜後，他的行動比較利索了。我想，在皮質基底核退化症病人眾多的注意事項中，應該再加上一條：「不要受涼」。僅僅三個月前，醫生是怎麼說的呢？「不要太勞累，不要走太久，上下樓梯時要小心。不要扛重物，也不要做太長遠的規畫。」但莫思是我的未來的一部分，我怎能不做長遠規畫呢？這是我無法接受的。我們正在打敗病魔。就算無法打敗，至少也要阻止它逼近。不，那個醫生應該囑咐我們每天走路，做負重運動，對抗病魔，讓你的頭腦保持活躍，規畫未來，對抗病魔。那麼就算它打敗了你，你也會明白自己已經盡了力，而非束手就擒。這個早晨，在莫思服用了幾顆布洛芬後，我們就出發了。這時，太陽正在那古老的、洋溢著中世紀氛圍的聖邁克爾山（St. Michael's Mount）後面升起。潮水正悄悄退去，使得這座四面環海的島嶼得以透過一條人造的石頭堤道再度與陸地相連。

我們在聖邁克爾山的碼頭上度過了一天後，便趁著潮水上漲前趕緊越過堤道回到對岸。出了馬拉吉昂鎮，離開市區後，我們便來到了斯代克豪斯灣（Stackhouse Cove）一座俯瞰著大海、長滿青草的小岬角。一群蠣鴴在岩石上徹夜鳴叫，但無所謂。我想感受每一個白天、每一個夜晚以及日夜之間的每一分每一秒，享受在寒冷冬天降臨前，我們所能擁有的每一個時刻。

我們走在庫登角（Cudden Point）上時，看到蘭茲角已隱沒在漫天烏雲中。眼前利澤德半島（the Lizard）往東南方延伸，普魯士海灣（Prussia Cove）就位於它的弧線上。這裡曾是走私者出沒的地方以及海岸巡邏隊駐紮之處，因此山坡上可以看到一棟棟有如風景明信片般的小屋。這些小屋如今都是供遊客度假之用，但其中有一半是空的。我心想，如果能住在這兒就好了，至少這樣我們就有個地方可以過冬。我們走著走著，天上開始下雨了，起先只是毛毛細雨，後來就變成滂沱大雨。沉重的雨滴打在我們那已經無法防水的雨衣上，發出震耳欲聾的聲響，也打得我們的頭隱隱作疼，同時也將我們淋得渾身溼透。在這樣的大雨中走了大約兩個小時之後，好不容易才看到波斯利文（Porthleven）。到了小鎮，只見街上的積水已經淹到腳踝。我們走在上面時，雙腳就泡在水裡。根據廣告上的描述，波斯利文是一個前景看好的美食天堂，據說還有名廚即將來此坐鎮，但此刻街上卻見不到任何人影。我們買了一個肉餡餅之後，就站在商店的門口躲雨。後來，雨變得更大了，堤岸、港口和馬路對面的建築都依次消失在我們的視線中。當雨勢終於趨緩，讓我們可以看清楚自己的雙腳時，我們便再度出發了。最後終於在懸崖腳下那遍地鵝卵石的洛巴海灘（Loe Bar）上，找到了一處遮風避雨的地方。

早晨時寒霧瀰漫，但雨已經停了，只剩一片霧氣籠罩著海岬。我們走進那霧中時，聽到一陣嗡嗡嗡的聲音，就像潮溼的空氣碰到電線時那樣，因此我們還以為那裡有一座變壓器，沒想到看到的卻是兩個拿著手持式電動割草機在樹叢底下割草的人。看到我們，他們便停下手邊的動作，讓我們經過。

「夥計們，幹得好！」

「沒什麼啦。」

站在最前面那個人拿下他的安全帽，甩了甩頭，露出一頭被太陽晒得褪了色的及肩長髮。那個操著澳洲口音的人也依樣畫葫蘆。他們看起來就像洗髮精廣告裡的人物，只不過畫面中少了鸚鵡和瀑布，多了海鷗。

「你們怎麼會在這裡做這個？」

「我們的家鄉現在是冬天，所以就到這裡打工，不割草時就去衝浪，然後再回家去上暑期的衝浪學校。」

「多麼美好的生活。」

「確實很棒。無拘無束，也沒有煩惱。」

他們說著又發動機器，開始割草。我們則繼續在霧氣中前進，過了崗威樓灣（Gunwalloe Cove）、教堂灣（Church Cove）、波德胡灣（Poldhu Cove）、波路瑞恩灣（Polurrian Cove）和穆里恩灣（Mullion Cove）。沿途霧氣一直未散，岬角和大海都是灰濛濛的一片。到達穆里恩灣後，我們又累又溼，忍不住在一家忙碌的小餐館裡坐下，點了一人份的茶，要了兩個杯子。服務生是名二十餘歲的男子，只見他一直忙著清理桌子、切蛋糕、擦地板、收錢、攙扶老太太就座，同時還要很有禮貌地應付客人們的抱怨。我們慢慢喝著茶，不想離開這個舒適的地方。不久，餐館老闆進來了。

「媽的，你到底在幹麼？那裡還有兩張桌子沒清呢。我付錢請你來是為了什麼？你真是他媽的懶！」那服務生聞言並未抱怨，只是逕自把桌子收拾乾淨。老闆走後不久，大多數顧客也都走了。距離打烊時間只有幾分鐘時，那個服務生拿著兩個帕尼尼從廚房走出來，放在我們的桌上。

「不好意思，夥計，我們沒有點這個。」

「我知道，可是你們看起來挺需要的。不過你們得到外面去吃才行，因為我要打烊了。」

「抱歉，我們不能收，因為我們買不起。」

「你當然可以收。我不會跟你要錢的。」

「你不能這麼做。」

「我可以的，因為我要離職了。讓他自己去搞吧！」

我們坐到外面去後，那服務生也跟著走了出來，然後便把餐館的大門鎖上，把鑰匙丟進信箱裡。

「那你以後打算做什麼呢？」

「還不確定，但一定可以找到更好的工作。我認識幾個在步道上割草的傢伙，可能會跟他們一起去澳洲。」

「祝你好運。」

他能這樣輕易地辭職不幹，是因為他擁有屬於年輕人的一種安全感，相信今天辭了一份工作，明天就能找到新的。但這樣的安全感是否會隨著年紀逐漸消退呢？他和那兩個在割草的衝浪客讓我想起了湯姆。他原本可以四處闖蕩，尋找最適合自己的機會，但如今他卻一心只想找到一份工作、租下一間公寓。失去家園這件事是否使他沒了安全感，粉碎了他原來的夢想？想到這裡，我不由得更加內疚。

夕陽沉落在蘭茲角後方，使得海面染上了屬於初秋的濃豔色澤。到了普利丹納克岬（Predannack Head）時，我們身上的衣服終於乾了，然後我們便在那裡足足睡了十個小時。

「利澤德國家自然保護區」（The Lizard National Nature Reserve）成立於一九七〇年代。利澤德半島有一大部分土地都屬於此一保護區的範圍。我們沿著平坦的崖頂前進，經過了好幾處在康瓦耳罕見的荒野，其中有許多讓莫思欣喜莫名的植物。其他在西南海濱小徑健行的人都很在意他們一天之內走了多少公里，創造了怎樣的紀錄、達成了什麼樣的目標等等，但我們卻愈走愈慢，這可能是因為我們會花上一個鐘頭仔細觀賞那些罕見的旋花綬草（Autumn Lady's-tresses），或耗費一個下午拍攝一隻蝴蝶，或者利用傍晚的時間在奇南斯懸崖（Kynance Cliffs）上觀賞底下那個小海灣裡的海豹。直到天色已暗時，我們才恍然意識到今天好像只走了五公里，所以在早上卸營處的附近又搭起了帳篷。

清晨時，幾隻紅嘴山鴉突然從天空中俯衝下來，在懸崖與那座名為「風箱」（Bellows）的小島之間盤旋。牠們那紅色的嘴喙和腳爪在黑色岩石的襯托下顯得分外鮮明。一群雲雀也飛到高空上，在某個我們看不見的地方唱個不停，之後才飛回地面換氣。岩棚上則有幾隻三趾鷗正在嘰嘰喳喳地叫著。在這個時節，牠們不是應該已經離開這裡，飛往大西洋了嗎？是不是這溫暖的天氣把牠們搞糊塗了？難道牠們沒有意識到夏天已經結束了？

我們不太情願地離開了懸崖，往下走到奇南斯灣，坐在那裡的岩石上燒水泡茶。此處的岩石已不再是灰色的花崗岩塊，而是黯綠與豔紅相間的蛇紋岩。這些石頭和平靜無風的藍綠色海面以及白色沙灘，讓奇南斯灣的風景看起來美如畫。然而，十點半過後，人潮就陸續從山坡沿著每一條小路和溝渠湧入，其中有老年人、年輕人、學齡前兒童，還有一些照理說應該正在學校上課的孩子。他們帶著水桶、帆布摺椅以及裝著各色物件的推車走來，坐在岩石旁邊，最後整片海灘一直到高潮線的地方滿滿都是人，這烏壓壓的一群看起來像是聖經中蝗蟲入侵的場景。看來人們也像三趾鷗那樣分不清季節了。但這些人要的是什麼呢？我猜他們是想把握夏日最後的陽光。但如果他們想要尋求心靈上的啟示，那麼過了十點半才來，就已經太晚了。我們收起爐子，往人潮湧來的方向走去，經過一座空曠的荒野，便抵達了利澤德角（Lizard Point），陸地最南端的一座海岬。

這裡是陸地的盡頭，最底端之處，再往南就要掉到海裡了。從這裡，我們無論往哪兒走，都是走向北方。這裡是我們除了拍照之外，還要做出抉擇、決定方向的地方。有一個名叫菲碧．史密斯（Phoebe Smith）的女子寫了一本名為《極端的睡眠》（*Extreme Sleep*）的書，描寫她在英國東南西北的盡頭露營的經過。到了這座位於最南端的岬角時，她一直等到天黑後才打開她的露宿袋，睡在一處能俯瞰大海的岩棚上（可以想見，她一定沒睡好），然後隔天一早便沿著海岸走一小段路，回到車上，再開到下一個地點去露營。此刻，我真希望我也能吃一頓美味的餐點，然後無憂無慮地把露宿袋攤開，同時心裡篤定：無論有多溼、多冷，這樣的情況很快就會過去。但我們和她的處境不同。我們會往北走，然後再決定冬天時該怎麼做。

我們回不去了，我知道。我們永遠無法再走進那扇門，把背包丟在石板地上，餵貓、割草、在繁星閃爍的夜晚走過花園，去看北邊山嶺上的北斗七星。但如今我已明白：北斗七星從來都不是在那些山嶺上。儘管它們一直都在北方，但我的視角已經改變了。看著眼前這片荒野，我知道裡面沒有一樣東西屬於我們，只有一件事是真實的，而且對我來說，它比我們所失落的過去或不曾擁有的未來都更加真實，那便是：只要我一步一步走下去，就會不斷向前，而這條經常不超過三十公分寬的步道已經成了我們的家。如今季節已經變換，天氣漸涼，太陽在地平線上的位置愈來愈低，露水愈來愈重，鳥兒的叫聲也少了一份急切感。但除此之外，我的內心也換季了。我不再努力想改變那些不可改變的事物，不再因為失去的過往而焦慮，不再對那個專制官僚、不辨黑白的體系感到氣憤。我的心中悄悄展開一個新的季節，一個比較和煦的季節，一個讓我得以接納一切的季節。它被陽光烙印在我身上，並隨著暴風雨進入我的內在，讓我感受到天空、大地與海洋的存在，並欣然成為大自然的一分子，不再因為我們失去了安身立命之地而痛苦。我知道，就算我名下沒有任何一塊土地，我仍然是大自然的一部分。當我站在風中，**我就是**那風、那雨、那大海。它們都是我的一部分。我最核心的那個部分並未喪失。這種感覺看不見摸不著，無法形容，難以言傳，但確實存在，而且每當我們又走過一座岬角，這樣的感覺就愈發強烈。

成千上萬隻燕子棲息在這座陸地最南端的燈塔上，不停地啁啁啾啾，飛來飛去。牠們彷彿是受到重力的牽引才來到這座岬角，做最後的停留，然後便會飛上天空，展開前往南方的旅程。我們農場裡的那些燕子是不是也在這裡呢？牠們是不是已經在我們的豬舍度過了一個夏天，此刻正和牠們的家人在此等候，等著一股難以抗拒的力量讓牠們振翅飛向溫暖的南方？

莫思僵硬地站起身來。我幫他拿著背包，好讓他把手臂穿過背帶。我們低頭看了一眼那條步道，然後便沿著它往北邊走去。

17 寒冷

你什麼時候才能接受你所愛的人已經生病的事實？是醫生告訴你的時候？還是你親眼看到的時候？如果你終於還是接受了，你會怎麼做呢？大多數頭腦清楚的人都會本能地照顧他們，減輕他們的疼痛，讓他們少受一點苦。但我一樣都做不到。我無法接受事實，於是就告訴自己這不是真的。莫思原本可以住進收容所裡，不必承受風吹雨打，也沒有安全上的顧慮。但此刻，我們卻睡在卡瑞克露茲海岬（Carrick Luz）（又是一座鐵器時代的要塞）上的一頂帳篷裡，聽著從英吉利海峽吹來的風聲，看著附近那些手持金屬探測儀在黑暗中四處走動的人，以及每幾秒鐘就被利澤德角的燈塔照亮的海面。我們原本可以在朋友家的花園裡露營，那裡離醫院很近，上廁所、洗澡也很方便，但現在我們卻摸黑在矮小的黑刺李樹叢間尿尿，風一吹還被自己的尿液濺溼，更假裝他永遠不需要看醫生。我們原本能待在某個溫暖的地方，但此刻卻置身於一座海岬上，裹著薄薄的睡袋，躺在帳篷裡，在已經接近十月的時分。

清晨，當一縷縷白色的層積雲從海上飛快飄來，附近還有一群本地的海豚正在我們視野內覓食的時候，我們就揹起背包上路了。

在布雷克岬（Black Head）上的海防隊瞭望台乘涼時，我們看到一塊地質解說牌，細數利澤德半島的各種岩層。根據上面的說明，我們昨晚睡覺的地方似乎是含有蛇紋岩化橄欖岩的輝長岩，同時那附近還有橄欖岩、片麻岩、橄長岩、玄武岩、古利澤德角系列的片岩，以及美納格（Meneage）地區的各種岩層。林林總總，令人眼花撩亂。我們一邊走著，一邊指認各種岩層的名稱，但最後全都搞不清楚了。後來，我們抵達了科弗拉克村（Coverack），在當地提領了二十五英鎊，買了白米、鮪魚和迷你奶油軟糖棒，並且在小餐館裡吃了一盆薯條後，就繼續前進了。之後，一路都是玄武岩、橄長岩、片麻岩。後來，我忘了是為了要避開某個障礙、某處坍方還是某個脾氣暴躁的農夫，總之我們就繞了遠路，走到內陸。又經過許多橄欖岩和輝長岩後，我們就走出了田野，穿過一座樹林。

才往內陸的方向走沒多久，眼前所見就和我們在康瓦耳郡經過的其他地區大異其趣，不僅天氣暖和、綠意盎然，有許多可以遮風擋雨的地方，居民也熱忱親切。我們其實沒錢可以在「胖蘋果餐館」停留，但這個名字實在太吸引我們了，便不由自主跟著箭頭指示前往他們設在樹林裡的野營區，並在裡面一塊有草的台地上搭起帳篷。這裡的樹木由於不受風，都長到了它們應有的高度。林鳥在枝枒間飛來飛去，雉雞在樹下扒著土，樹葉已經開始轉成黃色和紅褐色。這和懸崖的景觀截然不同。在這裡，我們得以享受片刻寧靜，而這一切只花了我們五英鎊。原本我們並不打算在這家餐館吃飯，但後來還是禁不起誘惑，點了一大盤蔬食，並向店家要了兩根叉子。

「老闆說你們在走步道。你們要去哪裡？」兩個澳洲人在我們這張桌子坐了下來，接著店家便端來兩大盤店裡全天候供應的早餐，一人一盤。那味道實在太香了，我試著不要深呼吸。

「現在我們不太確定了，看看天氣如何再說吧。你們呢？」

「我們之前一直是露營或住旅館，但現在天氣變冷了，所以打算接下來都要住民宿。下一站我們要去法茅斯（Falmouth），把帳篷送給慈善商店，然後我就要去美髮師那裡把髮根染一染。」

「哇！好奢侈喔。我已經好幾天沒看到自己的頭髮長什麼樣了。」

「呃，還是別看比較好。哈！你看這些食物。如果我在家也吃這麼多，一定胖得像豬一樣。但在走步道的時候，我滿腦子就想著吃、吃、吃。回到家以後可要節制了。」

我問自己：是不是羨慕他們有這麼多食物可吃，而且每天晚上還有床可睡、有澡可洗呢？毫無疑問的，我羨慕的是食物。如果三餐都有東西可吃，不必一天到晚飢腸轆轆，我會很開心，但就算沒澡可洗、無床可睡，我們照樣過得下去（儘管如此，若能有一個比較好的睡袋，我是不會拒絕的）。離開「胖蘋果」時，我們依依不捨。這裡就像一個避難所。我真希望能在他們的樹林裡過冬，並用此處戶外廁所的冷水來盥洗，但這樣可能會妨礙他們的生意。

我們下山後便來到了波特霍洛村（Porthallow）的海灘。這裡有一座很大的石碑，那是西南海濱小徑最靠中點的一座里程碑，上面寫著：「你已經走了三百一十五哩路，還有三百一十五哩。」被叮囑**「不要走太遠，上下樓梯要小心」**的莫思，真的已經走了三百一十五哩（約五百零七公里）了嗎？我也是嗎？健走超人帕迪．狄倫在第二十四天時就已經走到這裡，但我們在第二十四天時才剛離開廷塔杰爾，如今回想只覺得恍如隔世。今天是我們的第四十八天。帕迪在第四十八天時已經抵達浦爾，然後他便搭著慢車回家，把他的靴子掛起來，到酒吧向眾人訴說他一路的見聞，然後再回家割草、規畫下次的旅程。但按照我們目前的速度，可能要到耶誕節前才能抵達浦爾，而且前提是我們一路上都能避免夜間失溫，也沒有日益消瘦虛弱。

由於適逢漲潮，我們便搭渡船過了吉朗溪（Gillan Creek）。其實這也不算是什麼渡船，反倒較像是古代那種有槳的木船。今天是秋老虎的天氣，陽光和煦，水面平靜，孩童們穿著內衣、手持魚網在溪邊戲水，岸上矗立著一棟棟牧羊人的小屋，掌舵的是船伕的狗。完全是一幅樂園景象。

此刻，莫思已經累了，於是我們便坐在長椅晒著午後的太陽。未來幾天內，我們還要坐三趟渡船，想想我們真不該在「胖蘋果」逗留的，看來這幾天只有吃麵條的份了。傍晚時，我們把帳篷搭在赫爾福德河（Helford River）畔一塊蕪菁田的邊緣。南部海岸盡是一派田園風光，我們置身於此，幾乎快遺忘北海岸那蠻荒、空曠的景象了。

第二天早晨，天色明亮，初秋的空氣溫暖潮溼，草地上露水晶瑩，蜘蛛網到處可見。我們出發時，薄霧已經開始消散。我們穿過一座矮樹林，到了一個可以俯瞰赫爾福德河的地方後就坐下來泡茶。只見那平靜、湛藍的河面上不時有遊艇緩緩朝著大海方向駛往法茅斯，畫面靜謐而安詳。但這樣的寧靜很快就被樹叢裡一陣急促的窸窣聲打破了，接著便看到一隻大麥町衝過來，一直快到懸崖邊才急忙煞住。

「該死的小傢伙！坐下！」那狗連忙從懸崖邊往後退，顯然已經受到驚嚇。

「早安！我們有沒有打擾到你們？」狗主人是利物浦人。「我們每年都會到這兒來。這裡的景色實在太美了，但這隻該死的笨狗老忘記這邊是懸崖。你們在做什麼？」

「喝茶。」

「好主意。」

「要不要來一杯？」

「好啊！來兩杯吧！每杯都放兩顆方糖。」胖胖的狗主人和他的太太坐下之後，這塊小小的岩棚就幾乎沒有多餘的空間了。

「我們沒有牛奶。」

「喔，那就只好這樣了。其實你們可以住在岸上那幾棟牧羊人的小屋，他們不會介意的。」

「喔？你認識他們嗎？」

「不認識。」

這時，又來了三隻吵吵鬧鬧的傑克羅素㹴犬，後面還跟著另一對夫婦。

「你們在這裡做什麼？聚會嗎？」

我們還沒來得及開口，那個利物浦人就搶先說道：「我們正在喝茶呢！要不要來一杯？但你們得等我們先喝完才行。這對夫婦正在走西南海濱小徑呢。」

「你們從哪裡來的？法茅斯嗎？」

「不，是邁恩希德。」

「那個地方在哪裡？」

「薩莫塞特郡。」

「不可能，太遠了。」

我遞給他們兩杯茶。他們便開始喝了起來。

「我們確實是從那裡過來的。」

「不，不可能。」

「確實如此。」

「那你們怎麼會有那麼多時間呢？」

我聽見莫思嘆了一口氣，把眉毛往上揚。

「因為我們失業了，而且無家可歸。」

他們聽到這話便一副坐立不安的模樣，連那幾隻狗都往後縮，兩位太太更是後退了一步。

「呃，我們得走了。謝謝你們的茶。」
「嗯，我們也得走了。謝謝啦！」
不到幾秒鐘，他們全都離開了。莫思靠在椅背上。
「要不要再來點茶？」
「沒辦法，已經沒水了。」
我們收起爐子後，便搭乘渡船過了赫爾福德河。

因為沒算好時間，我們到法茅斯時天都黑了，只好匆匆在潘丹尼斯城堡（Pendennis Castle）旁搭起帳篷。雖然有群青少年在附近的岩石上喝著蘋果酒，但我們太累了，已經管不了那麼多。後來，他們在那裡待了很久，一邊喝酒、一邊嬉鬧，完全沉浸在他們自己的世界中，根本無視於我們的存在。

「你想湯姆和蘿恩是不是也這個樣子？」
「當然啦，他們是學生呀。呃，應該說之前是學生。」
「我們是不是把他們給拋棄了？我們跟孩子談過房子沒了的事，但沒怎麼談過你的病以及它可能帶來的後果。我向來什麼事都會跟他們說，包括生活中的各種挫敗以及每一件會讓他們傷心難過的小事，卻沒跟他們談過你的病。對我們家來說，這是最重要的一件事，但我們卻從來不談。好像因為它太讓人難受了，所以就像房間裡的那頭大象，沒人敢說出來。」在黑漆漆的帳篷裡，我轉身面對莫思。「你想這些事情會不會傷害孩子們？一想到他們可能因此受到無法抹滅的創傷，我就好難受。」

「他們之所以不跟你談這個，是因為你無法面對，但他們會跟我談。我們已經開誠布公地討論過了，而且毫無保留。這確實很難接受，但他們很堅強。我們每個人都因此而改變了。只要你試著去面對它，說不定反而沒那麼嚴重。而且房間裡沒有大象。不可能有的，因為我們根本沒有房間。」

「那就改成帳篷裡的長頸鹿吧。」

「蕊娜，趕緊睡吧！」

秋季班開學了，法茅斯藝術大學的學生們都回到學校上課了。鎮上滿是衣著鮮麗的年輕人，精心打扮成波西米亞風、帶著刻意為之的那種滿不在乎的神情在街上走著。但比起他們，我們看起來才應該更像資深的波西米亞人。莫思身上那條迷彩長褲得用腰帶繫著才不會掉下來，而且已經扣到最後一個洞了，在腰間形成許多縐褶。他那件黑色T恤的背面已被背包染成了褐色，那頭銀髮歷經陽光的曝晒，看起來出奇的白，臉上的鬍碴也已經長成鬍子；而我在離開聖艾夫斯鎮後就一直穿著同一雙襪子，長緊身褲外面套著一條短的，身上那件在慈善商店買的羊毛套頭衫一天比一天寬鬆，頭髮更像是鳥巢一樣。我突然想到：此刻那兩位澳洲朋友或許正在法茅斯的某處挑染頭髮或享用大餐，但我一點兒也不羨慕他們。此刻，走在這繁忙的街道上，我就像個旁觀者，對眼前一切無動於衷。這是我在兩個月之前完全無法想像的事情。感覺上我們和他們是不同國度的人。

「每個人六英鎊？可是我們沒開車呀！」

「就是這個價錢。要搭不搭隨你。」

我們離開渡口，在碼頭閒蕩，想找一條私家船載我們去聖馬威斯（St Mawes），但一無所獲。於是我們便走回鎮上，買了四天份的麵條，縮減口糧的分量，以便有錢可以買渡船票。哎，當初真不該去「胖蘋果」的。

在聖馬威斯，到處都可以看到鮮奶油茶點，而且黃蜂很多。等著要搭接駁渡船到普雷斯溪（Place Creek）的人大排長龍，隊伍簡直看不到盡頭。到岸後，我們立刻走到樹林裡去，就像兔子溜進灌木叢那樣，因為現在我們待在樹林裡反倒比在大街上更加自在。

我們走下一座緩坡，來到葛瑞布角（Greeb Point）。這座懸崖上方有棟很大的房子，但下面則有一片平坦的草地，位於那房子所看不到的死角。此刻，天空晴朗，剛剛滿盈的月亮已經出來了，大地沐浴在銀灰色的光澤中。黝黑、深沉、平靜的海水輕輕拍打著岸邊潮溼的岩石。我們脫下又髒又臭的衣服，從岩棚上跳進冷冽的海水中，但卻被一股力道輕輕往後推，使得我們只好不斷往前划，才能暫時待在原地。接著莫思便往更遠處游去，還潛入海中，過了一會兒才游回來。

「你得過來瞧瞧這個。」

「我沒辦法。那裡的水太深了。」

「不行，你非過來不可。」

我離開了岸邊的岩石，往前游去，進入月光下的海水中，頓時覺得一股冷冽的寒意襲來。

「潛下去，然後張開眼睛。」

「我沒辦法，那鹽……」

「你可以的……」

我深吸一口氣，鼓起勇氣睜開眼睛，只見海裡並非一片漆黑，而是流動著許多白色和銀色的光。只要海浪一湧動，水裡便有無數細碎、斑斕、晶瑩的光影搖曳。那是月光被海水折射後，照在海床的沙子和岩石上所形成的效果。我浮出水面吸氣，只見水面上同樣波光粼粼。莫思牽著我的手，帶我走到離岸更遠之處，然後我們再度潛入海中。這裡的海水更深，但仍然看得見腳底下的沙子。然後，他便張開雙臂，放開我的手。這時，我看到一小群魚浮在水中，幾乎一動也不動，身上的鱗片就像月下的海水一般微微發亮。我伸手摸了其中一隻，感覺牠那光滑冰涼的身體微微往後退，但很快就回到牠在魚群中的位置。牠們就這樣一動也不動地漂浮著，直到意識到牠們已經太過靠近海岸時，才一起濺著水花游回更深的水域。

我們悄悄上了岸，雖然冷得渾身發抖，心中卻生出一種微妙的歸屬感。那晚我們便睡在大海與天空之間，身子已經乾了，卻留著海水的味道。

波特斯卡索村（Portscatho）擠滿了初秋的遊客，人潮熙攘，一對對年輕的夫婦帶著手拎水桶、穿著長筒雨靴和波登牌（Boden）外套的小孩走在街上。我們行走其中，就像個局外人般，彷彿只是在看著別人的家庭影片，並沒有什麼感覺。然後，我們就回到那夾道長滿黑刺李和荊豆的步道。到了潘多爾海灘（Pendower Beach）後，我們一度考慮要煮海藻來吃，但想想這樣太費瓦斯，就作罷了。天氣開始變了，一陣潮溼的風吹來，南方和西方的天空也愈來愈黑。我們雖然穿著羊毛套頭衫和刷毛外套，但走在風中仍感受到陣陣寒意。冷冽的風吹進我們的衣服隙縫，吹得我們的雙頰隱隱作疼，並拍打著我們的背包，一路推著我們前進。天色還早，我們卻已經開始找地方搭帳篷了。但步道位於上坡，而且兩旁長滿了多刺的灌木，因此根本找不到。於是，我們只好離開步道去找，在穿過一叢叢黑刺李和懸鉤子之後，終於在幾座無人居住的農舍附近發現一處田野，於是便在那裡搭帳篷。當我們正煮著麵條時，天上開始飄起了毛毛雨，幸好我們已經提前做好了過夜的準備。

夜裡，下起了大雨。雨水嘩啦啦地打在外帳上，打得帳篷繩條條顫動，一滴滴又重又急，彷彿永無休止的鑼鼓聲。我們穿上所有衣服躺在睡袋裡，並蓋上毯子，但還是覺得很冷。夜裡氣溫劇降，跟白天的溫暖比起來，落差更大。到了凌晨四點時，我們已經縮在帳篷中央，就像兩隻睡鼠一般。莫思時睡時醒，並不時在夢中發出呻吟。他在樸塞拉斯海灣時情況很好，但這寒冷的天氣又讓他的健康惡化了，病痛再度折磨他。很明顯的，體力勞動對他有益，寒冷的天氣才是大敵。我把毯子挪到他身上，又把雨衣攤開蓋在毯子上，他才沉沉睡去。當初我們實在不該買這兩個沒用的睡袋的。我們只考慮到重量，卻忽視了舒適性，應該反過來才對。但當時我們希望行李愈輕愈好，再加上這兩個睡袋又這麼便宜，所以就買了。事到如今，也沒法換新了，因為我們剩下的錢只夠用來吃飯。我躺在帳篷裡，聽著風呼呼地吹著外帳，看著帳桿都被吹彎了，擔心得遲遲無法入睡，直到淡灰色的曙光透進帳篷，風勢也開始減輕時，才鬆了一口氣。

從西南方吹來的暴風夾帶陣陣豪雨。灰色的雨簾從雲端汩汩落在海面上，形成了一個肉眼可見的水的循環。我們走在又密又急的大雨中，只見眼前的海岬愈來愈模糊，終至消失不見。我們的眼睛始終緊盯著那滿是石頭與爛泥、只有三十公分寬的路面，以致我們錯過了位於西波特賀蘭（West Portholland）與東波特賀蘭之間那條通往內陸的道路，到了連結兩者的一座海堤上。我們被困在陸地的邊緣，頂著強風，看著海浪拍打底下的礫石，被風與浪夾擊，好不容易才走到一條柏油路上。只見路邊有一排小屋，一個女人從屋裡走出來。

「快進來吧！我可不想敞著大門站在這兒。」

「我們身上太溼了。」

「把你們的東西放在石板地上就好了。我看到你們從海堤另一邊走過來，為什麼不改道呢？你們可能會被海浪沖走的！」

屋裡很暖和，我們的雨衣和那兩個淌著水的背包很快就讓房間裡瀰漫水氣，但我們發現這並不是住家，而是一間小店。那女人領著我們進入一個應該是客廳改裝成小茶室的房間。奇怪，我們為什麼總是一不小心就走進茶室呢？似乎每一扇門後面都有一個人拿著茶壺、打開收銀機等著我們，而且他們的善心義舉最少都要價四英鎊二十便士。但此刻，大雨嘩啦啦地敲打著窗戶，連海鷗都飛到岩石後面去躲雨了，因此我們只好點一壺茶。莫思把頭倚在窗邊的靠墊上，立刻就睡著了，一隻手還規律地抽搐著，臉上偶爾露出痛苦的表情。儘管這寒冷潮溼的天氣讓他非常不舒服，他都默默忍受，但一旦睡著，那些痛苦就都顯露出來了。沒了普瑞巴林，他的肩膀和頭部又開始作疼，雙腿也又麻又痛，皮膚上也長了奇怪的蕁麻疹。雖然皮質基底核退化症的症狀還沒全部出現，但已足以讓他夜裡睡不安穩，白天也受到了影響。

我們在這溫暖的房間裡待了幾個鐘頭，等到雨勢變小，開始起霧時，我們便沿著泥濘的步道繼續往前走。黃昏時，我們抵達了廣闊、高聳的多德曼角（Dodman Point），在一個大型的花崗岩十字架底下坐下。此時霧氣已經散開，一縷縷地迅速飄移。在它們飄開的瞬間，我們看到了利澤德半島以南和以東的景色，只見前方有一座建於拿破崙戰爭期間、用來瞭望英吉利海峽以防法國艦艇出沒的塔樓，旁邊有一棟古老、小巧的石屋，由於四周長滿了荊豆和矮樹叢，因此不會吹到風。於是我們便在那裡把帳篷搭在傾頹的圍牆內，然後就坐在石屋裡煮麵，倒像是兩個流浪漢在扮家家酒。天黑得早。一過七點，所有光都暗了下來。

「想必現在已經是九月底了。」

「真的嗎？」

莫思翻著旅遊指南，根據我們上次所看到的日子算著日期。

「現在已經快十月了。再過幾個星期，夏令時間就結束了。」

「等到五點鐘就天黑的時候，我們該怎麼辦呢？」

我們回到十字架底下，只見光線緩緩沿著地平線移動。風已經停了，夜裡的各種聲響都清晰可聞。有幾隻海鷗飛到懸崖上，一群蠣鴴在下面的岩石上嘰嘰喳喳地叫著，海浪拍打著峭壁，發出了轟隆隆的低鳴。突然間，在那淡淡的月色中，一隻灰白色的小麞鹿像是漂浮一般，從我們眼前走過，然後便悄悄溜進了矮樹叢中，幾乎連一片葉子都不曾驚動。我們也跟著回到帳篷去睡覺。

到了戈倫港（Gorran Haven）的碼頭區後，我們躺在長椅旁的混凝土地上，看著頭頂上的一大群海鷗，並藉著地上的熱氣取暖。

「戈倫港可不是這種地方。這裡沒人會醉醺醺地躺在街道上。警察會來抓你們的。」

我坐起身來，心想說話的人嗓門這麼大，必定是個身上有船錨刺青的大個子，沒想到卻是一對穿著厚夾克縮在長椅上吃著薯條的老夫婦。那個大嗓門老先生拿了根薯條丟給一隻海鷗，結果卻有三隻鳥同時嘰嘰喳喳地飛到地上。

「我們沒有喝醉，只是在吸收地上的熱氣。」

「體面的人是不會躺在街上的。你們是流浪漢嗎？」

流浪漢？我們現在已經變成流浪漢了嗎？但我們可沒躺在街上。「這裡不是街道，是讓人們坐下來欣賞風景的地方。我們現在就是欣賞風景。你們呢？」

「吃薯條。」他的太太也扔了一根薯條給海鷗。

「不，你們不是，你們是在餵海鷗。你們難道沒看到那個告示牌上面寫著：『請勿餵食海鷗』嗎？要小心喔，可能有人正在看著你們。」

說完我們便拎起背包離開了。那老先生卻在我們身後大喊：「流浪漢！」

莫思轉身對他們揮了揮手。

「餵海鷗的人！」

我們穿過這座風景優美的村莊，往梅瓦吉西村（Mevagissey）前進。走著走著，看到前面有許多銀鷗時，我們就知道已經抵達目的地了。這些海鷗看起來就像聖艾夫斯鎮的那樣，狡猾奸詐，會集體覓食。牠們有的聚集在漁船與煙囱上，有的成群結隊在垃圾箱四周走動，有的則在長椅旁邊遊蕩。我們匆忙花了一英鎊買了一杯薯條兩人合吃，一個人吃的時候，另一人就留意那些海鷗，過程中一直緊握杯子，不讓它離我們太遠。有一群老太太坐在我們旁邊的長椅上，每人手裡都拿著滿滿一杯炸魚和薯條。我們無意間聽到了她們的對話。

「附近海岸的所有村鎮我都住過了。我告訴你，我是絕對不會再回到聖艾夫斯鎮的。我會回威茅斯（Weymouth）去，也會回到梅瓦吉西來，但以後絕對不再去聖艾夫斯鎮了。」

「但你現在還住在梅瓦吉西呀！」另一個老太太說道。

這時，一隻海鷗突然往旁邊走了幾步，靠近她們所坐的長椅，但牠那銳利的眼睛卻若無其事地盯著反方向。

「我離開以後還會回來的。但我絕對不會再去聖艾夫斯鎮了。」

「你如果會回來，那為什麼要離開呢？」

那海鷗轉過身去，背對著她們，用渴望的眼神看著大海，然後又繼續往旁邊挪動了幾步。

「席拉，這是假設性的說法。**如果**我真的離開了，以後還會回來的。」

「可是，多瑞絲，從理論上來說，如果你想回來，為什麼還要離開呢？」

這時，那隻海鷗趁機飛了過去，翻動一下老太太杯中的薯條，然後就噙著一塊炸魚飛走了。

「該死的海鷗！這就是我為什麼要離開梅瓦吉西的原因。聖艾夫斯鎮也是一樣。」

「噢，多瑞絲，真是糟糕。可是如果這裡和聖艾夫斯鎮一樣，你為什麼還要回來呢？」

「席拉……」

我們把帳篷搭在布雷克岬（Black Head）上，附近有一塊紀念詩人A・L・羅斯（A.L.Rowse）的石碑，上頭刻著：「這是我作品中的那塊土地。」我們吃麵時，那些已經吃了許多薯條的胖海鷗也在附近的岩棚上歇息。

「奇怪，牠們對麵條沒興趣耶！」

「牠們沒那麼笨啦！」

聖奧斯提爾鎮（St Austell）的北區有瓷土礦。自從十八世紀中葉威廉・庫克霍茲（William Cookworthy）發明了一種可以去除瓷土雜質的方法後，此區就持續生產一種很細的瓷土：高嶺土。後來，相關產業日益發達。那些高嶺土起先被用來製造細瓷器，後來也出口到世界各地，用來製造茶杯、牙膏等各式各樣的物品。當銅礦和錫礦相繼枯竭或關閉時，瓷土礦的開採仍然方興未艾。不幸的是，每開採一公噸的瓷土就會製造出五公噸的廢土。這些廢土被堆置在康瓦耳郡的中央地帶，形成一個個土堆。這些土堆被本地人暱稱為「康瓦耳的阿爾卑斯山」（Cornish Alps），但在一般人眼中，就只是一堆廢土而已。至於採礦時在地上挖出的一個個白色大洞，其中當然蘊含許多商機。你可以在裡面注滿黯綠色的水，在四周栽植矮樹叢，將它改造為一個自然景點，並稱之為「文化遺產步道」；也可以蒐羅來自世界各地的植物，並利用各式各樣的塑膠製品創造出又一個伊甸園，藉此吸引千百萬的遊客，讓他們願意花二十五英鎊的門票錢來參觀。當然，你也可以把所有的廢土回填到洞裡，然後美化當地景觀，將它復原為綠地。不過，這種做法可能沒有什麼吸引力，畢竟沒有遊客會願意花錢來這樣一個平凡無奇的地方參觀。

查爾斯鎮（Charlestown）舊名「西波米爾」（West Polmear），是個風景如畫的港口。它是由查爾斯·拉許雷（Charles Rashleigh）建造而成。當地居民原本只有九個人，平常除了打魚之外，也編織蝦籠和雕刻煙斗，但在拉許雷的努力下，這裡很快就成了一個擁有三千人口的小鎮，而且居民都是倉儲工人，負責將黏土裝上貨船。但在十九世紀時，此地每年出口的黏土只有數萬公噸，和二十世紀的數百萬公噸比起來，簡直不算什麼。時至今日，查爾斯鎮已經成為一個風景優美的港口，因著它過往的歷史而欣欣向榮，同時也是羅斯·波達克（Ross Poldark）[18]經常前往的地方。

快到帕爾（Par）時，我們突然進入一個白色世界。地上覆蓋一層有如爽身粉般的細白粉塵。我們沿著步道繞過那家黏土加工廠，走在高高的鐵絲圍籬和鐵道間，經過一座村莊，便到了浦爾克瑞斯海灘（Polkerris Beach）。海灘後面一邊是黏土工廠的倉庫和煙囪，另一邊是一座很大的露營車停車場，但觸目所及，盡是一片雪白景象：白色的樹木、白色的步道、白色的海灘與白色的蹓狗人。我們無視於空氣中瀰漫的食物氣味，走過海灘旁林立的酒吧與餐館，沿著山坡往上走，進入秋色爛漫的樹林間，很高興自己又回到了彩色世界。

我們把帳篷搭在格利賓海岬（Gribbin Head）的平坦草地上，然後便躺在帳篷裡，把門片掀開，看著過往的船隻與天上的星辰。這裡是拉許雷家的地盤。自從這裡的修道院被解散後，梅納比利莊園（the Menabilly estate）便歸這個富裕的家族所有。當年作家達芙妮．杜莫里哀（Daphne du Maurier）曾是該莊園的房客，並且在此構思出她的小說《蝴蝶夢》（*Rebecca*）中的梅納比利莊園的種種。但此刻，躺在此地星空下的我們卻是兩個無家可歸、一文不名的人。我們已經失去了一切，只剩下孩子和彼此。雖然我們仍然能躺在這溼潤的草地上，聽著那規律拍打著岩石的海潮聲，但我們能靠著這些活下去嗎？我們知道答案，但要放棄這一切回到從前的那個世界也不是我們想要的。

我們沿著步道前進，走過一座座和緩的山坡。沿途盡是黃橘兩色相間的樹林、岩石崎嶇的海岸和無所不在的海鷗。之後，我們就到了福伊（Fowey）。這個村莊位於一座天然的海港旁，傍著一個很深的河口。村裡的街道甚為狹窄，一條條沿著陡峭的山坡往上延伸，兩旁林立著五顏六色的房子。村裡有著幾處西南海岸上最昂貴的住宅區。在這早秋時節，這一帶仍然停泊著一艘艘遊艇，可見那些有錢人是靠海發跡的。我們到了一家茶室後便再度進去叫了壺熱水，並趁機為手機充電。事實上，我們都快忘記自己有手機了，好多天都不曾看它一眼。

「我沒把手機充電，蘿恩一定氣得半死。」然而，當它充飽了電，螢幕又亮起來時，我發現

18 譯注：小說與同名改編電視劇《波達克》的男主角。

上面除了孩子們傳來的大量簡訊之外，還有一通老同學波莉的來電。上次我和她說話是在我們剛搬出農場時，最近我實在很難打電話和她敘舊。要說什麼呢？「喔，是的，我們仍然無家可歸，而且快死了。你呢？你怎麼樣？」

我們在銀行裡領了錢、買了一條麵包和一罐湯後，就乘船過河到了波爾魯安村（Polruan）。這座村莊是福伊的縮小版。我們坐在碼頭上，看著一個焊工在船臺對面的船塢裡修理小船，手到之處火花四濺。最近這一段步道不再那麼崎嶇，沿途風雨也少了些，走起來就像海水緩緩流過沙灘上的波紋一般平穩順利。除此之外，我們本身也改變了，變得強壯、從容而安靜。此刻，一隻鸕鶿在水面低低掠過，朝著大海飛去。天色灰暗，和灰色的大海連成了一片，但並不像是要下雨的樣子。小船後方仍不斷有火星飛濺。我想像那焊工頭上戴的耳機裡正播放著〈閃舞〉（*Flashdance*），但他更有可能正在收聽海盜電台的廣播。

我們爬上那座陡坡，離開了波爾魯安村，經過蘭特灣（Lantic Bay），到了朋加羅岬（Pencarrow Head）。為了擋風，我們把帳篷搭在幾叢荊豆後方，然後便坐看遠處從普利茅斯駛來的那些船隻的燈火。

隔天清晨，天空層層的灰色之間夾著一抹淡黃。一隻灰背的鳥兒從懸崖下方飛起。牠展開的雙翼在漸亮的天色中形成黑色的剪影。牠飛著飛著，突然將身子一側，露出了白色肚腹上的條紋，然後就猛地俯衝下來，並且瞬間消失，嚇得兔子們四散奔逃，小鳥們也鴉雀無聲。

這時，一個老人緩緩越過海岬，朝我們走了過來。他身上的衣服髒兮兮的，手裡拿著一根健走杖以及一根榛木枝條，看起來有些邋遢。他緩緩靠近我們後便停下腳步，用一口有如凝脂奶油球般的圓潤腔調和我們搭訕。

「你們有沒有看到那隻遊隼？牠已經在這裡待了好幾個禮拜。真美呀！不是嗎？我之前從來沒有看過牠。牠是新來的。你們看過牠嗎？」

「我們昨晚才到這兒，所以也是第一次看到牠。真的很美！」

「你們只是路過這兒吧？我可是從小到大都住在這裡。我在樹林裡有間小屋，養了幾隻雞，偶爾也砍砍柴。牠真美呀，不是嗎？」

「是的，牠很美。」

「你們要往東邊去嗎？其他過路人都往那個方向去。你會走到拉姆岬（Rame Head）、畢格布里（Bigbury）和螺栓尾岬（Bolt Tail）。他們說我的眼睛可能得了青…青…什麼的，說我可能會瞎掉，還有我吃太多餅乾了。」

「青光眼。」

「對，就是青光眼？我每天只要有空，就會來這邊。我得記住牠的樣子，因為以後就看不到了。」

「這麼美的東西，你一定會記得的。」

「我很高興牠來了。牠很特別，而且很美，不是嗎？」

「是啊，真的很美。」

光線愈來愈亮，天空和大海也分開了。我心想：我看過的東西夠多了嗎？當我再也看不到它們時，我還會記得它們嗎？光擁有回憶，就足以填滿我的心，讓我成為一個完整的人嗎？那老人離開了，緩緩朝著他來的方向走過去。人有可能擁有足夠的回憶嗎？

電話鈴聲突然響起，一聲聲，刺耳又急切。

「你們現在人在哪裡？」

「還在南海岸。怎麼啦？波莉，有什麼事嗎？」

「我告訴你，你不能在那裡過冬。我有一間小屋，從前是用來分切肉品的。他們在裡面安裝了一間衛浴，但現在牆壁上還貼著塑膠膜。如果你們願意，可以在那裡住一段時間，但你們得把它整修完成。」

「我不確定……」

「要不要，隨便你們。」

我們的帳篷背對著荊豆叢，面向東邊，面向我們即將要走的道路。沿著這條路走下去，我們會經過一座座陌生的海灣與海岬，過著日出而行、日入而息的日子，經歷意想不到的風雨，還得繼續忍受這寒冷的天氣。但事實上，比起即將到來的冬天，現在的寒冷根本不算什麼。入冬後，這裡的海岸將會刮起一場又一場風暴，屆時我們勢必得往內陸走。但要去哪裡呢？波莉住在英國中部一個我們根本不熟的地方。去了那裡之後，我們要做什麼呢？會有怎樣的未來在等待著我們？這真是一個艱難的決定。

我們把帳篷留在原地，沿著海岸探索，不久便走到了蘭緹衛灣（Lantivet Bay）。這裡有一座漆成白色的花崗岩方尖碑地標，懸崖上還有一間瞭望小屋。我們在這裡吃了飯和鮪魚後，便走下陡坡到了蘭特灣，沿著海藻尋寶。那隻遊隼已經連續三個早上在朋加羅岬的上空盤桓了。我們需要一個棲身之所，需要溫暖，需要錢。如果不試著回到正常世界生活，我們就得在步道上過冬，而莫思不能受寒。

有些錯誤的決定很容易發現，也很容易修正。比方說，你如果上錯火車，只要在下一站下車就行了。但有些決定你看不出錯在哪裡，等到發現時已經無法回頭。

「嗨，蘿恩，你可以借我們四十英鎊買火車票嗎？」

「我沒那麼多錢，但我可以匯二十英鎊過去。」

「湯姆，你可以匯二十英鎊給我們買火車票嗎？」

「好啊，但我認為這樣做好像不太對，感覺這是一個錯誤決定。」

第五部

抉擇

「人除了麵包之外，也需要美。」

《優勝美地》，約翰．繆爾
（*Yosemite*, John Muir）

18 綿羊

我們遠離海岸，來到這個閒置的肉品包裝間，感覺自己彷彿被連根拔起，與大地失去連結。此刻，雨水正打在浪板屋頂上，我們把帳篷架在地板中央，蜷縮在我們熟悉的物品之間，心中有些迷惘。之前尋獲的平靜安詳正迅速消退。

我們的背包正可憐巴巴地坐在角落裡，頂住牆面上一片開始剝落的塑膠護層。這裡雖然曾有人住過一陣子，但看起來還是像個加工間。之前顯然有人把燒木材的爐子放得太靠近那塑膠護層了，以致它被燒得融化並且捲曲了起來。窗戶上有一層苔蘚，隔熱材料從屋梁垂了下來。染有汙漬的天花板上掛著一根閃爍的工業用日光燈管。儘管如此，我們仍慶幸有了能遮風避雨的地方。

波莉看到我們來了，很是開心，也很高興她能幫上我們的忙。她說她不要租金，只要我們能幫忙裝修這棟房子，以及在農場打打雜就行了。「莫思能不能先把這棟房子裝上石膏板，並且抹上灰泥呢？」我和波莉是朋友，陪伴彼此度過狂飆的青春期以及充滿焦慮的成年歲月。可以的。我們會彼此扶持。

我沿著灌木樹籬走到山頂的樹林裡，讓自己沉浸在英格蘭中部的陌生風景中。十月底的空氣已然冷冽，烏鴉在空中盤旋。一隻鵟鳥掠過天際，順著氣流飛下山，悲涼的叫聲響徹了山谷。地上有棵倒下的落葉松，它那碩大的毬果散落在地面，乾枯的枝葉間已經長出了野草和蕁麻。一隻雉雞受到驚嚇，大叫一聲，嘩啦啦地拍著翅膀從灌木叢中飛起。如今，我只要一有空離開農場，便會來這片樹林走走。雖說眼下我們已經有了一個棲身之所，但在慶幸之餘，我的內心卻空洞無比。在農場裡，我每天反覆做著同樣的工作，除了讓自己不致淋雨受凍之外，毫無其他意義。雖然身邊有朋友，卻感覺形單影隻。自從失去房子之後，我已經認清了一個事實：無論別人多麼想幫助你，一旦你進了他們家的門，很快就會變成占據他人窩巢的那隻杜鵑；如果待上太久（或等到你已經沒什麼用處時），就會不受歡迎。不過，在波莉的農場裡，我們還是有點用處的，至少這一陣子是如此。

在莫思停止步道之行後，他的肢體又變得僵硬起來，神經痛也愈發厲害了。現在，他一個晚上要睡十二個小時，而且早上時行動都很吃力。我們回去找那個醫療顧問，告訴他莫思在走步道的時候健康狀況改善很多，幾乎所有症狀都消失了，直到他受涼才又故態復萌。

「你們已經讓病情惡化，讓它進展更快了。你應該好好休息才對。偶爾可以走點路，但別走太遠，上下樓梯時也要小心。」

「但是經常做重複的、吃力的勞動，難道對病情沒幫助嗎？或許他會因此吸入更多氧氣，讓病情不致惡化，也讓那些tau蛋白累積得慢一點？走路有沒有可能讓他的身體產生某種變化，導致某種良性反應呢？」

「絕對不可能。你們只是不願意接受現實。但這很正常，大多數病人都會經歷這個階段。」

如今我們只要一有空就會去散步，但效果還是不像揹著重物走上幾個小時那麼好。我們也曾去健身房鍛鍊，但過後莫思卻痛了好幾天。後來他開始踩健身腳踏車，那穩定、重複的動作對他確實有些幫助，可是仍然不夠。他的行動愈來愈緩慢，偶爾手臂還會顫抖。

但他不能休息，因為我們得靠打工來換宿。莫思緩慢而吃力地為小屋的牆壁裝上石膏板，他的肩膀因此疼痛不止。此外，他還在地板上鋪了瓷磚，並且頂著冷冽寒風在外面砌了一座水泥磚牆。他現在一天頂多只能工作四個小時，而且行動愈來愈吃力。

冬天來了。天氣冷得刺骨，氣溫降到零度以下，地面凍得像石頭一樣，積雪達二十五公分深。這時，我真的很慶幸我們有個可以遮風避雨的地方，還有一座能取暖的火爐（儘管需要自己砍柴來燒），而非露宿在帳篷裡。

耶誕節時，我們去莫思的哥哥家過節，睡在他家的地板上，在那個舒適與溫暖的環境裡與家人度過了一段快樂時光，試著假裝什麼事都沒發生過，假裝日子仍然一如往常。十二月底時，我們回到波莉的農場，開始在她的樹林裡工作，把已經倒下的樹木砍成幾段，再劈成圓木，又花了好幾天的時間清除灌木和矮樹叢，清出好幾大堆的木材。那段期間，莫思晚上回到小屋後總是躺在地板上，痛得無法動彈。同時，我要負責把一台爐子修好並安裝在小屋裡、把一面隔間牆打掉、在門廳的牆壁上貼木材、打掃假日出租的房間，並在洗衣房裡工作。我們雖然不用付房租，但必須付電費，可是我們身上沒有錢。我需要找一份工作，但同時我也需要陪著莫思。他已經累壞了，身體愈來愈虛弱。無論我們多麼慶幸能住在波莉這裡，但莫思為此在健康上已經付出巨大的代價。

「你不能再這樣下去了。你會沒命的。」

「但我們已經有房子住了，我很感恩。」

春天來了。林地上生機盎然，藍鈴花遍地盛開，像一頂頂藍色的皇冠般妝點著山頂。黃昏時，有一隻黇鹿跨過那棵倒地的落葉松，走出樹林，到田野上吃草。牠的腿腳雖然纖細，步伐卻很有力。我們在暗中觀察著牠，擔心牠最後會成為冷凍庫裡的肉品。牠美麗、自由，獨來獨往，是我們的祕密。

春天是羔羊出生的季節。我們在那幾座用浪板搭成的寬廣羊舍裡，仔細觀察著幾百隻的母羊，看是否有分娩的跡象。如果是，牠們會焦躁不安，急著尋找一個屬於自己的空間，然後開始用腳爪抓地，並側身躺在地上，伸長脖子，把頭朝向天空。然後，一個潮溼、蠕動的小生命就誕生了。這原本是個令人振奮、充滿希望的時刻，一個全新的開始，但我卻有一種置身事外的感覺，只是像個空殼子一般照章行事：用碘酒噴灑小羊的肚臍以免感染，把給母羊住的羊圈打掃乾淨並鋪上乾淨的稻草。這些都是我從前再熟悉不過的工作，但現在我過得不是自己的生活，而是別人的生活。

我和莫思長年努力的心血都沒了。我還記得我們買的第一棟房子是一座維多利亞風格的小巧排屋，馬路對面就是一座樹林。當時，我們每晚下班回家後就忙著整理房子，連星期天下午都在黏貼那些脫落的壁紙，甚至到了凌晨兩點還在用灰泥填補煙囪磚塊的隙縫。當時，我們有一個夢想，希望能買一小塊地，不再過著朝九晚五的生活。後來，我們把那棟房子賣了，把所有的錢都用來實現這個夢想。但現在我們的房子和土地都沒了，夢想已經幻滅，相關的回憶也付諸流水。我很慶幸我們曾經過著那樣的生活，因為有些人終其一生都嚮往擁有這樣一個地方，卻從未付諸行動。不過，為了實現這個夢想，我們也付出了許多，幾乎把所有的時間、精力都投注在上面。對我們來說，那座農場是我們的一切。當我們的朋友在國外度假時，我們卻忙著為穀倉裝上新的屋頂。有一次，我們為了要挖鑿溝渠以便裝設排水管，只好讓孩子們和其他家人去海灘玩耍。有整整三十年的時間，我們把所有心血都花在那座農場上，但一切都已付諸東流。現在我們該怎麼辦？

我懷念我們的家，因為裡面有我們一家人的回憶，因為它給了我安全感，讓我知道我下個星期乃至明年會在哪裡入睡，因為我在那裡度過了數十年的歲月。但現在我同樣想念別的東西。這段日子，我半夜醒來時，常會聞到那被太陽晒得發燙的步道所發出的炎熱塵土氣息，或那飽含鹽分的暴雨落在熱得快融化的泥土時所發出的強烈柑橘味。在步道上行走的日子裡，我們心中總是充滿期待，希望能看到一隻鵟鳥掠過斑光點點的靜寂林地、飛到廣闊而明亮的海岬上，期待著下一座峽谷的風光。那時，我夜裡醒來後，聽到風中傳來的海鷗叫聲，看到雲朵湧動的天空，以及那一望無際的地平線時，心情總會為之一振，感覺未來充滿了無盡可能。但如今，我醒來後卻總是發現自己置身在一座黑暗的房間，並因而意識到眼前這空洞的現實：我正過著別人的生活，而莫思也逐漸邁向死亡。對我來說，時光彷彿倒流了，我們的過去正逐漸成為我們的未來。我可以預期我們未來的光景就跟從前一樣。過往的種種就像溪水般不停流動著，匯聚成未來的河流。在那漆黑的夜裡，我開始相信那些醫生的話。或許他們說的是事實，只是我不願意面對。我開始相信：無論我多麼努力對抗，莫思還是會死，之後我就得設法過著沒有他的日子。於是，我逐漸陷入低潮。書上說這是失去親人之前的哀慟，是很正常的現象，但這並不能為我帶來任何安慰。雖然莫思還活著，我卻彷彿看到他已經變成鬼魂。我愈來愈沮喪。

後來，我們想在附近租一間房子，於是便開始四處尋找合適的住所，但因為我們的信用紀錄已留下汙點，最終還是一無所獲。此外，我試著找份工作，但在這樣一個鄉下地方，無論做什麼工作，掙來的工資都只勉強夠付通勤的油錢而已。況且，誰會要一個已經高齡五十歲、而且二十年來不曾受僱於任何一家公司行號的人呢？雖然我下田耕作、修水電、蓋房子、種植物、室內裝潢、設計庭院、擔任會計、修剪樹木，樣樣都行，還曾經做過假日房屋出租的生意，但這都不算數，因為我沒有任何文件或推薦信足以證明我的能力，所以如果我想找到工作，勢必需要重新受訓才行。但就算我完成了訓練，那些公司還是大可雇用剛出社會、條件相當的年輕人，誰會要一個五十歲的新手呢？但如果沒有工作，沒有收入，我們將永遠無法租到房子。每次想到這一點，我的心情便無比低落。

莫思是個訓練有素、技巧嫻熟的泥水匠。貼石膏板是他慣常從事的工作，對他來說並不陌生，甚至已經烙印在他的肌肉裡。但如今他工作時每每渾身痠痛，倒像是這輩子不曾拿過鏝刀似的。我也幫不上他的忙，因為把石膏板抹得光滑平坦這種事可不是上幾堂課就學得會的。每天早上，我得從床上把他拉起來，幫他活動四肢，直到他能開始工作為止。通常這時已經接近中午了，而且他的情況愈來愈糟。但他就這樣一點一點地，把那個肉品包裝間改造成一個舒適的住所。接下來，只需要把自來水管線改裝一下，接到那台已經修好的多功能櫃爐上，就大功告成了。住在這間小屋裡，我們確實獲得了我們所渴望的安全感，但同時我們也需要別的：一個在某種程度上自己可以掌控的未來。

「蕊娜，有時我醒來以後會想不起來自己該做什麼。我的身體好像已經逐漸忘記它的功能了。我得提醒自己應該吃飯、喝水或上廁所才行，但我其實並不想做這些事。我是不是快死了？」

四月底時，燕子回來了。小羊也在山坡上蹦蹦跳跳的，愈來愈壯。在山頂那座濃密的樹林裡，我看到那隻黇鹿正站在那棵落葉松後方，但現在牠已經不再形單影隻了，身邊多了一頭腿腳纖弱的小鹿。一看到我，牠便一溜煙跑回暗處，顯然不願意離開這座安全的樹林。一群海鷗聚集在一塊剛犁過的農田上方，嘰嘰喳喳地頗為喧鬧。和海岸上的那些海鷗相比，牠們更常成群行動。看到牠們，我的思緒一如往常如獨處時那般飄向了南方：此刻岸邊的那些海鷗應該正忙著在懸崖和屋頂上育雛，或者正聚集在碼頭上，等著搶奪人們手裡的肉餡餅吧？

五月的一個早晨，波莉一大早便衝進小屋。

「我幫你找到一份工作了，如果你要的話。」我當然要嘍！「剪羊毛的小組還缺一個包裝工。你做得來嗎？」

「當然可以。」其實我沒有什麼把握。從前我們有養羊，也剪過羊毛，但數量並不多。如今這個小組裡有三個比賽級的好手，每個人不到四分鐘就能剪完一頭羊，我是否能勝任包裝員的工作，實在很難說。

早上六點，一輛皮卡就開到了小屋外面，後面還拉著一輛用木板和金屬拼湊而成、嘎吱作響的奇怪拖車。我坐進後座，發現裡面放著一堆雜亂的工具、沾了油漬的衣服和幾個裝著三明治的盒子，還有一條熱得直喘氣的黑狗。在前往農場的路上，我們陸續接了其他幾個剪羊毛工。他們和那家農場簽了合約，負責幫八百多隻羊剪毛。

「順利的話，大概要花兩天的時間。」

到了農場，只見那裡有一棟看起來搖搖欲墜的農舍，裡面住著一對老夫婦。他們穿著破爛的衣服以及用打包繩繫著的長褲，身上還圍著棉質圍裙。老先生的背已經駝了，還患有關節炎。他帶著我們出了庭院，到山坡上的一處窪地。那裡矗立著一座用金屬浪板搭成、設備先進的巨大穀倉，裡面擺滿了四輪摩托車、拖拉機和農具。我從沒看過八百隻羊同時被關在一個地方，只見穀倉裡的一半區域、後面的集中場乃至外面的地上，都是羊。我們的工頭戈登倒車將拖車開進穀倉，並將車上那個由木板和金屬組成的裝置打開，裡面有一條坡道，可以把羊群引到拖車上，讓牠們進入一條寬約半公尺，長度相當於拖車車身的封閉式通道。通道上有三扇門，通往三位剪毛工所站立的平台。他們三人各自有一套剪毛工具，分別掛在三扇門的上方。每個剪毛機的剪切頭都連接一個插電的小馬達，靠它來供電。只見那些剪毛工都脫下靴子，換上厚厚的、沾滿黝暗羊毛脂的鹿皮軟鞋。我站在那高度及腰的平台下方，身後放著一個金屬框，上面套著一個兩公尺深的塑料編織袋，是用來裝羊毛的。不到八點鐘，我們就已經準備就緒。

這時，三位剪毛工便各自打開他旁邊的那扇門，抓起一隻羊，將牠按在平台上，再把門關上。然後他們一拉那條連接著剪切頭的電線，讓機器通電後就動工了。一開始，他們會讓羊仰躺在平台上，先剪牠肚子上的毛，然後再剪頭頸部的。接著，他們會把羊翻過來，讓牠側躺，並用雙腿夾住牠，把側腹和背部的毛均勻剪下，再換到一邊。剪完後，他們會再次拉動那條電線，並且把羊放開。這時，那羊就會轉身從拖車上跳進一個圍欄，那是專門用來關剪完毛的羊的地方。裡面的羊每一隻都瘦瘦、白白、光禿禿的，同時由於身上沒毛的緣故，頭部都顯得特別巨大。

當第一堆羊毛落在平台上時，我的工作就開始了。我要負責把那些羊毛捲起來，捆緊，然後放進袋子裡。程序是這樣：先把羊毛翻到乾淨的那一面，頭部那一端朝著我，然後把大腿部分的毛摺進背部的毛裡面，再將它緊緊捲成大約三十公分寬的一捆，再把最後剪的臀部的毛塞進去，做成一個緊密的毛球，裝進袋子。接下來，就要用一根扁平的棍子把平台上的碎屑清理乾淨。剪毛工剪完一隻羊後，會立刻轉身把下一隻羊從通道裡拉出來，因此包裝工作必須在第二隻羊旁邊的那個狹小空間內進行。如果距離太近，那些羊毛就會在第二隻羊踢來踢去時沾在牠的腳上。而我同時有三個剪毛工所剪下的毛要打包。

剛開始時，每個剪毛工的速度都差不多，我弄完一個就得趕緊跑到下一個去，因此感覺挺吃力的。但後來他們的工作步調逐漸有了差異，於是我就找到了自己的節奏。每裝滿一袋羊毛，我就要從桶子裡拿出一根二十公分長的木頭夾子，把袋口折疊起來，用夾子夾住。上了四根木頭夾子後，袋子就完全密閉了。這時就會有一個剪毛工跳下來，幫我把它拖到穀倉的一側。

由於我在清晨六點就離開了小屋，因此感覺上午的時光過得特別漫長。我們只在十點半時休息了一次，之後一直到中午吃飯時間才能再度休息。下午的時間感覺更漫長了，直到四點鐘才休息一次，之後又得繼續工作到七點。那天末了，農場主人放出最後一欄的羊。那一批都是公羊，而且是壯碩的泰瑟爾種（Texel）。牠們坐在地上時，大小幾乎相當於那個比較瘦小的剪毛工。這一批羊也剪完後，我們就把所有剪完毛的羊都帶到一個地方，還沒剪的則帶到另一處，然後我們才開車回家。我回到小屋時已經過了晚上八點。

「今天情況如何？」

「還不錯。我從來沒有打包過這麼多羊毛，但我還行。」

後來，我沖了個澡，把身上那些含有羊毛脂的綠色黏液都沖乾淨，接著又喝了一碗湯。那晚還不到九點，我就睡著了。夜裡，我因為手臂抽痛而醒來，便起床吃了幾顆布洛芬，接著就回到床上，用枕頭墊著手臂繼續睡覺，直到隔天五點半被鬧鐘叫醒為止。

如此這般，日復一日。

我們前去打工的農場有些是小型的家族企業，三代人都守著位於偏遠的高沼地上的兩三百英畝土地營生。有些則是企業化經營、規模大得驚人、擁有數千頭羊的農場。那幾個剪毛工自成一個小團體，很少跟我說話，彼此之間談論的也都是相關設備和羊隻品種的話題，我則是默默在一旁觀察著。就這樣，我們一連工作了幾個星期，只有在雨天才會休息。而那段時間正值夏初，天氣溫暖乾燥，因此下雨的日子並不多。小屋裡的那台雷奔牌（Rayburn）多功能櫃爐已經裝好水管，裝潢也完工了，連百葉窗都掛好了。偶爾，我會和波莉聊天，想重溫年輕時我們之間那尚未被歲月和世事汙染的友誼，但我發現我們已經回不去了。如今我是她手下一個沒有支薪的雇員，是她的房客，也是她幫助的對象，對她滿懷感激，俯首聽命，也很清楚自己的地位。她則是我的房東、我的老闆，擁有一切我所失去的東西。掌控權在她手上。有一兩次，她很難得地邀請我去她的農場作客。我們一起坐在她位於山坡上的庭園裡看星星。然而，除了北斗七星依舊位於北方的天空之外，其他一切都改變了。

「小屋現在看起來很漂亮，比我預期得還要好。你們就儘管住下來吧！只要你們願意，可以一直住下去。」

我們會擁有一個家、一個安身立命的地方，一個可以開始重建人生的平台嗎？這樣的事情會是真的嗎？可行嗎？

一隻母羊從平台上逃脫了。大家急急忙忙、七手八腳試著把牠抓住。這類事情每天至少會發生五次。通道裡的羊都想逃脫，而由於牠們都緊緊挨在一起，因此有時當一隻羊被拉到門外時，其他幾隻也會跟著闖出去，跳過平台，進入那些已經剪了毛的羊群中。這樣一來，我們就得浪費寶貴的時間去把牠抓出來。

這天，我們剪的是由累斯特（Leicester）和薩福克（Suffolk）這兩個品種雜交的混血羊。這些羊體型巨大，羊毛又多又長又蓬鬆，產毛量是一般羊的兩倍。當戈登把一隻羊拉到門外時，有兩隻也跟著衝了出來，甩動牠們身上那豐厚的毛髮和綠色的黏液。其中一隻轉身從我的頭旁邊跳了出去。我本能地抓住牠身上的毛不放。這時，原本乾爽潔淨的穀倉地板已經堆滿了溼溼的羊毛脂和糞便。那隻羊衝下平台後便拖著我一路狂奔，但後來我的一隻腳卡在一塊混凝土裂開的隙縫中，於是我們便連人帶羊滾進了一洼黏液裡，兩個頭和六隻腳都沾上了那綠色的液體。

「戈登，那隻給你剪。我可不要碰牠。」

「幹！我們休息吧。」

我站在一根供水豎管下面把雙手和頭髮清洗乾淨後，便打開我的保溫瓶喝茶。

「你一直抓著牠，沒放手。還挺行的。」是不是因為這樣，他們把我當成自己人了呢？戈登真的在和我說話嗎？「你們把那個老舊的肉品包裝間弄得挺不錯的。我喜歡。尤其是那個地板。」

「你看過了嗎？」

「嗯。你們不在的時候，波莉帶我看了一下。挺適合我的。」

「適合你？」

「我太太走了以後，我就需要一間這樣的房子。一個適合單身漢住的地方。雖然房租有點貴，但很方便。我就需要一間這樣的房子。」

我喝著茶，聽他談論搬進小屋的規畫。耳畔一直縈繞著那句：**「只要你們願意，可以一直住下去。」**

「可是那間房子是違建。」

「那更好。這樣我就不需要繳市政稅啦！」

我回到小屋後，發現櫃爐已經安裝好了，鉻合金的材質鍍著奶油色的搪瓷，看起來閃閃發光，而莫思正在爐子的煙道管附近的牆面上塗抹灰泥，已經快要完成了。「我一點兒都不意外。他們總得設法賺點錢吧。只是不知道她打算什麼時候告訴我們？我猜她大概是想等到你剪完羊毛再說吧。我們得先做好計畫。」

「我知道，但我們還能怎麼辦呢？」我看著莫思。他弓著背，身子僵硬，雙手幾乎都沒辦法舉到肩膀上，因此他塗抹灰泥時只好用一隻小鏝刀，盡量貼近牆壁施作。我們能有什麼打算呢？

「這兩個月來，你不在的時候，我想了很多。很明顯的，我無法再從事體力活了，但這大半輩子我做的都是這類的工作，我有很多技術可以傳授給別人。所以，我說不定可以教書。或許我可以去讀大學，拿個學位，然後再接受師資培訓，重新開始。而且，這樣我們就能申請到便宜的學生宿舍。」

「可是你認為你行嗎？如果你的情況惡化了，那該怎麼辦呢？你現在已經比我們剛來的時候糟糕得多。我還以為只有我不願意面對現實呢。」

「如果我的情況沒有惡化呢？我已經在網路上查過了。我可以在普利茅斯大學的康瓦耳分校念個學位，然後去別的地方接受師資培訓。他們還有幾個名額，現在申請還來得及。或許我的腦袋需要一些刺激。如果我強迫自己做一些努力，情況說不定會改變。你看之前我強迫自己走路時，我的健康狀況不是好轉很多嗎？我的大腦可能也是這樣。我需要試試看。」

「你之前怎麼都沒提呢？」

「因為你現在又回到你的朋友身邊了。我還以為你過得很開心呢。」

「是嗎？沒錯，就某方面來說，和熟識的人在一起確實很讓人安心，但就算我們能夠一直待在這裡，也很難建立新的生活。」

莫思提出申請並和校方進行線上面談後，就被錄取了。我們同時也申請了助學金，幸好我們的信用紀錄並未妨礙我們獲得這筆固定、可靠的收入。在我找到工作之前，我們兩個可以先靠這筆助學貸款過活。之前我們更窮的時候不也挺過來了嗎？但我們決定要看小屋的情況再做最後的決定，畢竟自願捨棄有房子可住的安穩生活，重回那無家可歸的日子，似乎不太符合人性。

七月初時，天氣依舊非常暖和。那些尚未剪毛的母羊身上已經開始長蛆了。蒼蠅會在那些骯髒的羊毛上產卵（通常是在靠近屁股的部位），這些卵會孵化成蛆，並從羊毛上鑽進皮膚裡，致使羊毛脫落，並留下傷口，導致疼痛和感染。如果太久沒有處理，這些蛆就會鑽到皮下，進入脊椎附近的部位，最終導致羊隻死亡。這天，我幫當季最後一隻羊抓完了身上的蛆之後，便鬆開手中的羊毛，把那些死皮和魚餌都放在地板上。至此，兩個半月的工作終於結束了，我們一起前往酒吧向戈登領取工資。雖然只有一筆，但足足有一千五百英鎊之多。比起在標德時我們一週只有十一英鎊可以過活的光景，這已經是一筆巨款了。

我們把這筆錢放進床底下的一個鐵盒裡，並且上鎖。之後，我還是繼續在洗衣間工作，並照常清理假日出租的房間。莫思的身體痛得厲害，他甚至考慮要再度服用普瑞巴林。去念大學是不是一個很蠢的主意呢？他的情況似乎惡化得很快。或許只要我們還住在小屋裡，戈登就不會搬進來，也可能是戈登根本搞錯了。由於不確定莫思是否能辦得到，因此我們一直沒有對波莉提起他申請大學的事情，直到一個炎熱的下午，波莉倚在廚房的工作臺上，雙手抱胸，一臉憂慮的表示農場的財務狀況吃緊，她很需要一些額外收入。

這點我可以理解。即便在最好的時節，農場的收入也不穩定。我看得出她很想說什麼但又開不了口，所以我得替她說。時機已經到了。如果我們要往前邁進，就得趁現在採取行動。於是，我深吸了一口氣，懷著從懸崖邊往下跳的心情，告訴她莫思申請大學的事。

「戈登說你已經帶他看過小屋了，所以如果他付的租金對你有幫助，我們會盡快搬出去。」

我們收拾了東西，為我們的廂型車繳了稅、保了險，並且把足夠付押金和一個月房租的錢存進銀行後，就把房子的鑰匙還給波莉。學生貸款要到九月底才能下來，在此之前我們還沒有辦法租房子，所以會有超過兩個月的時間無處可去。雖然莫思目前的健康狀況比之前任何時期都糟，但我們還是把行李裝上車，告別這個地方。雖然口袋裡只剩下兩百英鎊，但我已經可以感覺到風吹過髮梢的滋味。

我們開著車走了。雖然再度無家可歸，但這次我們知道自己要往哪裡走。

第六部

邊緣人

「在海天交界處與我相會吧！
在那裡，我雖迷途但終得自由。」

曼尼葛瑞布角（Mên-y-grib Point）紀念椅上的銘文

19 活著

來自英吉利海峽的風帶來了溫暖的氣息。這次我們選擇站在沙灘上，鹹鹹海風吹著我們的頭髮，湛藍海水輕輕拍打我們的腳，生命的潮水也一波一波接踵而來，令人難以抗拒。但我們還沒被捲走。我們已經超越其上，仍在呼吸，仍然活著。雖然依舊無家可歸，但我們知道這樣的日子應該會有盡頭。

我們走下從浦爾開來的渡船，對著那個里程標示牌拍了一張照片。上面有著我們熟悉的白色橡實圖案以及「南黑文角至邁恩希德：六三〇哩」等字樣。如果那年冬天我們繼續沿著步道往下走，並且奇蹟般地沒凍死，這裡可能就是我們的終點線。但現在，我們卻要從這個終點出發，往西走回到波爾魯安——那個我們在將近一年前突然終止步道之旅的地方。現在只差四百公里。這是一段我們原本可能不會踏上的路程，但只差這一段，我們就走完了整條西南海濱小徑。此刻，那個有著羅盤與船帆圖案的藍色鋼鐵雕塑正佇立在藍天下，標示海岸步道的終點，而我們就要從這裡出發。

莫思揹著沉重的背包，背已經有點駝了。因為tau蛋白累積的緣故，他的肌肉愈來愈無力，腦筋偶爾也不太清楚。他的心智就像漲水中的沙堡，開始逐漸崩解。這些都是皮質基底核退化症造成的衰退現象。此刻，潮水一波波湧來，輕輕拍打我的腿，溫暖而依戀。它們被我們前一年在這條鹽徑上所流的汗水與淚水吸引而來，如今又再度召喚我們回到大海，感受每一粒隨著潮水而流失的沙子。滄海桑田，人世間的變化何其之快！

經過一座座熱得令人窒息的沙丘後，我們終於走到那條兩旁長滿海草與石楠的步道。一路上，我們始終盯著大海。鹹鹹的汗水不斷從我額頭上滴落，但我心中卻感到如釋重負。困在內陸好幾個月之後，終於重回大自然的懷抱，看著那一望無際的地平線，自由自在、無拘無束，我的心中不禁充滿了喜悅。天氣炎熱，我們邊走邊脫，後來又躲到樹下乘涼，只見一群人正沿著一條長滿短草的空曠小徑前往老哈里岩（Old Harry Rocks）去觀賞那些白色石拱門、巨岩和崖壁。路旁矮小的荊豆叢開滿黃花，吸引許多昆蟲在上方盤旋，不時有燕子從空中俯衝下來捕食那些蟲子。我們深吸一口氣，離開這些忙著拍照的人群，朝著風吹來的方向，沿著侏羅紀海岸（Jurassic coast）的白堊岩地段前行。

「侏羅紀海岸」指的是英國南部海岸線上從老哈里岩到艾克斯茅斯（Exmouth）附近的奧爾庫姆角（Orcombe Point）的這一段海岸，全長共一百五十三公里，被列為世界遺產。此區屬於海岸侵蝕地形，其中的岩石呈現了地球從三疊紀、侏羅紀到白堊紀共超過一億八千五百萬年間的演變過程。這裡的岩石和土壤中埋著樹蕨、昆蟲、軟體動物和哺乳類動物等各類生物化石，其中有些甚至還能看到動物們在生平最後一餐吃下的食物殘渣。動物從海裡遷徙到陸地的過程都被記錄在這些化石中，而牠們的生命也被凝凍在某個瞬間，從此化為永恆。

再次走在步道上，看著路旁那些被風吹拂的短草，感受海風、陽光與唇上的鹽味。面對未知的一切，我有種熟悉而安心的感覺，彷彿這步道有一股魔力，不斷引領著我向前。無論結果如何，我都覺得我們已經做了正確的選擇。那晚，我們把帳篷搭在巴拉德丘陵（Ballard Down）上，並坐在那兒看著斯旺納奇鎮（Swanage）的燈火映照在海灣漆黑的水面上，顯得光采奪目，閃閃動人。

「我們這樣做到底對不對？」莫思已經吃了四顆止痛藥，此刻正坐在石頭上，讓我用一罐從藥草鋪買來的中國製止痛凝膠來幫他塗抹肩膀。那藥膏聞起來像是煮熟的高麗菜，雖然沒什麼效，但至少讓我們覺得自己正在做點什麼。

「怎麼可能錯得了呢？以後我們會用自己賺的錢去租一間房子，你會重新接受訓練，我也會設法找工作。如果找不到，我也可以再去接受某種訓練，但至少我們會有自己的住所，不必仰賴別人的好意。」

「我知道，確實如此。但我的意思是：回來走步道是個正確的決定嗎？」

「是我們做過最正確的決定。」

「很好。我就希望你會這麼說。」

夜裡，我們睡在簇新的三季睡袋裡，感覺很溫暖。為了買這個睡袋，我們花了五十英鎊，也因此少帶一些東西，因為就算少了盤子或一個備用的手電筒，我們還是過得下去，但沒有足以保暖的睡袋可不成。

相較於北部海岸最前面那一段，南部海岸好走多了。除了偶有幾座陡降陡升的山坡外，大部分都是長滿蕨叢和荊豆的緩坡，所以我們起初才會想從這一段開始走，後來才發現：如果這樣走，我們就必須把旅遊指南倒著看。不過，這已經是小事一樁，因為我們早把帕迪那本書背得滾瓜爛熟，即便倒著看，也能明白他的意思。快到跳舞礁（Dancing Ledge）時，我們看到一群紅鹿正安靜地在步道上方的山坡吃草，步道下方的崖壁上則有一群人在攀岩，彼此似乎都沒察覺到對方的存在。我們走在兩者中間，也沒有任何一方注意到我們，就這樣悄悄經過，除了莫思那隻笨重的左腳在地上留下不對稱的腳印，沒有遺留任何痕跡。

傍晚，我們把帳篷搭在聖阿德海姆岬（St Aldhelm's Head）的山坡上一處長滿青草的平台上。此時，烏雲開始聚集，在空中翻湧。我們從岬角上俯瞰，只見海上有兩股洋流交會，互相衝撞，激起了滾滾浪花。一艘又一艘駛往浦爾的小船在那變化多端的波濤中奮勇前進，卻一再被迫後退。之後，來了一艘漁船，他們為了避開這個洋流交會區便往外海駛去，繞了大半圈才到達另一邊，此時其他船隻還在原地苦苦掙扎。光線逐漸變暗，天空中泛著銀、灰的色調。天還沒全黑時，我看到步道上有些動靜，接著一個胖胖的黑色身軀便從暗處跑了出來。仔細一看，原來是一隻獾，牠臉上的白色條紋在薄暮中顯得異常明亮。牠走到距我們兩公尺的地方就停下了腳步，顯然我們的帳篷擋到牠夜裡活動的路線。有幾分鐘（或幾秒鐘）的時間，我們三個都愣在那兒不知所措，時間彷彿靜止了。過了片刻，那隻獾才緩緩轉身，鑽入蕨叢去找另一條路線。等牠走後，我們仍目不轉睛地看了許久，沉浸在這次奇妙的邂逅中。

隔天早上，有幾艘小船仍試著突破洋流交會區。兩個老人在海岸巡防隊的小屋裡密切監看著海況。

「不好意思，可以讓我們裝點水嗎？」

「一壺一英鎊。」

「喔，那就不用了。」

「這附近不要拍照。」

怎麼？連拍照也不行嗎？這未免有點太極端了。我知道這裡靠近軍事區，但以為那只是軍人受訓的地方。

「這裡的岩石容易坍塌，明白吧？幾週前有個男人來這裡玩，他為了自拍就往後退了一步，結果就掉下去了。後來我們再看到他的時候，他已經躺在下面的海灘上了。」

莫思一聽便趕緊從懸崖邊退了一公尺。

我們在西丘（West Hill）下的一處湧泉裝了兩瓶免費的水後，便緩步走上杭思陶懸崖（Hounstout Cliff），前往金梅里奇岩棚（the Kimmeridge Ledges）。那裡有許多身穿萊卡布服裝、腰間掛著攀岩粉袋的人正在攀爬崖壁，一副輕鬆自在、毫不吃力的模樣。想當年我們才二十歲時，只要週末有空也會去峰區（the Peak District）攀岩，但此刻看著那些攀岩者身姿柔軟地在岩壁上擺動，我試著回想當年那種輕快敏捷的感覺，卻怎麼也想不起來了。

「我們從來沒有那麼靈巧。」

「我相信我們有，只不過他們的裝備比較好。」

氣溫飆高。那天一早，我們經過麥田時，就被田裡的聯合收割機弄得滿身都是塵土與穀糠。自從離家後我們總是蓬頭垢面，身上不是沾了泥漿、綠色的羊毛黏液就是灰泥的粉屑，難得有幾天乾淨。因此，塵土已經成為我們生命的一部分了。走到高特口（Gaulter Gap）時，太陽從雲層露臉了，正在一座停車場上方閃耀光芒。由於我們最近走的步道位於南海岸的東段，地勢比北海岸平緩，人口也更多，因此到了那座停車場後，我們奢侈地用了公廁旁的水龍頭洗頭，把背包放在一輛冰淇淋車旁邊的草地上。這是在北海岸不可能出現的場景。事實上，最近我們沿途需要水的時候，隨時可以找得到。這點固然令人開心，但我們發現自己已經開始嚮往那些比較崎嶇、蠻荒、偏遠的地方了。

放下背包後，我看到一個女人躺在草地上，用帽子蓋著臉，腳邊放著一個巨大的背包，於是便和她打招呼。

「嗨，你是背包客嗎？這一帶背包客不多呢。」

她聞言便坐了起來，把臉上的太陽眼鏡摘掉。我這才發現她的年齡和我們相仿，而且也是個背包客，這挺難得的。這時前方出現一個巨大黑影，擋住了陽光。我心想：難道是日蝕嗎？但接著黑影旁邊出現了兩個冰淇淋，然後黑影就坐下了。

「哇！你們是背包客嗎？我們這陣子都沒看到背包客呢！對吧？茱兒。好吧，我剛剛說謊了，我們在斯旺納奇鎮附近看過兩個，方向跟我們相反。他們說自己是從邁恩希德來的，當時我們還不信呢！因為他們看起來太乾淨了。後來又看到兩個，但他們只是利用週末出來走走的，所以不算吧？我們是從浦爾來的。其實應該是波恩茅斯（Bournemouth）啦。原本要搭巴士去坐船，後來想想還不如用走的，於是就走到這兒了。沒想到他們居然有冰淇淋耶！真是太棒了。你們是睡帳篷嗎？我們不管走到哪都是睡帳篷。剛剛在公廁那裡洗了腳，哎，我的腳可真臭呀！」

「大衛，講慢一點。」

「幹麼？我只是在告訴他們我們在做什麼。」

「是啊，我們也睡帳篷。」

「我想也是。昨晚我們在聖阿德海姆岬的邊上露營。你們來的路上有經過一陣塵土嗎？當時什麼都看不見呢！是吧？茱兒。天哪，這實在太好吃了！我要再買一個。」

他走向那輛冰淇淋車時，陽光又出現了。我和莫思對看一眼後，就伸手到背包裡去找錢包。一見到這對夫婦，我們立刻就喜歡上了他們，並且被大衛的熱忱所感染。我們匆匆跑去買了兩根冰棒後，就躺在草地上和他們聊天，但大部分時間我們都是一邊聽他們說話，一邊打盹。等到太陽即將沉到泰尼漢小丘（Tyneham Cap）下方時，我們便告別了正在喝著咖啡的他們，離開停車場，去找地方搭帳篷了。

我們以為前面那座山坡上應該會有適合的露營點，但在經過一台俗稱「點頭驢」（nodding donkey）的油泵後，接著又來到一座六公尺高的尖利鐵絲網前，上面有塊牌子宣稱：從此處到西邊幾公里外的盧沃斯村（Lulworth），都是盧沃斯靶場（軍隊躲在灌木叢裡對著幾台除役生鏽的坦克發動突擊之處）的範圍。旁邊還有一面大大的告示牌，寫著禁止在此露營、生火、喝酒、跑步、拍照或做不必要的逗留。不過，因為現在正值週末，所以步道是能通行的。此時，我們有兩個選擇：一個是回到之前那座停車場搭帳篷（但最後勢必會被趕走）；另一個是在天黑前趕到泰尼漢小丘，找個沒人看得到的地方搭帳篷（但可能有被射殺的危險）。最後我們還是決定通過那扇拴著的門，繼續往前走。莫思因為在停車場坐太久，肌肉已經僵硬，不想走太遠，於是我們便在半山腰搭帳篷。在那裡，我們既不會被村裡的人瞧見，也可以在隔天一大早就離開，以免被那些喬裝成綿羊的新兵突擊。

但那天夜裡並不如我們預期的安靜。我睡到半夜被奇怪的聲音吵醒，那是一種卡嗒卡嗒、呼哧呼哧的聲音，起先出現在帳篷四周，而後就朝著懸崖移動。我屏住呼吸，等著帳篷的門片被人掀開，等著看到帳外出現一雙雙光亮的皮靴，但後來那聲音就消失了，門口也沒出現任何靴子，同時莫思仍舊舒舒服服躺在新睡袋裡打呼。為了避免被人發現，隔天早上天剛破曉，我們就離開了。之後，我們在泰尼漢小丘的山脊上休息時，看到大衛和茱莉正坐在野餐椅上喝咖啡。

「你們起得可真早呀！我們才剛開始喝咖啡呢。昨晚那些鹿有吵醒你們嗎？我出去尿尿時，剛好看到牠們，我心想：哇，好大的陣仗呀！當時牠們就在你們的帳篷四周活動，可能有二十隻。牠們在那兒待了好久，然後才走到這邊，進入懸崖邊上的灌木叢裡。真是不可思議！」

「我聽到奇怪的聲音，但沒有看到牠們。」

「那你可錯過好戲了。起先我還以為牠們是麅鹿，但應該不是，因為麅鹿通常獨來獨往，只有發情的時候才會群聚，但現在還不到發情的季節。無論如何，牠們是鹿，而且後來跑到那些灌木叢裡面了。我猜牠們白天時都躲在那兒吧。也有可能是紅鹿，不過當時天很黑，看不清楚。」

茱莉靜靜坐在那兒喝咖啡，除了偶爾打斷一下大衛急促的話語外，大部分時間都面帶微笑，任由那個慷慨善良的男人滔滔不絕地說著。

當他們收帳篷時，我們就告辭了。早晨空氣很清新，我們沿著步道下山，經過沃貝羅瞭望台（Worbarrow Tout），到了泰尼漢村（Tyneham）。這座村莊在一九四三年被軍方徵用，村民們指控軍方後來沒將土地歸還他們，但嚴格說來，由於軍方在戰後已經強制徵收了該村的土地與建築，因此這座村莊的所有權應該是屬於軍方的。無論如何，由於該村被軍方納入靶場的範圍內，因此村民們至今仍流離他鄉，失去擁有他們的歷史與回憶的家園，失去歸屬感。不過說來也奇怪，由於靶場一帶限制一般人進出，裡面也沒有集約的農作，偶爾還會進行小型武器的試射，所以野生動植物反而受到保育，大量繁衍。這點倒是眾人始料未及的。

在清晨的陽光下，大海呈現地中海般的藍綠色，沃貝羅和穆普灣（Mupe Bay）的懸崖則白得耀眼。花之塚丘堡（Flower's Barrow）拔地而起，坡度甚陡，讓我們再次想起這條海濱小徑的真正樣貌。由於天氣炎熱，坡上的青草變得乾燥鬆脆，而且滑溜溜的，很難抓得緊；再加上坡度很陡，因此與其用走的，用爬的反而更輕鬆。我們好不容易爬到山頂時，已經上氣不接下氣了，不過站在那兒往北眺望，可以看到連綿的山丘和多塞特郡的山谷；往西看去，則是一座座綿延至盧沃斯的白堊岩懸崖，景色令人震撼。過了花之塚丘堡後，步道順著賓頓丘（Bindon Hill）往下延伸，這段路同樣陡峭。事實上，我們原本可以優閒地越過山脊，再慢慢從一條小路往下走，進入盧沃斯灣（Lulworth Cove），但卻錯過了那條路，只好沿著陡峭的步道下山，走到穆普灣。半路上，我們遇到一個正要上山的大家庭，便欣然停下腳步，讓他們先過。只見這一夥人帶著野餐提籃、毯子、冰桶和幾條狗從我們身旁魚貫經過。走在最前面的是幾個年輕的阿姨或姑姑跟調皮的孩子們，然後是愁眉苦臉提著折疊椅的爸爸媽媽，幾隻跑得很快、讓走得較慢的孩子都大吃一驚的狗，以及一邊走路一邊講手機發牢騷的青少年，最後才是兩個逮到機會就停下來喘氣，嘴裡說著「我們幹麼每年都來這裡呀？」的爺爺奶奶。等他們過去後，我們便繼續下坡，每走一步，膝關節就嘎吱作響，少掉幾年的使用壽命。到了山下時，我們在一處岩棚上駐足，俯瞰下方岩石堆裡的化石，只見幾塊岩石表面有寬約一公尺的隆起，但中間凹陷，有如一顆剛擠的巨大青春痘。根據帕迪的說法，這可不是尚未成年的巨怪的化石，而是一億三千五百萬年前的針葉樹，被包覆在它們原本生長的土壤中。

我們愈走愈累，腳也愈來愈疼，感覺步步沉重，於是走到軍方靶場的盡頭後便停下來把靴子脫掉，這才發現我去年冬天剛長好的那片趾甲又剝離了。我用膠布把它纏起來以免脫落，然後便繼續前進，來到盧沃斯灣那幾座弧形懸崖底下。只見崖壁上白色、黑色的岩石相間，底下的海灘也布滿黑白兩色的平滑卵石，構成這座海灣如畫般的景致，成了西南海濱小徑上最多人拍攝的代表性景點之一，自然聚集了很多遊客。但當太陽開始下山，那些懸崖沐浴在柔和的夕照中，這時拍到的照片才是最讓人覺得值回票價的。我們試著根據在村子裡拿到的傳單，判定我們是不是正從白堊紀走向侏羅紀，但後來就放棄了，直接跑去商店買巧克力棒跟熱水。黃昏時，我們離開了盧沃斯村，沿著那岩層堆疊、山峰林立的海岸，走到那座名為杜德爾門（Durdle Door）的巨大海蝕拱門。當暮色降臨在那起伏有致的白色海岸上，我們終於在史維爾岬（Swyre Head）再過去一點的地方找到露營點。我裹在新買的三季睡袋裡，看著被夕陽餘暉染上藍色與粉紅色的懸崖，聽著海鷗與蠣鴴的叫聲，心裡暖暖的，而且分外平靜安詳。這是我在朋加羅岬見過那隻遊隼後就不曾有過的感受。之後我便睡著了。那是我這幾週以來頭一次睡得如此安穩。

我們沿著步道經過那一座座高聳的白色懸崖後，便來到了平地，看到一間賣早餐的簡陋棚屋。早晨時，天光明亮、天氣晴朗，但現在天空已經逐漸黯淡。波特蘭島（the Isle of Portland）在愈益深濃的天色襯托下顯得出奇明亮。嚴格來說，波特蘭島其實並不算一座島，而是一塊向大海突出的陸地，透過一座狹長的鵝卵石海灘與一條馬路與大陸相連，但這部分總有一天也會被風浪侵蝕殆盡，屆時它就會成為一座名副其實的島嶼。此刻，我們的存糧幾乎告罄，身上的現金也所剩無幾，原本不想再花錢，卻又抗拒不了早餐的氣味，便點了一份臘腸三明治兩人合吃，又叫了一壺熱水。不久，一群穿著乾式防寒衣、拿著蛙鞋的潛水夫吧噠吧噠地從海灘上走來，看起來像是一群手裡拿著鰭足的企鵝。距棚屋最近的那位脫下身上的防寒衣，露出她那裹在潛水衣裡的曼妙身軀，接著又摘下氯丁橡膠頭套，讓那頭烏溜長髮在風中飄揚。當她開始使勁地把身上那件黑色緊身衣脫下，坐在我們隔壁桌的幾位老漁夫全都安靜下來，等到她終於把緊身衣褪到大腿上，露出那穿著紅色比基尼的完美胴體，他們已經興奮得快從長椅上滑下去了。

「天哪！小姑娘，你得穿多一點。這樣可是會著涼的。」

女孩抬頭看著大衛，似乎完全沒察覺她這樣渾身淌水、幾乎赤裸地站在那兒，就已經讓那些漁夫快要喘不過氣了。

「喔，謝謝！我會的。」

聽到她那嗲聲嗲氣的嗓音，一個老人已經受不了了。他雙手抱頭，開始搖晃起來。他的朋友們為他倒了一杯水，遞給他。

「道格，你該吃你的心臟藥了。別看那邊。」

「沒關係的，老兄，如果你昏過去了，我可以幫你做心肺復甦術。」大衛和茱莉坐在野餐椅的另一端。自從離開泰尼漢小丘後，除了某次他們改走另一條路線到盧沃斯灣之外，其餘時間一直都跟在我們後面，與我們保持約兩公里左右的距離。「人老了可真糟糕呀，不是嗎？我可不想變老。人一老，什麼心絞痛、糖尿病、關節炎之類的毛病都來了。我要一直走下去，這樣我們就都沒事，是吧？茱兒。」

「但願如此。」

「這是我們所有人的希望。」莫思說完便看了我一眼，示意我不要再說，然後就對其他人笑了笑，照舊喝茶。當大衛和茱莉還在吃那一大份炸物早餐時，我們就離開了，我心想這可能是最後一次相見。

這段步道坡度平緩，海拔很低，兩旁長著樹木和高大的樹籬。風一吹，荊豆的種子就在豆莢裡嘎嘎作響，黑刺李的枝葉也嘩啦啦地搖曳。由於我們行走在樹蔭底下，沒看到那往東邊擴散的烏雲，也沒看到雨幕從海上逼近，只覺得頃刻間大雨就如洪水般襲來，步道上頓時滿是泥漿，踩起來滑溜溜的。雨水像利矛一般戳在我們臉上，讓我們幾乎看不清方向。突然間，我的腳一滑，整個人就摔倒了。那一刻，我感覺天旋地轉，就像在看一部慢動作影片，眼睜睜看著自己兩腳朝天。當我不再暈眩，試著想站起來時，卻發現自己被卡在一叢黑刺李中，身上插了幾十根倒刺，費了好一番工夫才起身。莫思幫我把那些刺一根根地拔出來，我的手上和腿上滿是又紅又痛的傷口，而且沾了渾身汙泥，但我們還是奮力前行。經過奧斯明頓磨坊（Osmington Mills）時，我們看到好多人躲在遮陽傘下避雨。不過，雨來得急，去得也快。到了威茅斯灣時，太陽就露臉了，我身上的泥巴也被晒乾，並且裂開、剝落，手腳上的傷口已經痛得厲害。我們把剩下幾根刺都拔出來後，便朝著城鎮的燈光走去，想在鎮上買些補給品，並盤算著萬一找不到其他合適的露營點時就去海灘，後來才發現人算不如天算。

威茅斯鎮是我們自從一年前離開紐基鎮後，迄今到過的最大一座城鎮。我們在喬治三世（George III）[19]的雕像附近買了一盒冰淇淋後便在鎮上漫步。由於暑假才剛開始，因此遊客很多，有一起出來吃飯的家庭，有過了睡覺時間還沒上床、已經累壞了的小孩，也有彼此看不對眼的丈母娘和女婿。不久，我感覺肚子怪怪的，而且愈來愈不舒服，整個胃好像一下子縮成了豌豆大小，一下子又漲成足球那麼大。我心想我可能只是累了，或者在跌倒時拉傷，要不然就是餓

19 編注：一七八八年，喬治三世因精神狀況不穩定引發攝政危機，後來在他人的推薦下來到威茅斯進行海水浴療養，並在此建了行宮。

了，但我的胃脹脹縮縮的速度愈來愈快，而且我開始渾身發燙，接著胃部一陣猛烈的痙攣，我就把之前吃的冰淇淋和早上還沒消化完的臘腸三明治都吐出來了，半個小時後，甚至嘔出一些泛著詭異泡沫的綠色膽汁。莫思見我吐個不停，便叫了一輛計程車，請司機把我們載到露營場去。

「老兄，去了也沒用，所有的露營場都滿了。」

我們坐在海灘的長椅上，我仍不停地嘔吐。過了兩個小時後，我睡一睡又起來吐，根本無法繼續走。

「你還走得動嗎？我找到一家民宿了。」

我一直昏昏沉沉的，甚至沒意識到莫思剛才離開過。

「不行。那會花掉我們身上所有的錢。」

「可以的。就這樣吧。」

那家旅館很小，有台電梯，還有一張床和一間廁所，這些是我接下來三十六個小時內看到的全部東西。我在床上睡了一會兒後，又起身跑到廁所對著馬桶吐，就這樣踉踉蹌蹌地往返於床和馬桶之間，忽睡忽醒，感覺還是很不舒服，但後來就睡著了。到了早上五點，我才發現我們已經在這家旅館待了兩個晚上。我把莫思搖醒。

「我們怎麼會在這兒？我們住不起旅館的。」

「沒關係，錢已經付了。再睡一會兒吧。」

於是，我又睡著了，還夢見了綠色冰淇淋。

隔天早上，我試著走出房間，在餐廳裡吃些烤吐司，但幾乎沒有力氣把食物送到嘴邊。

「你好些了嗎？看來是沒有。」一個熟悉的巨大身影在我對面的椅子上坐下。是大衛。「莫思告訴我們你被黑刺李扎到了。我知道這玩意兒會讓人得關節炎，倒從沒聽說它會讓人生病。我們今天就要去波特蘭了，但我還挺喜歡威茅斯的。我們在這裡買了一些東西，還洗了衣服，但它們一直乾不了，所以乾脆買了些新襪子和T恤。我們還去了一座博物館，茱兒甚至帶我去逛了一家畫廊，是不是？茱兒。不過沒逛多久啦。無論如何，我們要去波特蘭了。可能會在那裡待上兩天吧，我想。所以，以後就看不到你們了。」

「你們怎麼會在這裡呢？我不確定我的毛病是不是黑刺李造成的，也有可能是那個冰淇淋的關係。」

「我們沒地方可去呀。所有露營場都滿了，警察又不讓我們在海灘上搭帳篷，所以我們也被困在這兒了，因為只有這家旅館還有房間。不過我還挺喜歡威茅斯的。」

吃完早餐後，我們就揮手和這對有趣的夫婦道別了。只見他們揹著大背包、拿著健行杖，走在那些度假的遊客中顯得有些突兀。想到這是我們二度和他們揮別，心中不免有些傷感。

威茅斯濱海區的風貌和英國其他海邊城鎮差不多，只不過這裡有許多絕美的喬治王朝時期建築，當年曾是王公貴族聚集之地，也是有錢人家休閒度假並舉行盛大宴會的場所，但如今卻充斥著旅館、廉價客店、餐館和飾品店。從前，名門淑女撐著洋傘漫步於此處的海濱步道、在這片海灘上呼吸有益健康的海洋氣息，現在這裡卻到處都是躺椅、充氣小艇、薯條、銀鷗、半裸的遊客和吵吵鬧鬧的家庭。不知喬治三世的那尊雕像看到此景是否會大驚失色，還是會希望當年這裡也有充氣恐龍和人字拖。我坐在長椅上把頭靠在莫思的膝上睡了一個小時，接著又躺在海灘上，直到街燈亮起。

「你們不能睡在這兒。天黑以後警察就會來趕人。最好還是到鎮外吧。」

有兩個男人站在沙灘上，揹著沉甸甸的背包，手裡也提著幾個袋子，看起來就像我們一樣髒兮兮、黑黝黝的，頭上還戴著帽子。我猜他們可能是背包客，但也說不定是遊民。不，從他們袋子裡裝的那幾箱食物來看，他們顯然不是背包客，但既然買得起這麼多食物，應該也不是遊民。

「那你們住在這裡嗎？」

「不，我們住在鎮外。你們要去哪裡？」

「還不確定。」莫思站了起來，但我無力起身。「露營場全都客滿，蕊娜也病了，可能是食物中毒，所以我們今天沒法走遠。」

兩人當中年紀較大的那個俯視著我。此時，他的臉部肌肉稍微放鬆了些，露出皺紋底下的白色肌膚。這是一張長年被風吹日晒、飽經風霜的臉。他坐了下來，但並未將手中的袋子放下。他身上那套寬鬆的衣服，他緊緊抓住手中提袋的模樣，以及那頂破爛羊毛帽底下露出的銀色卷髮，在在都透露出一些訊息。

「嗨，我是約翰。你們是做什麼的呢？是背包客嗎？」

「是的。」

「你們的決定沒錯。當你無處可去時，繼續前進就對了。靜止不動只會讓人沉淪。這裡有很多人都太久不動了。他們已經認命，把街道當成家。」

「你是怎麼看出來的？你是社工之類的嗎？」

「不，是你自己露餡了。你躺在那兒，枕著你的背包，雙手還穿過背帶。若是普通背包客，一定會把包包放下。但你沒有，因為背包裡的東西太重要了，因此在市區裡不敢鬆手。」

「是這樣嗎？」

「如果你們願意的話，就跟我們走吧。我們住在鎮外。你們可以在那裡搭帳篷，但只能待一晚。那裡有點遠，但我們有車。」

我們沒有細想（或本能地）便相信了他。莫思扶著我站起來，然後我們就跟著他們走到一輛停在街邊的廂型車。上車後，我們躺在後座鋪著的毯子上，任由車子載我們離開那燈火輝煌的濱海街道，駛向黑漆漆的鄉間小路。我斷斷續續地打著盹，直到半個小時（或更久）之後，車子才停在一處石子地面上。下車後，我們發現自己置身於一座林間停車場，四周巨松林立，被強風吹得嘩嘩作響。

夜色深濃，我們在淡淡的月光下跟著約翰和另一位名叫蓋夫的男子，沿著林中小徑走進森林深處。那裡的樹木較為稀疏，鋪滿松針的小路也顯得比較明亮。在低功率電池照明設備發出的昏暗光線中，我們看到前方的樹林間有幾座帳篷、防水油布棚子和用掉落的樹枝所搭建的住處，有一群人正安靜地坐在那兒聊天、煮飯。約翰指著一塊地，告訴我們可以把帳篷搭在那裡，然後我們就坐在那些人當中，看著蓋夫把買來的東西（他們每週採買兩次）從提袋裡倒出來。當眾人都拿到了屬於自己的東西，並上床睡覺後，約翰就坐了下來，告訴我們他們為何會住在這裡。

「我實在無法住在城鎮裡。如果你骨子裡是個鄉下人，你就沒法待在那種地方，會變得毫無生氣。」

約翰之前一直都在農場工作，原本住在那邊供工人住宿的農舍裡，但是當農場被賣掉後，那幾間農舍就被人買下來當成別墅，於是他就無家可歸了。後來他又找了其他工作，但那些工作都沒有配給宿舍，而由於鄉下的房子都很貴，以他的工資也租不起，於是他開始在森林裡露營。不久，其他人陸續加入他的行列，這裡就逐漸成了一座流動村莊，成員都憑自己的心意來來去去。

「我們這裡最多的時候有三十人，如果大家同時出現的話。但通常只有十八人上下。」

大多數人都有工作，但全是兼差，或是一些不太穩定、屬於季節性的工作，工資也很低，因此他們很難租到房子。

「但我們住在這兒可以保留一點尊嚴。有些人在情況好轉時離開了，等到情況不好時再回來。我們不像許多露宿街頭的人那樣，不是酒鬼就是毒蟲。我們只是一群鄉下人。鄉村是我們的家園，但現在房價卻高得讓我們住不起。」

為了不讓這個祕密基地曝光，他們從來都不生火，因為火堆冒出的煙可能會洩漏他們的行蹤。冬天時，他們用煤氣爐取暖，並且蓋上厚厚的羽絨被，還會把松樹的枝葉鋪在地上以隔絕泥漿。夏天時，日子比較好過。在溫暖的夜晚，他們會睡在樹下，聞著四周松樹的香氣入眠。

「我相信有些人知道我們住在這裡，但我們很小心，只從幾個特定的地方出入，以免有人看到我們一群人聚集在一起。但我們也不知道這裡還可以住多久。聽說他們打算把這座森林裡的樹木全都砍掉，因為那些正統主義者想把這塊地恢復成像湯瑪士·哈代（Thomas Hardy）那時的荒野。我還以為當時也有樹林呢。他不是寫了有關樹林的書嗎？叫《林居人》（*The Woodlanders*）什麼的。對，就叫《林居人》。他們似乎不能欣賞這裡目前的樣子。」

「不過，在後來的人開始造林之前，這裡都是落葉林。」我也很喜歡那本書。

「但這些松樹都已經很老了。它們就像從前那些樹林一樣，也是這裡的景觀之一。我知道這裡的光線太暗，所以生態並不豐富，但還是有鷦鳥，牠們每年都在這裡築巢。樹林旁邊的荒野和林中空地也有狐狸、獾、山鷸、蛇蜥和蝰蛇。如果他們把這裡的樹木都砍了，那些鷦鳥要去哪裡呢？這裡是牠們的家，也是我們的家。」

夜裡，我們睡在漆黑的帳篷中，聽著風呼呼吹過枝枒的聲音，但帳篷底下那層柔軟的松針讓我們感覺溫暖而安全。

第二天早上，約翰去上班時順道把我們送到了渡口橋（Ferrybridge）。

「若你們需要某處暫住，就回來吧，至少今年還行。之後說不定這座樹林就不見了。」

「如果是這樣，希望你們能找到別的居住地。保重。」

「你們也是。」

約翰開車離去後，我們站在人行道上，朝著銜接波特蘭島和大陸的那條狹長的道路看過去，感覺它似乎沒有盡頭。

「我們是不是乾脆別去波特蘭了？就沿著赤西爾灘（Chesil Beach）慢慢晃個幾天吧。我實在沒什麼力氣了。」

「當然。我們又不是非怎樣不可。」

赤西爾灘其實不是一座海灘，而是一條十五公尺高、二十九公里長的卵石堤岸，從東邊的波特蘭島一直延伸到西邊的西灣（West Bay）乃至更遠之處。一般相信，它是在海平面上升期間所形成的「沙洲型海灘」或「沙頸岬」，上面的卵石經過海水千萬年來的打磨，已經變得渾圓無比。靠近波特蘭島那端的石頭約有拳頭那麼大，但到了西灣時則只剩一顆葡萄那麼小。這點或許顯示這些石頭原本是屬於不同的卵石床，在海平面上升期被碎浪捲來，沉積此處。堤岸靠內陸的一端是艦隊潟湖（Fleet Lagoon），這是一座潮成潟湖，雖然與大海隔絕，但仍然受到潮汐的影響，就像波特蘭島與大陸之間的關係一般。海水從潟湖東端的渡口橋處湧入，因此這裡的潟湖水是鹹的；

但在西端，由於有淡水溪流注入，因此那裡的鹽度只有東端的一半。總的來說，這是塊由陸地與大海共同作用所形成的廣大區域。兩者的合作永無休止，雙方各有得失，打成平手，但都少不了彼此。

走在潟湖旁邊一點兒也不費力。陽光朦朧，再加上病後身體虛弱，讓我有種置身夢境的錯覺。堤岸靠內陸的那側零星散布幾幢小屋，屋旁偶爾還可看到划艇停泊。步道和旁邊的農田之間隔著一排長長的鐵絲網，一群烏鴉在上頭棲息，數量大約五十多隻。牠們全都安安靜靜地蹲踞在那兒，彼此相隔大約一公尺，彷彿在站哨似的。我們停下腳步，不想經過牠們前面。中世紀手稿集《馬比諾吉昂》（*Mabinogion*）有記載，在威爾斯的神話故事中，烏鴉會帶來死亡，不過有些巫師或女巫在遇到危險時也會化身烏鴉，讓自己逃過一劫。在某些文化中，烏鴉則被視為改變的前兆。當然，牠們也可能只是成排站在圍籬上、看起來非常詭異的一群黑鳥。我們往前邁了兩步後，牠們就如一陣黑煙般呱呱呱地成群飛走了。

「幸好我們並不迷信。」莫思一邊笑著一邊往前走。乾燥的地面散發出氤氳熱氣，使他的輪廓看起來有些閃爍，他留在塵土上的腳印也顯得異常鮮明。

我們經過了幾座蘆葦灘與步槍射擊場，來到一條只有單一車道的馬路。路旁有幾棟棚屋，上頭的藍色及綠色油漆已在炎熱海風的侵蝕下剝落。屋旁的陰涼處有一把木製長凳，上面坐著三個老人。他們穿著背心和寬鬆的斜紋粗棉布長褲，戴著草帽，光著腳丫，皮膚乾癟粗糙而且有些乾裂剝落，就像房子的油漆一般。我心想：天哪！他們該不會也是算命先生吧！就在這時，一個老人開口了。

「你們要去哪裡？」

「西邊。」
「還很遠呢。」
「是啊。」
「看到天鵝後，再走一段路，就有一家旅館。」
再往下走，一路都是矮樹籬和塵土飛揚的耕地，路面平坦好走。我們的腿就像節拍器一樣無意識地移動著。後來，我們看到瀉湖的彎處有一團白色霧氣，走近一看才發現是一群白天鵝，數量足足超過一百隻，有的在游泳，有的在梳理羽毛，有的正從湖中上岸。
「我還以為他只是打個比方，就像『你們會和烏龜同行』之類的。沒想到還真的有天鵝。」
「是啊，我也一樣。今天真是愈過愈夢幻了。」
經過那群天鵝之後，我們看到一座名叫「月之艦隊莊園」（Moonfleet Manor）的旅館，它曾出現在福克納（J. Meade Falkner）那個有關走私與非法交易的故事中。[20]
「我們過去瞧瞧吧！我年輕時讀過那本書，但不知道真有這麼一座旅館。」
於是，那大半個下午我們便坐在那家飯店的庭園裡，用熱水和茶包泡了茶，想像著小說中那些在月夜裡進行的邪惡勾當。離開前，我去飯店的洗手間上廁所，享受那奢侈的沖水馬桶。當我從其中一間出來時，茱莉也從另一間出來了。
「什麼？這下更夢幻了。」

20 編注：係指福克納於一八九八年出版的小說《Moonfleet》。

我們各自用熱水洗了手，並且在晒傷的皮膚上塗了厚厚一層香味濃郁的護手霜，感覺彼此像是已經認識一輩子的老朋友。

我們四人一起默默走著。夜色靜寂，溼氣很重。太陽開始下山了，天空呈現了七月底的南部海岸特有的柔和色澤。天色漸暗，眼前的大地成了一片藍色，潟湖裡的海水靜靜退去，只剩下溪水在渾濁的沙床上流淌。鳥兒也飛走了，整座潟湖寂靜無聲。有艘小船正在返航，只見它那黑色的影子在火紅的地平線上無聲行進，到了暮色昏暗、泥土和岩石已經融為一體難以分辨時，它就消失不見了。霧氣開始消散，墨藍的天空閃耀著銀色光澤。卵石堤岸上的蘆葦沒入漸暗的夜色中，只剩下黑色的輪廓。我們把帳篷搭在沼澤的草叢間。此時，萬籟俱寂，只聽見涉禽的夜啼以及草梗在微風中沙沙作響的聲音。

第二天，我們四人繼續結伴同行，晚上則在西貝辛頓（West Bexington）附近海灘上一處隆起的卵石地搭營。岸邊有許多漁民在捕撈鯖魚。那一整夜，他們的燈籠火光搖曳，海灘上的卵石也在他們腳下發出了嘎嘎嘎的聲響，在黑暗中聽起來頗詭異。天剛破曉，他們就收拾東西，帶著裝滿漁獲的桶子離開了。

我們拆帳篷時，第一根帳桿裂開了，並穿過了桿子和合金套圈相連處的塑膠套管。大衛在他的大背包裡翻找後，拿出了老虎鉗、小鋸子和大力膠帶。我們把那破掉的塑膠套管切開，把裂開的地方用膠帶纏緊，然後就上路了。

到了西灣後，因為大衛和茱莉要在那裡搭巴士回家，我們就分道揚鑣了。和他們擁抱並道別時，心裡很清楚這真的是最後一次說再見了。有他們同行，我們得以暫時忘卻自己的生活，心情也輕鬆起來；少了他們，陽光似乎都變得黯淡了。我們買了一捲大力膠帶後便繼續往前，但走了好幾公里後還是不斷回頭張望，希望能看到他們再次出現。

來到桑恩庫姆烽火台（Thorncombe Beacon）的山腳下後，我們蹲在冷冽的西南風中檢視帳桿，發現幾乎所有塑膠套管的末端都出現了裂痕，大概過不了幾天（或者只要有一陣強風吹來）我們的帳篷就不能用了。於是我們仔細地用膠帶把每根套管的末端纏緊，然後再把這些已經變得很粗的桿子塞進那狹窄的套子裡，並輕輕地讓它們逐一就位。弄完後，天已經快黑了。

「這樣應該可以撐一陣子，只希望我們以後搭帳篷時都不用趕時間。」說完我便開始用那有高麗菜味的膏藥塗抹莫思的肩膀。當風愈來愈大時，我們把所有東西都放進背包裡，以免那大力膠帶不夠力。

幸好這夜帳篷沒事，但天剛破曉，就刮起了強風，夾帶著一陣嘩啦啦的暴雨。我們下山途中風依舊吹個不停，把田裡高高的玉米稈吹得嘩嘩作響。後來風停了，只留下一陣濃膩的霧氣。我們慢慢走上金頂山（Golden Cap），但由於霧氣太重，實在看不出這座山為何名為「金頂」。不過，既然這裡是南海岸的最高點，我們總得慶祝一下。

山上的三角點位於幾叢金雀花之間。那裡有幾條小路朝著四面八方延伸，但看不清是通往哪裡。我們在威爾斯的住家位於鄉間偏僻的山林間，從前只要有空，我們就會去山上走走，因此孩子們在上小學前就開始跟我們一起爬山了。可是隨著他們長大，我們往往需要花些心思鼓勵他們一起到寒冷的戶外走路。因此，每當我們爬到山頂時，莫思一定會跳上三角點，趴在柱子上拍照，假裝他正在飛翔，逗那些已經打算放棄的孩子們開心。這個儀式已成為我們家的傳統。因此雖然莫思現在有病在身，但看到金帽山的三角點，還是很難抗拒這樣的誘惑。

「你這樣不會受傷嗎？」

他放下背包，用雙手抓住柱頂，把身體往上一撐就上去了。我以為他會痛得大叫，並責怪自己幹了傻事，但結果沒有。他趴在柱頂張開雙臂，彷彿飛入雲端，自在地在空中漂浮，一副永生不死的架式。我跑來跑去，從各個角度幫他照相，彷彿那是他第一次飛行，或者是最後一次。

「可能是那高麗菜藥膏的功效。」

他笑得很開心，臉上絲毫沒有痛苦的表情。我們興奮地在那霧氣籠罩的荒野上互相擁抱，又跳又笑，又親又叫。這可能嗎？他之前還一度無法起床，但才不過兩週的時間，他就再次變得身強力壯、手腳靈活了。照理說，這種情況應該不可能發生，但它真的發生了。我早該發現他的腳印已不再有拖沓的痕跡，但當時我並沒有注意到。

「這或許是因為我們在威茅斯休息一下的緣故，也可能是我的身體調整速度變快了，就像我們已經慢慢適應了海拔高度一樣。」

「但這到底是怎麼一回事？你的身體怎麼會這麼快就不再僵硬了？在北海岸時，你可是花了好幾週的時間才辦到呢！」

「我也不知道。只是感覺這兩三天來我的身體愈來愈輕鬆，但還是不敢抱什麼希望。」

「你想這有沒有可能和氧氣有關？我之前就想過這點，因為走步道時必須經常深呼吸，所以吸入了大量氧氣。這會不會影響到大腦呢？但想想好像又不太可能，因為事情如果那麼簡單的話，醫院只要發氧氣筒給病人就好了。」

「我不知道。不過，這顯然和高強度的肌耐力訓練有關。這種訓練必然引發了某種反應，雖然其中的原理我不明白，只覺得我現在狀況好得很。」

說完，我們又開始在霧氣瀰漫的山頂上蹦蹦跳跳，手舞足蹈。

「上下樓梯要小心！」

「不要做太長遠的規畫。」

「我們也不需要做什麼規畫，只要有帕迪就夠了，即使我們把他的書倒著讀！」

20 接受

被判處死刑，卻不知道何時執行，那種感覺就像雙腳跨在深淵上，讓你格外在意你的每一句話、每一個姿勢，並珍惜每一陣風或每一滴雨。但現在，我們已經超越了這個階段。沒錯，莫思是個死刑犯，但他還可以上訴。他清楚他的皮質基底核退化症並未奇蹟般地痊癒，但不知何故，他的病情已經好一陣子沒有惡化了。當死亡不再像個心懷不軌、令人害怕的跟蹤狂在我們的帳篷四周徘徊，我們便有了餘裕能把事情想個清楚，於是莫思便把他想說的話說出來了。

「當我的大限到了的時候，我希望你把我火化。」

我們農場後側的田野上有個地方，那裡距離樹籬很近，還可以看到山。之前總以為農場會是我們永久的家園，因此曾說過我們死後要葬在那裡。但現在，我們既沒有田地，也沒有宗教信仰，因此莫思覺得他的遺體將無處安放。

「因為我希望你把我的骨灰放在一個盒子裡，存放在某處。等到你也過來時，孩子們就可以把你放進去，再把盒子搖一搖，讓我們一塊兒上路。我最煩惱的事就是和你分開。孩子們可以到海邊把我們倆的骨灰撒在風中，這樣我們就會一起到天邊去。」

我緊緊依偎著他，哽咽到無法言語。他終於說出來了。他開始正視死亡。他會和死神對抗，但也知道自己終究會輸。堅強如他，一開始就認清了這個事實。現在，我也平靜下來，接受了事實，不再抗拒。這一晚，在來姆利吉斯鎮（Lyme Regis）邊緣那塊龍蝦籠和小木屋散落的草地上，我們躺在帳篷裡接受了死亡，開始了新生，並慢慢把生命中那些失落的碎片拼湊回來。

我們離開海邊，進入樹林，背包裡裝著從海灘上撿來的菊石化石，那是幾千萬年前當人類還是魚的時候其他生命的遺跡。出了樹林後，我們就到了安德克利夫（Undercliff）。這是一座詭異的英國叢林，在一八三九年耶誕夜誕生。當時這裡有八百萬公噸的土壤滑落大海，把地上的羊、兔子、一間茶館和一個名叫「山羊島」的地區都埋沒了，但有一塊麥田卻完好無損，甚至隔年夏天還有收成。山崩後，當地出現一個長達十一公里的巨大裂隙，其中慢慢長出了各種蕨類植物、常春藤和樹木。由於此地常年有雨，裡面的土壤還會不斷滴水、滲水，裂隙中的野生植物因為不受外界干擾，得以恣意生長繁殖，或長滿節瘤，或扭曲盤繞，姿態各異。而海濱小徑是唯一能出入其中的路徑。我們足足走了十三公里後，才終於到了有光的地方。

我們的體力似乎愈來愈好，走起來輕鬆愉快，經常不知不覺就走了好幾公里。過了西頓鎮（Seaton）和比爾村（Beer）這兩個具有五〇年代風情的海濱村鎮後，我們便在布蘭斯科姆（Branscombe）的海灘上歇腳，並且在礫石地上架爐子煮飯。布蘭斯科姆仍屬侏羅紀海岸的一部分，位於世界遺產的範圍內。這裡的海灘對於前來過冬的海鳥以及海床上的瀕危海洋生物而言，具有無比的重要性。然而，二〇〇七年巨型貨櫃船「MSC拿坡里號」（MSC Napoli）在英吉利海峽上發生意外時，當局並未將它就近拖到法茅斯港，而是送到距離遠很多的波特蘭島。結果可想而知。那艘貨櫃船才駛到布蘭斯科姆海灘外約兩公里的海面就無法前進了，而且船身開始傾斜，船上若干貨櫃裡的貨物也被沖上岸，其中包括香水、紅酒，甚至還有BMW的摩托車。雖然政府努力阻止當地居民撿拾，但仍無法禁絕，還有人說他們只是在「協助清理作業」而已。我們走過海灘時，已看不到任何與七年前這場事故有關的跡象，但離開時卻真的在一家餐館後面的棚子裡看到一台閃亮的摩托車。

離開布蘭斯科姆海灘後，我們把帳篷搭在一塊很平坦的草地上。那是一九三五年時康尼許先生（Mr. Cornish）捐贈給當地社區的，附近的公用地上長了許多低矮的灌木叢。我們坐在白樺樹下的長椅上，俯瞰下方錫德茅斯鎮（Sidmouth）的燈火。有一隻獾靜悄悄地從我們身邊經過。雖然我們已經好幾天沒洗澡，但牠似乎並不介意我們身上的氣味，逕自走到蕨叢中。那裡有許多條交錯的小徑，牠就沿著其中一條消失了，但過了不久，牠出現在另一條小徑上，片刻後，又從更遠處的一條小徑上冒出來，最後再度回到原點。若非牠的行動極其敏捷，便是同時有好幾隻獾在蕨叢中活動。隔天早上，露水濃重，我們查看地上的腳印才發現獾在狩獵時似乎都是成群出動。但幸好康尼許先生和其他善心人士，為野生動物和像我們這樣的健行者提供安全的棲身之處。在西南海岸上，兩者都需要得到庇護。

離開多塞特郡，進入得文郡南部後，不僅沿途的懸崖看起來都是紅色的，露營拖車停車場更是到處可見，但我們也愈來愈難找到露營點了。尤其這天，我們到了黃昏時分才離開巴德來索特頓鎮（Budleigh Salterton），因此要找到營地幾乎是不可能的事。入夜後，我們還在步道上行走。路的一邊是高高的樹籬，另一邊則是高爾夫球場的鐵絲網，我們被困在中間，無處歇腳。

「我不是告訴過你了嗎？我們早該回到布蘭斯科姆海灘去。」

「不行，那裡離鎮上太近了。」

「但總比現在這樣好吧。這裡根本沒地方可以露營呀。」

我們來到了山頂。這裡的步道甚為狹窄，兩旁都長著大約肩膀這麼高的荊豆和懸鉤子。往下看，只見艾克斯茅斯鎮的燈火星星點點，一路延伸至遠處，但距我們不遠之處卻有幾條棋盤狀交叉的道路以及一些體育場的照明設備，顯然那是一座面積廣大的度假營區，雖然它其實更像一座集中營。看來，我們已經別無選擇。於是我們便翻過鐵絲網，進入那座高爾夫球場。第十六洞的果嶺非常平坦，而且草皮又短又軟，有如天鵝絨一般，還有一張長椅可坐，是很理想的露營地點。這裡除了山下燈火所傳來的亮光外，四處一片漆黑。球場是往內陸延伸，靠海那側有矮樹叢把我們擋住，此外步道位於下方兩公尺處，因此縱使一大清早有人在步道上遛狗，他們也看不到我們。只要能在那些打高爾夫球的人到來前離開，我們就不會有事。

帳桿一如往常般噹啷啷從袋子裡掉出來。不過在這裡，我們不需要保持安靜，因為此地距離最近的人家至少有兩公里之遙（除非荊豆叢中有蓋房子，但這似乎不太可能）。無論如何，自從我們踏上西南海濱小徑，擔心的都是懸崖會不會崩塌、草地上有沒有咬人的螞蟻，以及有些狗是否太友善了之類的問題，但從來不曾提防過人。不過，當我們聽到灌木叢傳出一陣沙沙聲響時，還是不免忐忑不安，一動也不敢動，也不敢出聲。我心想：那或許只是獾或狐狸。這兩種動物我們之前遇過不少，實在沒必要為此驚慌。但後來，那沙沙聲又從我們左邊數公尺之外的地方傳來，顯然有什麼東西正在球場圍籬附近以及該處的灌木叢裡活動。可能是一頭鹿或山羌？那突然冒出又迅即消失的形體是不是牠的頭和肩膀呢？我們在荊棘叢旁蹲下，然後就看到一個黑色身影。他正靠在圍籬上，打量這座高爾夫球場，山下的燈光照出他那一頭灰白髮絲。當他站在那兒不動時，聲音就消失了。我心中暗自希望他沒有同夥，但也說不定有人正在某處埋伏。我們蹲得低低的，連呼吸也不敢太大聲。不久，他開始往右邊移動。他是不是打算沿著小路往內陸去呢？我們等了很久很久，最後實在無法繼續蹲著，只好站了起來。此時，那男子正在我們前方兩公尺處的荊豆叢中，他看到我們也嚇了一跳，就摔進他後面的矮樹叢。我們聽到他慌慌張張地爬起來，然後沿著步道跑走了。他還會回來嗎？如果會，是一個人回來嗎？一想到他隨時可能帶著一夥人過來，我們便不敢搭帳篷，只好坐在長椅上等著。

等到午夜都不見任何人來，我們才把那頂沾了露水、又冷又溼的帳篷搭起來。這時我們已經太疲倦，沒力氣煮東西吃，便以奶油軟糖棒果腹。但還沒睡著，就聽到一陣隆隆聲，彷彿是遠方在打雷，同時腳下的土地似乎也在震動。難道那個人帶著一支軍隊回來了？我們一動也不動地躺在那兒，卻沒聽到什麼人聲。出了帳篷，走進星光燦爛的夜色中，只見四周一片靜寂，沒任何動靜，只有一艘小船正駛進海灣，船上的燈火一路照著岸邊的幾座懸崖。

隔天早上不到六點，我們就把帳篷拆了，然後坐在長椅上泡茶。此時太陽剛升起，將那幾座紅色的懸崖照成了濃豔的赭色，也照亮了我們所在的第十六洞。地面看起來稀鬆平常，除了有一小塊區域上頭沒露水外，根本看不出我們曾在這裡露營。這是因為我們已精通箇中訣竅，知道該如何在露營後「不留下任何痕跡」。不久，我們看到一名男子在高爾夫球場上遛狗。他沿著各個球洞一路朝我們走來，最後終於到了第十六洞的果嶺。

「嗨，這裡真是看日出的好地方呀！」莫思像往常一樣立刻展開笑臉攻勢。那人看著我們，咕噥一聲後便在果嶺上走了一圈，他的兩隻狗也跟在他的腳邊。顯然，他是在察看他的草皮有沒有受損，但並無任何發現，因為我們在拔營釘時已經小心移除了所有鬆動的土屑。

「你們吃完早餐就會離開吧？」

「當然啦，我們只是來看日出。」

他又咕噥了一聲便離開了，一頭白髮在早晨的陽光下閃閃發亮。看到他走了，我們頓時鬆了一口氣。這時，水剛好也滾了，於是我們又泡了一杯茶。

我們下山後便朝著那座度假營區走去。沒多久，我們就明白昨晚的隆隆聲源自何處。原來距我們只有兩三百公尺遠的地方發生了大規模坍方，長長一片紅土和石頭滑落海裡，成了懸崖下的一灘赭色泥漿。事實上，從高爾夫球場到斯特雷特角（Straiht Point）的土地狀況看起來都不太穩定，隨時有坍方之虞。到時，這座度假營區可能就沒這麼多草要割，而高爾夫球場那位白髮男子所要擔心的就不只是有沒有人弄壞他的草皮了。

我們經過度假營區的小木屋和一輛輛排列整齊的露營拖車後，便沿著長長的人行道進入艾克斯茅斯鎮，至此告別了侏羅紀海岸。我們在鎮上買了米、鮪魚和巧克力棒後，然後乘船渡過艾克斯河（River Exe），到了斯塔克羅斯村（Starcross）。步道就位在碼頭邊，順著馬路一直延伸，穿梭於鐵道、矮樹叢還有水泥地之間。我們沿著步道前行，最後終於走到了海濱度假勝地道利許沃倫（Dawlish Warren）。快入夜時，我們就在自然保育區的遊客中心後面搭好帳篷。

「你看看這張地圖，我們這樣的路，我們還要再走五十公里，而且沿途都是建築區、鐵道和濱海區，根本沒地方可以露營嘛。我們要不要用剩下的現金坐火車，然後搭巴士到布立克珊鎮（Brixham）？一旦回到空曠的鄉間就有地方能搭帳篷了，否則只好睡在某個建築物門口，但我們沒必要這樣。」莫思把那本旅遊指南中的某幾頁翻過來又翻過去。

想起那晚我們在高爾夫球場根本無法好好休息，我知道我們不能經常這麼做。

「好吧。可是這樣一來我們又會有一段路沒走到，這感覺怪怪的。不過，或許某天我們可以回來把這一段路走完，並且到波特蘭島去。」

「沒關係的。畢竟我們又不是在朝聖。」

我們在布立克珊鎮下了巴士，走到鯊魚角（Sharkham Point）後，終於回到了海岸。之後的生活便一切如常：裝滿白米和麵條的背包、口袋裡的三十英鎊以及發紅脫皮的鼻子。現在是八月，正是旅遊旺季，這一段海岸又是熱門景點，因此到處人潮熙攘。從鯊魚角走到普利茅斯，要經過幾座繁忙的城鎮和熱鬧的濱海區，還得經過至少五個渡口。但搭了火車後，我們的錢已經所剩無幾，未來的一週除了渡船票之外，什麼都不能買了。

「我有一個想法。重回步道後，我們一直都走得很慢，感覺也很輕鬆。」我心想：好吧！莫思，你說了算。「我們要不要加快速度呢？雖然不知道船票要花多少錢，但只要盡快經過渡口、走到普利茅斯，就能知道我們身上還剩下多少現金可以買食物。」

「你說加快速度是什麼意思？」

「呃，就是盡量走得跟帕迪一樣快。」

「你別開玩笑了！」

「我們可以的。」

「我比較喜歡你生病時的樣子。」

曼恩沙灘（Man Sands）、長沙灘（Long Sands）、斯卡巴科姆沙灘（Scabbacombe Sands）、常春藤灣（Ivy Cove）、帕德科姆灣（Pudcombe Cove）、凱莉灣（Kelly's Cove）、紐芬蘭灣（Newfoundland Cove）。喔！你看，那裡有一隻銀鷗！米爾貝灣（Mill Bay Cove）、渡船、羅盤灣（Compass Cove）、

庫姆角（Combe Point），睡覺。下大雨了，海岬附近海面上那幾塊名叫「跳舞的乞丐」（Dancing Beggars）的岩石四周白浪噴湧。不過，等到我們把帳篷卸下時，雨勢已經緩和下來，成了毛毛細雨。

莫思看著地圖。

「今天要走很久喔。你可以嗎？」

「我可以嗎？喂，你才是病人耶！不過像這樣趕路，感覺挺瘋狂的。我們也可以先過幾個渡口，然後等戶頭進帳後再繼續走。」

「如果這樣，那麼下週還是會因為不知要花多少錢買船票而不敢吃東西。乾脆累一點，盡快把這段路走完吧！到時我們就能掌握預算。過了普利茅斯之後，有個很棒的海灘。如果你願意的話，我們可以在那裡待上一週。」

「我願意呀。那到時候我們還要不要繼續走呢？」這是怎麼回事？莫思的身體愈來愈好，精力愈來愈旺盛，頭腦也變清楚了。但我還是不敢抱太大的希望，因為有一天我們終究會停下腳步，到時候才會知道他實際的狀況如何。

我們坐在「斯拉普頓萊伊自然保育區」（the Slapton Ley Nature Reserve）與主要道路之間的蘆葦灘上。這個保育區有一座長長的卵石海灘，將長達兩公里四百公尺的斯拉普頓萊伊淡水湖和英吉利海峽分隔開來。湖岸有一面告示牌，宣稱這裡生態豐富，有許多動物在此棲息，包括鸊鷉和水獺等等，但我們只看到一隻似乎得了疥癬的蒼鷺單腳站在那兒輕輕搖晃，還有幾隻麻雀在蘆葦穗上吱吱喳喳。這或許是因為卵石堤岸上的這條主要道路人車繁忙，所以野生動物都聚在湖的彼岸了。

到了比桑沙灘（Beesands）後，我們在一家酒館外面逗留了好一會兒，看著一對年輕男女大快朵頤享用兩大盤的魚和沙拉、半份脆皮麵包和一份抹了許多鮮奶油和巧克力的甜點，享受「虛擬進食」的樂趣。到了斯達特角（Start Point）附近的一處岩棚時，步道突然變得很窄，讓我們走得膽顫心驚。但等到黃昏細雨停歇、天氣轉晴後，放眼望去，前方的景色一覽無遺，甚至可以看到遠處的波特蘭島。抵達普羅爾角（Prawle Point）後，我們把帳篷搭在一塊吹不到風的窪地上，熱了一些飯和鮪魚。

「真想吃那家酒館裡的食物呢！」

「就算擺在眼前，你可能也吃不下。我的胃口都沒了。」

「其實我也是。不過那些東西看起來真好吃。」

就算我們的胃口再不好，隔天早上也應該被打開了，因為那整段海岸都是以各式各樣的肉品來命名，包括燻腿岬（Gammon Head）、火腿岩（Ham Stone）和豬鼻岬（Pig's Nose）等等。我們又過了一個渡口後，便來到了索爾科姆鎮（Salcombe），並加快步伐，盡量不去看商店和餐廳裡販賣的食物。經過岩石嶙峋、毫無遮蔽的螺栓頭岬（Bolt Head）後，我們終於在螺栓尾岬（Bolt Tail）搭起了帳篷，並在那裡看著一艘艘燈火明亮的船舶駛進普利茅斯灣（Plymouth Sound）的情景。

我們從班善村（Bantham）乘船渡河，前往濱海畢格布里村（Bigbury-on-Sea）時，天氣愈發炎熱了，以致我們身上發出類似動物屍體的氣味。因此，當那艘木製的小渡船駛過河口時，原本已經坐定的一家人紛紛朝著坐在船尾的船伕那兒挪動。等到渡船到岸時，其他幾位乘客也都坐到船伕附近，以致船身失衡，船頭都翹出了水面。於是，我們決定先跳進海裡洗個澡，不再急著趕往下一個渡口。我那乾燥的肌膚吸收著冷冽的海水，在浪潮沖刷下，身上的層層汙垢和汗水總算被洗去了。我們在海裡一圈又一圈地游著，漂浮在輕柔的海浪中，直到身上聞起來只有海風和鹽的味道為止。上岸後，我們把髒衣服泡在潮池裡，坐在太陽下把身體晒乾。我那一頭在去年冬天過後才好不容易恢復原狀的頭髮，現在看起來又像鳥巢了；而原本已經不再乾裂的肌膚，現在又像皮革那般粗糙。

洗完澡後，我們神采奕奕、煥然一新。等到下午天氣不那麼炎熱時，我們便把溼衣服搭在背包上繼續前進。天色開始暗下來時，我們站在燈塔角（Beacon Point）的懸崖上，看著夕陽沉落在達特穆爾高地（Dartmoor）那有如波紋般的地平線後面，然後才繼續往下走，前往厄米茅斯渡口（Erme Mouth）。然而，當時潮水雖然已經逐漸退去，但水位仍然太高，無法渡河，我們便坐在樹下吃著僅剩的米飯。下一班渡船要等到隔天早上十點左右才來。但入夜後，月亮緩緩升起，照得河面閃閃發光，眼見水位已經夠低，我們便走進那深及大腿的河水，一邊聽著岸邊的樹叢間傳來的灰林鴞的叫聲，一邊就著月光慢慢地、小心翼翼地過河。然後，我們就在河邊樹林外的一塊空地上搭起帳篷，聽著灰林鴞的叫聲入眠。

第二天早上，雨一陣一陣地下著。微風吹來，柔柔的雨絲有如又細又薄的棉布般輕拂我的臉。我們先把帳篷上的水抖掉後再捲起來，但知道下次再拿出來時它還是會很潮溼。我們在毛毛細雨中默默前進，兩人都沉浸在自己的思緒中。再往下走就到普利茅斯了，感覺上，這座大城市就像一個關卡，我們將經由它走入未知的將來，因為從普利茅斯往西再走幾天就到了我們旅程的終點：波爾魯安村，而接下來的兩個渡口便成為我們最後一段旅程的象徵。走在步道上時，我們知道自己明天、後天乃至於大後天要做什麼，因此心中篤定而踏實。但在旅程即將告終的此刻，我心中卻有些害怕，而且我知道莫思也有相同感受，雖然他並沒有說出口。我們擔心的不只是即將前往一個陌生的地方，置身於素不相識的人群中，面對不可知的未來，也不只是我們即將遭遇的財務困境或現實問題。事實上，更讓我們憂慮的是：當我們停下腳步，不再像這樣行走後，莫思會變得如何？這個疑問就像那群聞到我們背包中鮪魚的氣味的海鷗一般，一路尾隨我們。抵達溫伯里村（Wembury）後，我們把帳篷搭在一塊山坡地上，不想讓普利茅斯映入眼簾。

到了巴頓山半島（Mount Batten）後，我們面臨了更實際的問題，這也是我們生活中經常要面對的那類問題：我們應該花三英鎊坐渡船到普利茅斯市的巴比肯區（the Barbican），再從那裡的渡船總站花八英鎊搭乘較遠的船班到考桑德村（Cawsand）？還是花三英鎊轉乘較短的航班到埃奇庫姆山（Mount Edgcumbe）？或者我們應該省下這筆錢，走個八到十公里經過市區，看能不能在最後一班渡輪開走前抵達渡口？考桑德距離空曠的海岬較近，比較容易找到露營點，但到那裡的船票較貴；如果到埃奇庫姆山，雖然船票比較便宜，但晚上行經「埃奇庫姆山郊野公園」（Mount Edgcumbe Country Park）時必然會碰到巡邏隊，因此我們可能必須在夜裡到處尋找露營點；又或者如果為了省下船票錢而徒步通過普利茅斯市區，卻無法在最後一班渡船開走前抵達渡口，我們就必須在市區找個地方睡覺——選擇實在太多了。但此刻我們身上只剩下十五英鎊現金、一包麵條和半條水果軟糖，因此我們最後決定坐船到巴比肯區，在那裡逗留一段時間，把身上僅剩的九英鎊拿來買接下來兩天的糧食，再轉搭另一班渡船到埃奇庫姆山。

下船後，我們在普利茅斯有錢人聚居的風雅地區逛了一會兒，但那裡都是餐廳，好不容易才找到一家販賣食品的商店。在那裡買了我們所能買到的東西後，便走回渡口去搭船。這時，距離最後一班渡船的啟航時間還有半小時。我們和另一群人一起在那金屬走道上排隊等候，一邊吃著圓麵包和香蕉。但過了半小時之後，渡船並未到來，排隊的人群開始躁動了。又等了好一會兒，仍不見渡船的影蹤。終於，有一艘船駛進碼頭，大夥見狀便魚貫前進，準備上船，但船伕卻用柵欄將入口擋住。

「這班船不開往埃奇庫姆山喔。明天才有開到那裡的航班。」

「那今天的這班船在哪裡？我們已經等了一個小時耶！」

「擱淺在沙洲上了。船伕沒算準潮汐的時間。我看他今晚哪兒也去不了。」

隊伍裡的其他人聞言紛紛抱怨這樣一來他們就得改搭長途巴士、花大錢坐計程車，才能到達埃奇庫姆山，然後便陸續離去，留下我們倆呆呆站在那條會上下晃動的金屬跳板上。

「太爛了！」

「要不要來根奶油軟糖棒？」莫思一屁股坐在他的背包上。

「現在該怎麼辦？看來，我們之前從來不做任何規畫還真有道理，因為到頭來都是這個樣子。」我心裡突然一陣驚慌。我可不想在這種地方過夜！

「不如去普利茅斯市區逛逛如何？反正現在也沒有別的事情好做。」

「我還以為我們不必睡在城裡呢。那裡人太多了，什麼事都有可能發生。」

「我們在那裡走一走就好了。這樣可以打發掉幾個鐘頭的時間。」

於是，我們便離開了那個遊客眾多、人們喝酒談天說笑、準備晚上開趴的巴比肯區，開始漫無目標地在普利茅斯市區閒逛。當街燈亮起時，我們發現自己已經來到市中心區。經過那裡的購物中心後，我們便置身於普利茅斯大學的建築之間。

「下個月我就成為這所大學的一分子了。但現在我的口袋裡連搭巴士的車錢都不夠。」

「你成為這裡的學生之後，我們還是不會有足夠的錢可以搭巴士。」

入夜後，我們經過一座天橋底下，看到一個遊民正把他的紙板和睡袋攤開，要睡在水泥地上。我心想，這睡袋的品質還挺不錯的，比我們去年用的那兩個要好得多，不知道他是從哪裡弄來的？不過，看起來他已經露宿街頭很久了。

「老兄，你有錢嗎？今晚我需要吃點東西。我已經一整天都沒吃了。」

「很抱歉，我沒錢。」我可以感覺莫思正在盤算我們背包裡還有哪些食物。「不過我有一些麵包，還有一罐鮪魚。」

「謝謝你，老兄。你真慷慨。」

我們出了天橋底下，回到馬路上，坐在長椅上觀看來往的行人。不久，一名男子走過來，坐在我們對面的長椅上，盯著我們看。我試著轉移目光，但他卻一直盯著不放。此人約莫四十八、九歲，或五十出頭（但這很難說，因為露宿街頭的人通常都比坐在沙發上看電視的人顯老），身上穿著髒兮兮的工裝褲、連帽運動衫和破破爛爛的刷毛外套，腳上趿著一雙沒有商標的運動鞋，看起來顯然是個遊民，但他頭上卻戴著一頂嶄新的卡哈特牌（Carhartt）棒球帽，和他的裝扮很不搭，令人費解。或許他看著我們時，心裡也是這麼想的。

「我實在看不出你們的身分。你們在這裡幹麼？」他站起身，穿過馬路，在我們身旁坐了下來。我有點害怕。不知這種感覺是否源自之前我尚未成為遊民時的那種非理性焦慮？還是因為此刻我們置身市區又面對一個來意不明的人？「你們是健行客嗎？看起來是，但又好像還有點別的什麼。」

「我們是無家可歸的健行客。在這裡待一晚就走。」莫思似乎絲毫沒受到威脅的感覺。

「健行的遊民，我喜歡。你們今天晚上不會寂寞的。附近還有不少像我們這樣的人。你們要睡在什麼地方呢？小心別太靠近別人的地盤，可能有人會不爽。喔，對了，我叫柯林。要不要來罐啤酒？」

「抱歉，我沒錢。」

「沒關係，我請你喝。要嗎？」

莫思接過那罐啤酒，喝了一口，就遞了回去。

「我女兒今天來看我，所以我才有這幾罐啤酒。今天是我生日，她送了我這些啤酒和這頂帽子。都是好東西。」

「你有家人，卻沒和他們住在一起？」

「沒有。呃，是啊，我曾經什麼都有，老婆、小孩和房子。但後來就垮了。現在我只會讓他們感到丟臉。」

我們坐在那兒默不作聲。有什麼好說的呢？他不需要解釋，我們也能明白一個人的人生有多麼容易在一夕之間分崩離析。就在這時，一個年紀較輕的男子從馬路對面走過來。他身上穿著一件破破爛爛、鬆鬆垮垮的風雨衣，頭上的毛帽拉得很低，遮住了他一部分的臉，

「可惡，又來了。你們要小心說話。日安，狄恩老弟。你好嗎？」

狄恩的年紀輕一些，一副趾高氣揚的樣子，但他身材消瘦、臉頰凹陷，看來日子並不好過。

「嘿，不等我來你就先喝啦？」

「是啊，今天是我生日。這是我的生日禮物。」

狄恩拿起了剩下的那一罐啤酒，一副理所當然的模樣。

「你這老小子，也不等我來就跟陌生人喝酒，真不應該！你們倆是他媽的什麼人呀？」

「別擔心，夥計，他們是遊民，正在徒步健行，是吧？」

「你這老小子，居然和陌生人喝酒，搞什麼玩意兒？」

這時，天橋下的那個男人捲起他的紙板，夾在腋下，就沿著隧道走開了。狄恩把臉湊近柯林，後者則用手示意，叫我們快走。

「你們兩個快滾蛋吧！在這裡幹麼呢？」

我們緩步離去，但我心裡其實很想用跑的。我們走到五十公尺之外時，他們兩個已經在長椅上打起來了。

「我覺得這好像是我們的錯，而且我們還丟下他一個人。」我之前只想趕快走開，但現在卻覺得我們得負一些責任。

「這不是誰的錯。你從柯林的反應就可以看出來。他們可能每天晚上都是這樣。」

我們穿過市區，經過那些正忙著尋歡作樂、對我們視若無睹的人群，朝著「鋤頭園區」（the Hoe）前進，希望找到一個安靜的角落打地鋪，但每條小巷、每張長椅都早已被人占據了。他們或躺在睡袋裡，或蜷縮在毯子下，或弓著身子躺在地上，大家都努力保持溫暖。根據官方統計，二〇一四年的秋天，普利茅斯露宿街頭的人數只有十三人。如果這是真的，那就像在紐基鎮一樣，這些人全都被我們看到了。而且除了他們之外，還有更多的人。

我們在斯密頓塔（Smeaton's Tower）旁邊找到了一塊可以睡覺的草地，但不敢把帳篷搭起來，以免太顯眼，只是把地墊和睡袋鋪在那裡最隱密的角落就睡了。但夜裡，街燈仍然亮著，光線並未全暗，讓我感覺毫無隱私，而且很沒有安全感。這是我在步道上不曾有過的經驗。自從成為遊民以來，我在荒郊野外從不曾忐忑不安，但此刻，在這個人群密集的地區，我卻開始害怕。每個腳步聲、每個突如其來的人聲或車門聲，都讓我的腎上腺素瞬間飆升。

天剛亮，我們便收起睡袋，坐在長椅上燒開水，慶幸這個夜晚終於過去了。

「他們怎麼能這樣過活呢？真是太累了。」

「我想就像其他事情一樣，久了就習慣了吧。」

等天色大亮後，我們漫步在空蕩蕩的街道上，看到一具具身軀從破布堆裡鑽了出來，開始新的一天。日子照舊過下去，同樣的模式一再重複。

我們走著走著，看到一台提款機，雖然不知道今天是幾號，也不知道戶頭裡有沒有錢，但還是停下腳步察看一下。幸好裡面還有三十英鎊，便全數領了出來。之後，我們找到一家已經開門的餐館，便進去坐在窗邊的位子合吃一份臘腸三明治，並看著外面那條狹窄的街道上來來往往的人群。只見一名男子拖著腳，慢慢走在那些波西米亞打扮的商店老闆和餐館夥計之間。他雖然把帽兜拉起，蓋住了頭，但仍遮不住臉上的傷痕。莫思見狀便又買了一份三明治，請店家包好。

「柯林！」他朝著街上那名男子叫喚。後者停下腳步，遲疑地轉過身來。

「喔，天哪！原來是你，老兄。我通常是不會來這一區的，但昨晚我得離狄恩遠一點。他現在火氣有點大，一發飆就沒完沒了。」

「你還好嗎？你看起來糟透了。來，我買了一個三明治給你。」

「什麼？你買了一個三明治給我？謝了！喔，是臘腸的，我的最愛。」

「我們要去搭船了。老兄，請多保重。」

「你們也是。有一天，我可能也會像你們這樣跑去健行。沒錯，總有一天。」

21 醃漬入味的人生

潘里角（Penlee Point）和普利茅斯灣上強風陣陣，吹得帳篷嘎嘎作響，不停搖晃。我們夜宿在阿得雷德皇后禮拜堂（Queen Adelaide's Chapel）的石牆下，恰好正對著風吹來的方向。我們之前應該考慮到那幾根用膠帶黏緊的帳桿是否經得起風吹，但在離開普利茅斯、重回海岸後，我們實在太開心了，也就沒管那麼多。現在，我們已經離開得文郡，回到了康瓦耳郡，距離此行的終點波爾魯安村很近了。我們聽著帳篷布不停拍動，帳桿嘎吱作響，看著一艘大船駛出普利茅斯灣。船上燈火通明，照得海面金光閃閃。從前我們曾搭著那艘夜航的渡輪前往西班牙北部的桑坦德（Santander）。當時孩子還小，我們也才三十出頭，生活正逐漸步上軌道。如今想來，已經恍如隔世。那艘船逐漸遠去，船上的燈火也愈來愈小、愈來愈弱，終至消失不見。它彷彿載著我們的前世離開了，而我們也放下過去，懷著希望，往西邊行進。

到了拉姆岬時，海風分別從懸崖兩側吹來，互相碰撞，形成了一股氣流，使得海鷗在空中轉了一圈後才疾飛而去。一團團的白雲飛掠過天空。放眼望去，只見前面的惠特桑德灣（Whitsand Bay）碧浪滔滔，沙灘綿延。既然我們只剩下幾天的路要走，實在應該停下來休息一會兒，在開始新生活之前，先享受一段安靜時光。從懸崖通往海灘的山坡頗為陡峭，自上而下長達數公里，坡上岩石嶙峋，長滿了蕨叢、黑刺李與荊豆，並零星散布著一座座建在平台上的棚子與小木屋。

我們經過一座棘林時，剛好碰到一個老人，於是便停下腳步和他聊了一下。

「很少看到一個地方有這麼多棚屋呢！我們走了一整條海岸步道都沒見過。」

「這些原本是兩次世界大戰期間政府分配給民眾的土地。本地農民用很微薄的價格把這些地租出去，後來就有愈來愈多人來，在崖壁上挖鑿平台搭帳篷或蓋棚屋。第二次世界大戰後，那些在普利茅斯被轟炸時失去了房子的人也來到這裡。我的家族也是其中之一，後來他們就留下來了。這也難怪，誰會想走呢？然後一代傳一代，不斷地增建，房子愈來愈多，後來數量才慢慢穩定下來。現在這筆土地歸市政會所有，他們一度想趕我們走，但我們提起訴訟，並且贏了官司，因此可以繼續住。不過現在租金比以前貴多了。可是幾乎所有度假別墅都這樣，就像其他地方一樣。」

我們在灌木叢之間繞了好一會兒，才抵達海灘。一到那兒，我們就把背包放在岩石上。此時，我們的後方是高聳的懸崖，西邊則是綿延無盡的沙灘。淡藍色的大海白浪翻騰，濤聲隆隆，掩蓋了其他聲音。記得冰島作家索爾伯格．索爾松（Thorbergur Thordarson）曾經說過：「岸邊的浪頭很高時，大海會一直發出轟鳴聲，沉重、低啞、陰暗、肅穆，變化無窮。當海浪達到最高峰時，你會感覺那聲音也是來自你腳底下的土地。」他說的是冰島的海。那是北半球水體的一部分，而此刻這些海水正不斷隆隆作響、震耳欲聾，使我腳下的土地都為之顫動。

「我們應該可以在高潮線上方找到地方搭帳篷。西邊那裡看起來希望挺大的。」

和喧囂的浪濤比嗓門是沒有意義的，所以我們不想說話，靜靜地在沙灘上走著。我想起崖壁上的棚屋以及那些落腳於此的家庭。他們歷經戰亂，失去家園，想找個地方生活，於是來到這座面海的山坡，開始撿拾木材、拿起鋸子，為自己建造一處棲身之所，展開新生活。為什麼有那麼多人無法理解人都需要一個屬於自己的空間呢？我們難道一定要等到自己面臨危機時，才能看清遊民的悲慘處境？難道只有逃離戰區的人才有這樣的需求？難道我們只有在自己認為合理的狀況下才會回應他人的需求？假使我國的遊民都住進了難民營或乘船在海上無助地漂流，我們是否就會願意張開雙臂接納他們？然而，國內的遊民並不符合這樣的模式。我們往往認為他們是咎由自取，而且人數極少。但事實上，英國有超過二十八萬個家戶宣稱他們是無殼蝸牛，而且其中由酒癮或毒癮所造成的比例很小。如果他們（或者應該說**我們**）男女老少都站在同一個地方，看起來應該會和躺在商店門口的某個酒鬼或毒蟲大不相同。這時，人們將會如何看待我們？我們的人數究竟有多少？是二十八萬？還是更多或更少？真實數目無人知曉。無論如何，我們只是西方文明的難民，到處漂泊，像一艘找不到港灣可以停靠的小船。

「如果普利茅斯市政會給柯林一塊地，讓他住在那座懸崖上，不知道會是什麼光景？」

「或者給我們？」

「那我會在岩棚上蓋一座棚屋，然後住下來。」

我們看不出這座海灘的高潮線在哪裡，因為海灘上無論高處或低處都能看到海洋垃圾，可見潮水湧進海灣時所淹沒的範圍並不固定。我們爬上一小塊地勢較高的石子地，在灌木叢中找到一個比較平坦的地點，把帳篷朝著英吉利海峽的方向搭了起來，然後便深深吸了一口海洋的氣息。

隔天一大早，我們便來到海灘上，將整座海灘從頭到尾走了一遍，然後再走回來。等到潮水完全退去後，我們便開始撿拾那些黏糊糊的海藻，並且用它們來煮麵，結果煮成一鍋綠綠的、冒著泡泡、滑溜溜的麵湯，吃起來味道實在不怎麼樣。後來我們便專門撿拾墨角藻，並且把它們和罐頭鮪魚以及從岩石上現挖的帽貝一起蒸。此刻，有幾群橘色腳爪的蠣鴴正在那平坦的沙灘上奔跑，不時還很有節奏地一起低頭，彷彿在跳排舞一般。漲潮時，我們跳下海裡，在那一波波可能來自幾千哩外並流過冰島、西班牙或美國等地的強勁海浪中游著。上岸後，我們躺在熱熱的沙灘上晒太陽，晒得身上都裹了一層鹽粒。夜晚，在那漆黑的帳篷裡，他突然伸手撫摸我的大腿。這個動作一如以往般引發了我內在的某種需求，但我並未出聲，也沒有移動，因為我擔心這會激起一種無法被滿足的慾望，也怕我心中一直懷抱著的某個希望會因此破滅。有好一會兒的工夫，他那隻溫熱的手始終放在我冰冷的肌膚上。我感覺得出他的猶豫。那一刻，我們倆心中都有一個未曾得到解答的疑問。

我們在海灘上待了好幾天。其間卷狀的白色積雲不斷從西南方飄來，朝內陸移動，終至消失無蹤。風向時時變化：西風輕柔而潮溼；東風乾燥而涼爽；西北風較為寒冷，顯示季節即將變換；南風則溫暖而和煦，顯示夏天仍未到盡頭。沙灘上的岩石頗為平坦，不像四周海灣裡的那般嶙峋。在陽光的照射之下，這些岩石表面都散發著熱氣。我們在上面晾晒衣服，或架起爐子烹煮我們採來的帽貝，有一回還把雞蛋打在上面，希望能把它們煎熟，結果並未成功，於是只好把它們鏟起來，挑出其中的沙粒和碎石，放到鍋裡炒熟。我們也經常躺在岩石上晒太陽，把皮膚都晒成了皮革一般的棕褐色。回想十四個月之前，我們還是一副彎腰駝背、有氣無力、虛弱蒼白的模樣，如今我們卻變得精瘦黝黑，而且出乎我們意料之外的，身上的肌肉也強健一如年輕之時。儘管我們的頭髮已因日晒而褪色並且逐漸脫落，指甲斷裂，身上的衣服也襤褸不堪，但我們卻充滿活力，不只是一天過一天地活著，而是充分體驗當下，探索生命。我們知道海灘岩石的溫度會隨著太陽位置而改變，也知道海鷗在退潮和漲潮時所發出的叫聲並不同。儘管我的雙手已經出現歲月的痕跡，雙腿也因長途步行而變了形，但當他將我拉過去，急切而熱烈地親吻我時，時光彷彿回到了十九年又一千萬分鐘之前，回到我趁著他父母不在家時搭公車跑去他家和他幽會的時光；回到兩個孩子還小時，我們利用空檔躲在更衣間裡纏綿的時光。經過漫長歲月的淬鍊後，我們終於得以時刻相伴，須臾不離，成為自己一直想成為的模樣，不僅自由自在，而且變得更加堅強。此刻，我們滿懷渴望地緊貼著彼此，忘卻了時間，忘卻了生死。在歲月的長河中，我們能擁有的僅有當前這一分這一秒。我已經回到家了。我已經不需要再追求任何其他事物。他就是我的家。

又過了幾天。西方天空上的深紫色雲朵逐漸聚集，最後化為一陣傾盆大雨，嘩啦啦地落了下來。張牙舞爪的閃電劈過海上。南方的天空灰濛濛的，不久便下起小雨。一顆顆流星劃過天際，發出無數細小的微光，照亮漆黑的夜空。那是夏末的英仙座流星群，是來自另外一個世界的流星雨。雨後，有一道小溪沿著石壁汩汩流下，我們隨時可以汲取飲用，藉以滋潤因鹽分而乾燥的喉嚨，也將皮膚上的鹽分洗淨。太陽再度出來後，天氣變得涼爽而和煦，胖胖的黑色糞金龜在低矮的植被四周疾行，普藍眼灰蝶也在空中飛舞。莫思不能太久不動，因此我們天天都去走路、游泳，但仍然神采奕奕、精力充沛。在這片大海邊，我們感覺自己身體強健、心靈安詳，時間彷彿並不存在，但我們與時間的距離比任何時刻更近。這段期間，有個人每天都會牽他的狗來散步，一天兩次，每次總是站在海灘上方的那條步道打量我們。算一算，我們已經待在這裡超過一週，糧食告罄，帽貝也吃膩了。該是上路的時候了。

我們沿著步道走了一段後，便到了崔干特堡（Tregantle Fort）。這座堡壘建於十九世紀，為的是防止法軍攻擊，但在第二次世界大戰期間卻被改造成一所毒氣學校，訓練士兵如何發動恐怖的毒氣攻勢。我們在這裡深吸了幾口乾淨、清新的空氣後就繼續前行，心中慶幸自己沒有生活在那個年代。過了一座名為波特林可（Portwrinkle）的小村莊後，沿途的懸崖變得更加崎嶇陡峭，而且長滿了濃密的灌木叢，更具康瓦耳的特色。後來，風愈來愈大，烏雲也開始聚集，我們只好匆匆穿過荊豆叢，翻過一道破籬笆，在高峻空曠的原野上找了一小塊較為平坦的地，冒著從四面八方吹來、力道愈來愈強的風，勉強把帳篷搭起來。那一整晚，暴雨不斷嘩啦啦地打在那薄薄的帳篷布上，我們用大力膠帶暫時纏住的那幾根帳桿逐漸扭曲變形，整座帳篷也被強風吹得搖搖晃晃。我們蜷縮在帳篷裡，心驚肉跳，徹夜未眠，擔心那幾根帳桿可能隨時斷裂，所幸它們還是挺住了。我們一直等到黎明風勢平息，才得以入睡。醒來時，雲中已透出明亮的陽光。我們的帳篷終於通過了這場暴風雨的考驗。

我們繼續前行，沿途盡是一座又一座由藍、綠、黑三色（屬於康瓦耳的顏色）組成的海灣，只見海濤一波波拍打著黝暗的岩壁底部，激起滾滾白浪。此刻，我們距離終點已經很近了，近得幾乎看得到。過不久，我們就會回到朋加羅岬，然後就得開始尋找住處，並指望房東能看在我們有學生貸款的份上，不計較我們的信用評等。但萬一不行呢？

沿著步道走下山後，我們便到了盧港（Looe）。這是一座漁村，被一條河分隔為兩個區域。村中狹窄的街道上擠滿了遊客，我們笨拙地穿越一批批搭乘巴士來觀光的老太太以及因失手掉了冰淇淋而哭泣的孩童後，就走進一條小巷，以便避開人群，結果卻發現那是一條死胡同。巷子底有一家很小的餐館，裡面只有三張桌子。我們叫了一壺一人份的茶並要了兩個杯子後，一位紅髮的波蘭女侍便為我們端了過來。

「你們這個年紀的人還揹這麼大的背包呀。你們要去哪裡呢？」

「我們正沿著西南海濱小徑往西邊走。」

「那你們是從哪裡來的呢？這裡有很多健行客經過，通常都是從西頓出發，你們也是嗎？」

莫思看著我，揚起眉毛：她說的是東邊六公里外的那個西頓鎮，還是南岸許多個西頓鎮中的其中一個？我們都開始有點搞不清楚了。

「不，我們是從多塞特郡的浦爾出發的。」

「但那是在另一個郡耶！」

「沒錯，而且中間還隔著一個得文郡呢。」

「那你們晚上睡在哪裡？青年旅館嗎？」

「不，我們在野外露營，睡帳篷。」

「哇，真是太驚人了！你們都這把年紀，還走這麼遠。我一定要告訴我的朋友。她老說她想去冒險但是沒錢。我會跟她說你們的事。這麼老了，還走步道、睡帳篷，太勵志了吧！」

「其實我們也沒那麼老啦。」

我們走到村外，雖然渾身骯髒、衣衫襤褸，卻有一種飄飄然的感覺。勵志？我們心中泛起了一股暖意。就在這時，馬路對面出現了一個年輕女子。她向我們招招手後就穿過馬路跑了過來，一頭紅髮在風中翻飛。

「我朋友打電話給我，叫我趕快出來看一對揹著大背包的老夫婦。你們晚上真的睡帳篷嗎？你們走了多遠呢？」她和餐館裡的那個女孩顯然是用同一盒染髮劑。

「我們這次是從浦爾過來的。但去年我們是從邁恩希德出發，然後走到波爾魯安。再過一兩天就可以走完整條步道了。」

「整條步道？有多長呢？」

「一千零一十四公里，可是其中大概有六十多公里我們沒走。總有一天我們會回來把那一段走完，但不是今年。」

「太厲害了！我也想做一件像這樣的大事來改變人生，但又很害怕，所以遲遲沒有行動。」

「害怕？你都到外國工作了，怎麼還怕去徒步旅行呢？」

「我們是一群人一起來的，只是趁著中學剛畢業、還沒上大學或工作前的一段時間來打工。你們這樣才叫遠征、探險和試煉。這是我想做的事情。我想知道自己能做些什麼。光是打工並不能滿足我，我需要追尋某種東西，某種屬於內心的東西。」

「那你一定要去做做看。如果心裡有疑問，就要去追尋答案。你可以在回家前試試。」

「好的！我會的！到時我一定會想到你們。兩個健走的老人。」

我們沿著步道往上走。這個路段很陡，上面有無數的階梯，但視野廣闊，能看到波特納德勒灣（Portnadler Bay）到聖喬治島（St George's Island）以及更遠處的湛藍大海。爬到最高點時，我們已經有點喘，便坐下來歇口氣。

「我們真的老了嗎？別人這樣說我們，都不知道已經第幾次了。」我試著用手指梳理自己的頭髮，但卻梳不動，因為它們都打結了。

「我們確實不年輕了，不是嗎？我想我需要一些氧氣。」

「你明白我的意思。」

「就算我們真的老了，那又怎樣？管它呢！反正我們已經認真活過了。無論如何，你幹麼要說什麼『你必須解答你內在的疑問』之類的廢話？」

「那不是廢話。如果我們沒有走這一趟，有些事情就永遠不會了解，也不會真正認識自我，或發現自己多麼有韌性。就以打官司那件事來說吧，如果當初沒有努力為自己辯護，我們心裡永遠會有一個疑問。沒錯，我們是輸了這場官司，但至少我們發現了事情的真相，至少我們知道自己已經盡力了。雖然到頭來還是無法阻止事情發生，但至少我們不會後悔。如果沒來走步道，我們就會找個地方躲起來，認命地等著政府分配公宅。果真如此，誰知道你的健康會惡化到什麼程度呢？而且我們一定會心懷怨恨、滿腔怒氣，連喝奶茶時都會喃喃自語：『如果當初如何如何』。或者，我們也可能自暴自棄，然後就像柯林一樣流落街頭。大多數人一輩子都不曾設法解答內心的疑問，例如：『我是什麼樣的人？我想做什麼？』之類的大哉問。真是太可惜了！」

「好啦，尤達大師，我只是在開玩笑。」

「你想我要是把頭髮染成紅色，看起來會是什麼樣子？」

「拜託不要。」

才約莫下午三四點，空氣中已經有了涼意，但不是下雨前那種潮溼的感覺，而是八月末那種淡淡的涼。氣溫已經變了，可以聞到夜裡的露水和早晨的蜘蛛網的氣味。再過一天，我們的路程就要抵達盡頭。過不了三個星期，莫思就要開始修習他的學位，到時候我們勢必要和別人合租一棟房子。但一想到要和一群青少年同住在一個屋簷下，我便有些卻步，因為那種滋味我已經嚐過了，而且他們好不容易才長大搬了出去。另一個辦法就是找一個冬天時洗手間仍開放的露營場，在那裡租個營位住上一陣子，但不知能否找到。我試著不去想這件事，於是把帕迪的書拿出來，撫摸那熟悉而令人安心的塑膠封套。書中從邁恩希德到波爾魯安的那幾頁已用一條彈性髮圈綁了起來，從浦爾到盧港的那一部分也是，只剩我們還沒走過的這兩頁沒綁。不久，整本《西南海濱小徑：從邁恩希德到南黑文角》就會被我們用一條磨損的黑色髮圈束緊。屆時我們就無處可去，只能邁向未來了。無論那是一個什麼樣的未來。

我們沿著陡峭危險的台階往下走，到了小小的塔蘭灣（Talland Bay），經過了一家位於度假營區旁邊的餐館，看到餐館前有幾張長椅，便放下背包，向店家要了壺熱水，並找出茶包來泡。

「該死，車子又發不動了。」

一個矮小纖細、操著濃重北方口音的女人，在我們身旁的長椅坐下。「它才剛出修車廠呢，這會兒又不行了，而且每次出狀況都是在這種前不搭村後不著店的地方。喔，抱歉，你們不是開露營拖車來的吧？」

「不是，我們只是沿著海濱小徑經過這裡。」

「喔，海濱小徑。我早該看到你們的背包的。白天很快就會愈變愈短。你們要到哪裡去呢？應該很快就會回家吧？在這個時節，你們應該不會一直走下去吧？」

「我們只是往西邊走，因為我們無家可歸了。」莫思已經不再假裝我們把房子賣了。逢人問起，他就實話實說，然後以觀看對方的反應為樂。我把背包的背帶拉緊，準備離開，因為每當莫思告訴別人我們無家可歸，在外面餐風露宿的時候，對方通常都會變得很不自在，這個時候我們就會趕緊走人。

「你們真的沒有自己的房子？」

「是啊，沒錯。」我揹上背包，準備要走。

但令人驚訝的是，這個女人卻面不改色。

「我們到餐館裡去吧。外頭挺冷的。我來點幾杯咖啡，然後我們就可以多聊一聊。」

「那你的車子怎麼辦？」

「我已經受夠那玩意兒了。我會叫一台計程車過來。」

餐館裡溫暖乾燥，充滿海藻和甜辣醬的氣息，往外看出去便是一大片長著墨角藻的海岸。莫思一邊喝著熱騰騰的咖啡，一邊訴說我們在荒郊野外露營的經驗、大自然中天氣的變化，以及我們經過那些繁忙城鎮時所發生的事。那位名叫安娜的女人聽得入迷，就像其他那些聽莫思說故事的人一樣，彷彿他正在朗誦著《貝武夫》裡的詩句。

「夏天要過去了，你們打算去哪裡呢？」

「我們不能再繼續走下去了。下個月我就要去上大學，所以我們得找個地方住。」

「什麼？你要去念書？在你這個年紀？」

「是啊，我知道我這個年紀才開始念書是挺晚的，但我希望這是一個新的開始。」

「年紀大的學生也能申請到助學貸款嗎？」

「可以的，只是我可能還沒還清貸款就死了。」

安娜沉默了片刻，看了看莫思，又看了看我，接著又再度看著莫思。

「呃，我在波爾魯安有間公寓。我的房客明天就要搬走了，但我還沒把招租廣告貼出來。我本來打算等到他們搬走後去拍幾張照片的。」坐在我身旁的莫思突然一動也不動。「如果你們要的話，我可以租給你們。那房子挺適合你們的。門前就是海濱小徑。」

這是真的嗎？真有這種事？我告訴自己：保持鎮靜，繼續呼吸。

「你知道了我們的情況，還願意租給我們？」

「當然啦！如果你們是學生，又有助學貸款或獎學金什麼的，我相信你們一定付得起房租。不過那房子小小的，並不大。」

「你是說真的？」

「沒錯！」安娜笑了起來。「我喜歡你們，那為什麼不把房子租給你們呢？」她叫的計程車抵達後，她便向我們揮了揮手，離開餐館。「明天晚上見。」

我們緊緊抓住那張寫了地址的餐巾紙。那是我們的地址。

人在遇到好事時所感受到的衝擊，幾乎就像遇到壞事時一樣強烈。我和莫思面面相覷，不知道該說什麼，彷彿這是一場夢，而我們只要一開口，就有可能會醒過來，發現一切都不是真的。接著，我們便跑出餐館，在那片墨角藻的海岸上又跳又叫。那個年輕的哥斯大黎加籍的餐館老闆見狀也出來加入我們的行列。於是，我們三人就像孩子一般轉著圈圈跳舞。

「我們幹麼跳舞呀？」

「因為我們有了房子。」

「這是一件好事嗎？」

「沒有比這更好的了。」

「那我們應該跳久一點。」

我們走到波爾佩羅村（Polperro）時，一家酒吧的燈光剛好亮了起來。通常我們經過這種地方都是過門而不入，但那天晚上，我們卻跑進去買了兩罐啤酒，一人一罐。想想，我們的帳戶裡有足夠的錢繳押金和一個月的房租，背包裡有麵條，而且再過幾週就能拿到助學貸款，現在又有一棟房子可住。還有什麼比這更好的呢？

最後那一晚，我們把帳篷搭在崖壁上的灌木叢之間。從帳篷門口看出去，便是英吉利海峽。位於東邊的海岸已經沒入了漆黑夜色中，我雖然看不見它，卻能感覺到它的存在。這條長長的西南海濱小徑已經快到盡頭了，上面有著我們的過往。但此刻，當那涼爽、潮溼的風拂過面頰時，我知道只要再走不到一天的路程，就能轉過身去，面向西邊，迎接我們的未來。

「步道之旅的終點就是以後我們要住的地方，這絕對不是巧合。不光是現在，去年也是這樣。這一定是命運的安排。」

「沒錯，真的很奇怪。但我還是認為這是一種巧合。」

我們把帳篷的門片蓋上，以免南風吹進來。我們的遊民生涯突然有了一個出人意表的結尾，這真是一件令人欣喜的事。但是，當我早晨醒來後，不再需要揹著背包終日行走於懸崖上時，我會變成什麼樣子，會變成什麼樣的人？我不知道，但沒關係。我很高興我們已經把過往留在另一座海岬上了。此時此刻，我終於可以懷抱著希望迎向未來。

我們在明亮的陽光下將帳篷打包，仔細地把那些用大力膠帶纏著的帳桿包好，再把旅遊指南的最後一頁塞入髮圈中，從此告別了帕迪。這是最後一段路了。我們經過幾座山丘、峽谷與海灣後，便看見一塊漆成白色的地標。順著地標所指的方向往下走，就來到了一座長著短草、很適合搭帳篷的台地。通常，到了晚上七點左右，我們就很希望能找到像這樣的一塊地，但這回我們一如以往般是在中午發現。

此處空無一人，只有一名男子站在岩石上方的小塊草地上。他穿著一件石頭色的長版短褲和同款背心，戴著一頂寬邊帽，看起來像是五〇年代那些參加非洲狩獵之旅的人士。他佇立在那兒眺望大海，左手插在口袋裡，右手握著一條繩子，繩子末端似乎綁著一塊石頭。他偶爾往前移動一步時，那塊石頭也會跟著前進。十分鐘之內，他就這樣一次一小步地，一共前進了三公尺。

「我忍不住了，得去看看他到底在幹麼。」

我們走近後，才發現那不是一塊石頭。

「嗨，你好。今天天氣很適合遛烏龜呀。」我們從邁恩希德出發後的第二天，在樹林間遇見的那位瑜伽男子曾說我們「將與一隻烏龜同行」。這一年多來，我們一直沒把他的話當一回事，但此刻，在我們的旅程即將告終時，我們卻真的遇見一隻烏龜。只見牠被拴在一條特別訂做的狗繩上，一口一口地吃著青草和矮灌木，吃完後便一步步緩緩前進。

「萵苣。」

「什麼？」

「牠的名字叫萵苣。」

我們三個同時前進一步。

「你帶牠來做什麼呢？」

男人看了看他手裡的繩子，又看了看我們，臉上的神情彷彿在說我們怎麼那麼蠢，他在做什麼不是很明顯嗎？

「我帶牠來散步。」

「散步？牠喜歡走遠一點，是吧？但你不一定要用繩子吧？牠又不可能會突然跑掉。」

我們不約而同又前進了一步。

「你們可不要被牠騙了。牠看起來走得很慢，但只要我一轉頭，牠馬上就跑掉了。然後我就得把萵苣拿出來，坐在原地等候。牠聞到萵苣的味道後，就會回來，但可能要等好幾個小時。」他掀開衣服口袋上的蓋子，出示裡面那顆小寶石萵苣。

「哦，難怪你叫牠『萵苣』。但你可以讓牠在院子裡走動呀！這樣不是比較輕鬆嗎？」

男人翻了個白眼。我們又前進了一步。

「不行。牠需要出來活動筋骨。牠是野生動物，我可不能把牠關起來。所以我每天都帶牠到這兒來。」

「了解。」

我和莫思一直到走上另一座岬角後才敢開口說話。

「怎樣？」

「你可別說這只是一個巧合。」

我們笑完後，一轉身便看到了下方的蘭緹衛灣。更遠處，便是我們熟悉的朋加羅岬了。終點已經近在咫尺，我們興奮之餘，也頗為不捨，於是每走幾分鐘便停下來看看四周的風景，走得極其緩慢。今晚，我們將在一個陌生的地方過夜。接下來幾週，我們會把僅剩的財物賣掉大半，並用這筆錢來租一台車，把我們所需要的一些東西搬到波爾魯安。然後，莫思會開始修習他的學位（雖然他不一定能夠活到他畢業的時候），我也會試著找一份工作並開始寫作。儘管我們一無所有，儘管我們曾經飽嚐失落、痛苦與恐懼的滋味，但我們將會過得像二十歲那般快樂。

當時間已經不容許我們再拖延時，我們便來到了朋加羅岬。至此，我們的流浪之旅終於宣告結束。我們把兩個背包靠在一起後，便在一張長椅上坐了下來，一邊俯瞰著蘭特灣，一邊吃著最後一包水果軟糖。突然間，我們看到一隻遊隼從空中俯衝下來，貼著崖壁飛到下面的海灣，然後又再度飛回來，終至消逝無蹤。

就在這時，荊豆叢中冒出一個人，穿著和去年同樣的外套，戴著同樣的帽子，拿著同一根手杖。

「牠已經回來一週了。去年你們走的那天，牠也飛走了。我就知道你們會回來。我也跟他們說牠會把你們帶回來。這是一個徵兆，不是嗎？」

當太陽在地平線上沉落，山谷裡的霧氣也逐漸消散，他便緩步朝著公路的方向離開了。

回想當初，我們在遭遇變故後並沒有時間先讓自己沉澱下來，再到荒野尋找新的人生方向。禍事接二連三，如同海嘯猛然來襲，令人猝不及防。如果沒有這趟步道之旅，我們可能已經被浪潮捲走。在行走步道的過程中，我們的情緒、體力和意志固然都受到了巨大考驗，但就像沿途那些被風吹得歪歪扭扭的樹木，我們也被大自然的力量改變，從此脫胎換骨，有能力抵擋未來的任何風暴。此刻，我想到我和莫思年少時的愛戀，以及我們這大半輩子始終如一的情感，想到暴雨、烈日以及那隻在懸崖邊乘風翱翔的遊隼。兩個分子光憑著電荷的力量就能形成緊密的連結，但這樣的連結或許在不久後就會鬆開。我終於明白了這段無家可歸、四處漂泊的日子對我造成的影響：在物質上的東西全都被剝奪之後，我變得一無所有，人生篇章到了末尾處，忽然出現一頁空白。我可以讓那一頁繼續保持空白，也可以抱著希望繼續書寫我的生命故事。我選擇後者。

我不知道未來將會如何，也不知道我們在西南海濱小徑上餐風露宿的那些年月會對將來造成怎樣的影響。我只知道我們是夏末仍然留存枝頭、帶著些許鹽味的黑莓。對我們來說，此刻就是最完美的時刻，也是我們唯一需要的時刻。

謝辭

非常感謝我那位了不起的經紀人Jennifer Christie（Graham Maw Christie公司），以及才華洋溢的編輯Fiona Crosby（Michael Joseph出版社）。若沒有這兩位具有遠見卓識的女性相助，本書可能無法問世。還要感謝Jane Graham Maw的協助與招待；也謝謝Richenda Todd一絲不苟地為我審稿，和她共事是一個愉快的經驗；感謝Angela Harding運用她的藝術才能為本書設計了美麗的封面[21]，也感謝Michael Joseph公司旗下的其他許多優秀人才。我很幸運得以和他們合作。他們的熱忱很能激勵人心。

我永遠感激Adi和Cara、Sue和Steve、Janette，當然還有波莉——在我和莫思寄宿時，你們對我們無比慷慨與包容。很抱歉在你們的廁所裡待了太多時間，還用掉你們的所有茶包。

在這趟旅程中，我們遇見了許多樂善好施、有趣貼心的人物。其中有許多已經不知所終，但他們知道我在說誰。特別要感謝大衛和茱莉一直以來的友誼，也謝謝安娜給了我們最需要的東西——一棟可以遮風避雨的住所。然而，我們之所以能夠走完全程，還要感謝我們在步道上結識的一位朋友。多虧他的先見、智慧與判斷力，我們才得以化不可能為可能。有了他的鼓勵，我們才得以度過那些艱困無比的時刻。如果沒有這位被我們放在口袋裡的朋友——帕迪・狄倫——我們可能無法走到步道的終點。在寫作本書的過程中，我發現他在現實生活中就像在書頁之間那般熱情、可靠。

最後，我要向我的孩子湯姆和蘿恩致上所有的愛。謝謝你們在連我自己都缺乏信心的時候，仍然相信我能徒步走完一千零一十四公里，並且寫出一本書。當然，還要感謝仁慈、堅毅又擅於鼓舞人心的莫思，我此生的摯愛。謝謝你。

21 編注：這幅為英文版原作所繪製的版畫作品亦名為《Salt Path》。

野人文化
讀者回函卡

書 名

姓 名 ☐女 ☐男 年齡

地 址

電 話 手機

Email

☐同意 ☐不同意 收到野人文化新書電子報

學 歷 ☐國中(含以下) ☐高中職 ☐大專 ☐研究所以上
職 業 ☐生產/製造 ☐金融/商業 ☐傳播/廣告 ☐軍警/公務員
☐教育/文化 ☐旅遊/運輸 ☐醫療/保健 ☐仲介/服務
☐學生 ☐自由/家管 ☐其他

◆你從何處知道此書？
☐書店：名稱 ______________ ☐網路：名稱 ______________
☐量販店：名稱 ______________ ☐其他 ______________

◆你以何種方式購買本書？
☐誠品書店 ☐誠品網路書店 ☐金石堂書店 ☐金石堂網路書店
☐博客來網路書店 ☐其他 ______________

◆你的閱讀習慣：
☐親子教養 ☐文學 ☐翻譯小說 ☐日文小說 ☐華文小說 ☐藝術設計
☐人文社科 ☐自然科學 ☐商業理財 ☐宗教哲學 ☐心理勵志
☐休閒生活（旅遊、瘦身、美容、園藝等） ☐手工藝／DIY ☐飲食／食譜
☐健康養生 ☐兩性 ☐圖文書／漫畫 ☐其他 ________

◆你對本書的評價：（請填代號，1. 非常滿意 2. 滿意 3. 尚可 4. 待改進）
書名 _____ 封面設計 _____ 版面編排 _____ 印刷 _____ 內容 _____
整體評價 _____

◆你對本書的建議：

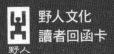

廣　告　回　函
板橋郵政管理局登記證
板 橋 廣 字 第 143 號

郵資已付　免貼郵票

231023
新北市新店區民權路108-2號9樓
野人文化股份有限公司 收

野人

請沿線撕下對折寄回

野人

書號：0NFL0221